JN008750

租税徴收
実務講座

改正民法対応版

1 租税通則手続

浅田久治郎／深谷和夫／荒川雄二郎／牧野正満
西澤　博／矢ヶ﨑一好／小山紀久朗／中山裕嗣
深井剛良／松本俊治／小阪　満　共著

ぎょうせい

序
～改正民法対応版の発刊にあたって～

前版の第二次改訂版を送り出してから、ちょうど10年を経過しました。お陰様で皆様にご好評をいただき、出版社の在庫が皆無となり、ネット市場でも定価を大きく上回る出品がなされる事態となりました。そのため、多くの皆様から増版を望む声が寄せられましたが、この10年間、多様化する社会経済情勢に対応するため、国税通則法・国税徴収法も毎年のように改正があり、増刷では皆様のご期待に沿えないのではとの危惧を抱きました。

そこで、改訂版も考えたところですが、前述のとおりほぼ毎年法律改正があり、大きなものとしては、行政手続法第8条及び第14条の適用、行政不服審査法の全部改正に伴う不服審査制度の見直し、申請による換価の猶予制度や参加差押えをした税務署長等による換価執行制度の創設など、また、事務運営指針の面でも、換価事務提要の数次にわたる改正、公売財産評価事務提要、納税の猶予等の取扱要領、第二次納税義務事務提要の制定など、実務に大きく影響する環境整備が行われたところから、どの段階で改訂版を発行するかについて、悩むところがありました。

そうした中、昨年7月に施行された民法（相続編）の見直し、また、120年ぶりといわれ本年4月から施行される民法（債権編）の改正を受けて、これらが徴収実務に与える影響も大であるところから、これを全面的に採り入れて改正民法対応版として発行することを決断するに至りました。執筆陣には新たに、最近の情勢に精通する中山裕嗣、深井剛良の両氏に加わってもらい、取りまとめは、西澤博、小山紀久朗氏の両氏が担当し、最終的に私が目を通すという手順で、本書を送り出すことにしました。

なお、本書を発行して旬日のうちに、改正民法が施行されますが、その中には、施行日以前に発生した債権については、なお従前の例によるとするものなどがあります。くわしくは、改正民法の附則を参照していただく必要があることを付言しておきます。

最後になりますが、本書の出版にあたり、ご尽力をいただいた株式会社ぎょうせいの担当の皆様に御礼を申し上げる次第です。

令和2年2月

著者を代表して

浅田　久治郎

序

（初版刊行時）

法人税法その他租税に関する刊行物は数多いが、租税の徴収手続を取り上げたものはあまりない。特に、地方税や公課の徴収に言及したものは極めて少ない。そんな状況から本書のような企画が生まれたものと推察されるが、刊行が具体的な話になったのは昭和55年の盛夏だったと記憶している。当時東京国税局に勤務していた私（浅田）は、かつて「租税徴収の理論と実務」（昭和45年・（社）金融財政事情研究会）の改訂を勧められながら多忙のため断念した経験もあり、1人での執筆には自信が持てなかった。そこで、国税庁徴収課で一緒に勤務したことのある深谷和夫、荒川雄二郎、牧野正満、西澤博、矢ヶ﨑一好の諸君との共著を考えたわけである。幸いに賛同を得て、執筆分担・要領も決め、順調に滑り出したかに見えたものの、予想外というか心配したとおりというか、共著者それぞれに多忙で、何度か予定表を書き変えながら、それにも追いつけない状況が続くことになってしまった。一昨年に入って、国税徴収法の施行（昭和35年1月1日）から4分の1世紀に当たる昭和60年には是非刊行したい、との新たな目標をたてたが、やっと脱稿の日を迎えることができたのは、その年も終わりに近い頃になってしまった。

本書は、3巻からなる。第1巻は徴収手続の全体的な概観と納税緩和制度及び通則的事項、第2巻は通常の滞納処分などの原則的な徴収手続、第3巻は第二次納税義務制度などの特殊な徴収手続、である。特色としては、①国税、公課のほか、地方税にも重点を置いたこと（地方税と国税の法文の差異とその解釈、地方税と行政不服審査法との関係など）、②理論面ばかりでなく、実務的な事項を重視したこと（財産の評価方法、滞納処分のための財産調査の要領など）、③徴収に関連する事項を網羅的に取り入れたこと（書類の送達、いわゆる滞調法・会社更生法等との関係など）を挙げることができる。当初の目標は、国税、地方税及び公課の徴収について、理論面も実務面も、本書さえあればすべて解決、というような欲張ったものであったが、振り返ってみると不本意な点が少なくない。特に、参考文献の充実という面ではその感が深いが、他日を期することとしたい。

なお､共著にあり勝ちな内容の矛盾や考え方のずれがないよう心掛け、全体的な統一はできたと自負しているし、文章もできるだけ同一調にそろえたつもりである。この統一とも関連して、本書のいくつかの論点について共著者間で統一的な結論を得られなかったものがあり、また、今後の研究発表も予想されるが、それらが本書と異なることもあり得るので、特にこの点を強調しておきたい。

本書の刊行に当たっては、多くの方々にご協力をいただいた。特に小林武廣君（東京国税局）には、実質的には共著者の１人といってよい程ご援助をいただいたし、㈱ぎょうせいの薄葉安由さんには、執筆の遅れにもかかわらず、終始暖かいご配慮をいただいた。ここに改めてお礼を申し上げる次第である。

昭和61年5月

著者を代表して
浅田　久治郎

凡　　例

1　法令を引用する場合の法令名の省略用語は後掲の略語解によることとした。

2　通達条文を引用する場合は〈例〉に示すとおり表記することとし、通達名の省略用語は後掲の略語解によることとした。

〈例〉（基本通達等の引用）・徴収法基通39－2

（単独通達の引用）・昭和47.9.11徴徴4－11外「……」通達

3　判例を引用する場合は〈例〉に示すとおり裁判所名・判決年月日・出典名・巻・号・頁（通巻頁）の順に表記することとし、裁判所名・出典名の省略用語は後掲の略語解によることとした。

〈例〉・最判（大）昭和32.12.19最民集11巻13号227頁

・名古屋高判（金沢）昭和40.1.20高民集3巻12号230頁

4　文献を引用する場合は〈例〉に示すとおり著者名・書名・頁（単行本の場合）又は、執筆者名・論題・掲載雑誌名・号・頁（雑誌の場合）の順に表記することとし、著者名・書名・雑誌名の省略用語は後掲の略語解によることとした。

〈例〉・桃井・条解徴収法

・鈴木竹雄「手形法の基礎理論」金融法務705号17頁

略 語 解

1 法　　令

通則法・・・・・・・国税通則法
通則令・・・・・・・国税通則法施行令
通則規則・・・・・国税通則法施行規則
徴収法・・・・・・・国税徴収法
徴収令・・・・・・・国税徴収法施行令
徴収規則・・・・・国税徴収法施行規則
民訴法・・・・・・・民事訴訟法
民保法・・・・・・・民事保全法
民執法・・・・・・・民事執行法
民執規則・・・・・民事執行規則
行審法・・・・・・・行政不服審査法
行訴法・・・・・・・行政事件訴訟法
更生法・・・・・・・会社更生法
再生法・・・・・・・民事再生法
登免法・・・・・・・登録免許税法
不登法・・・・・・・不動産登記法
収用法・・・・・・・土地収用法
区画整理法・・・土地区画整理法
地税法・・・・・・・地方税法
地税令・・・・・・・地方税法施行令
地税規則・・・・・地方税法施行規則
租特法・・・・・・・租税特別措置法
滞調法・・・・・・・滞納処分と強制執行等との手続の調整に関する法律
滞調令・・・・・・・滞納処分と強制執行等との手続の調整に関する政令
滞調規則・・・・・滞納処分と強制執行等との手続の調整に関する規則
仮登記担保法・・・・仮登記担保契約に関する法律
災害減免法・・・・・・災害被害者に対する租税の減免、徴収猶予等に関する法律

2 通 達 等

徴収法基通 ····· 国税徴収法基本通達

通則法基通 ····· 国税通則法基本通達

不服審査基通···· 不服審査基本通達

滞調法通達 ····· 滞納処分と強制執行等との手続の調整に関する法律の逐条通達

二次義務提要··· 第二次納税義務関係事務提要

評価通達········ 公売財産評価事務提要

猶予取扱要領···· 納税の猶予等の取扱要領

3 判 決

大判 ········· 大審院判決

最判 ········· 最高裁判所判決

控判 ········· 控訴院判決

高判 ········· 高等裁判所判決

地判 ········· 地方裁判所判決

行判 ········· 行政裁判所判決

4 判例集等

民録 ········· 大審院民事判決録

税資 ········· 税務訴訟資料

税資（徴）···· 国税庁HP・租税関係行政・民事事件判決集（徴収関係判決）

民集 ········· 大審院民事判例集

最民集 ······· 最高裁判所判例集（民事編）

高民集 ······· 高等裁判所民事判例集

下民集 ······· 下級裁判所民事裁判例集

月報 ········· 訟務月報

行録 ········· 行政裁判所判決録

行裁集 ······· 行政事件裁判例集

金融法務····· 金融法務事情

徴判集 ······· 国税庁編　国税徴収関係判例集

判時 ………判例時報

判タ ………判例タイムズ

第二次義務判集…． 第二次納税義務関係判例集

新聞 ………法律新聞

5 文　献

桃井・条解徴収法…． 桃井直造編『条解国税徴収法』

吉国・徴収法精解…． 吉国二郎他編『国税徴収法精解　平成30年改訂版』

志場・通則法精解…． 志場喜徳郎他編『国税通則法精解　平成31年改訂版』

荒木・例解徴収法…． 荒木政之亟他著『例解国税徴収関係法』

浅田・理論と実務…． 浅田久治郎著『租税徴収の理論と実務』

浅田・二次義務…… 浅田久治郎他著『第二次納税義務制度の実務と理論（改訂新版）』

田中・租税法……… 田中二郎著『租税法　新訂（法律学全集）』

金子・租税法……… 金子宏著『租税法　第23版』

兼子・執行法……… 兼子一著『増補強制執行法』

中野・民執法……… 中野貞一郎・下村正明著『民事執行法』

我妻・総則・物権・担保物権・債権総論・債権各論（上・中一・中二）

…… 我妻栄『新訂民法総則』『新訂物権法』『新訂担保物権法』『新訂債権総論』『債権各論（上・中一・中二）』

目　　次

第1章　租税徴収制度の概要

第2章　公課の徴収

第3章　租税債権の成立・確定と消滅

第4章　通則的事項

第5章　納税の緩和制度

第6章　財産の評価

第7章　行政争訟

巻末　様式・記載例

第1章

租税徴収制度の概要

第1節　総　　説

1　租税の徴収に関する法律

広い意味での租税の徴収は、租税を課する面と課された租税の履行を求める面とに大きく分けることができる。前者については、所得税法、法人税法、相続税法、消費税法、酒税法、地税法（及び同法の定める範囲内において制定される条例）等の法令により、その課税要件等が定められている。後者の租税の履行（徴収）に関する主要な法律としては、徴収法、通則法、いわゆる「滞調法」及び地税法があるが、その他にも、更生法、破産法、企業担保法等、租税の徴収に関する規定がおかれている法律は数多い。

租税の強制徴収（滞納処分）については、国税の徴収手続がその基本とされており、地方税については、地税法に若干の特別の規定があるほか、徴収法に規定する滞納処分の例によることとされている（地税法68条6項等）。

公課の徴収についても、「国税徴収の例」、「国税滞納処分の例」等によることとされ、国税の徴収に関する法律がその基本法となっている（本巻2章参照）。

2　租税徴収手続の概要

租税は、①課税要件の充足により成立し（この段階では、いわゆる抽象的な租税債権といわれる。）、②申告、更正、決定、賦課決定等の一定の手続により（又は特別の手続を要しないで）確定する。③確定した租税がその履行期限（納期限）までに納付されれば、その目的を達成して消滅するが、④納期限までに納付されない場合——いわゆる滞納となった場合——には、原則として督促をし、⑤次いで「滞納処分」が行われることになる。この滞納処分は、財産の差押え——これに代わる交付要求（参加差押え）——にはじまり、換価（取立て）——他の執行機関からの配当の受領——、配当——充当——に終わる一連の強制徴収手続の総称である。

この徴収手続の大きな流れの例外として、Ⓐ一方においては、租税債権の成立前又は確定前に租税を保全する措置、納期中の租税確保の措置等があり（12頁**5**参照）、Ⓑ他方においては、納期限の延長、納税の猶予その他の納税の緩和制度がある（15頁**2**参照）。なお、納税者の権利保護及び第三者の権利保護に関する諸措置も設けられている（**本章3節**参照）。

（注） 滞納処分の意義　滞納処分の定義には広狭の二義がある。広義では国税徴収法第5章に規定する処分をいい、狭義では、それから交付要求（及び参加差押え）を除いて、自ら行う強制換価手続をいう。

3　徴税の公平と法律に基づく徴収

租税法の基本原則として「租税公平主義」がある（租税法の基本原則について、金子・租税法78頁以下参照）。これは、単に課税面における公平負担の原則にとどまらず、徴収面においても重視されなければならない。そして、大部分の納税者が適正に納税している現状を考えれば、租税の滞納をそのまま放置しておくことは、公平の原則に反するといえる。租税の徴収に関する法律が「税務署長は……督促しなければならない」（通則法37条1項、地税法66条1項参照）、「徴収職員は……滞納者の財産を差し押えなければならない」（徴収法47条1項、地税法68条1項参照）等と規定し、滞納となった租税の早期徴収を図ることとしているのも、期限内に納付した納税者との公平確保のためと考えられる。

これを、観点をかえてみれば、税務署長等（徴税機関の長）は、法律に従って適正に租税を徴収すべき義務を負っており、その恣意によって、徴収を延期したり、租税を免除したりすることは許されない。強制徴収の処分をするにしても、反対に納税緩和の措置を講ずるにしても、いずれも法律の規定に従うことを要するのであって、私的自治の原則は排除されるが、これは、租税法律主義（憲法84条）にも沿うものである（契約によって延納等の負担軽減措置ができないことについて福岡地判昭和25.4.18行裁集1巻4号581頁、法律の規定に基づかない国税の保証契約の無効について東京地判昭和34.8.7下民集10巻8号1642頁、地方議会の議決を経ない木材引取税の減免の無効について高知地判昭和36.1.30

行裁集12巻1号90頁参照)。

(注)　法律に従って徴収を図るとしても、納税の猶予や換価の猶予ができない場合において納税者の納付能力に応じた分納を認めていくことは、実務上許されると解すべきであろう。すなわち、租税の徴収に関する法令が、滞納となった租税の強制的な徴収を規定する一方で、納税者の生計の維持や事業の継続に配慮していることからすれば、滞納租税の早期徴収という公益と納税者の生計の維持・事業の継続という私益との衡量により決すべき問題であり、納税の猶予や換価の猶予等ができないことから分納を認めることが直ちに違法ということはできないといえよう。

4　課税処分の違法等と徴収との関係（違法性の承継等）

租税の徴収手続は、確定した租税債権の存在を前提とし、その債権の実現を目的として進められる。したがって、先行処分である課税処分に瑕疵がある場合に、それが後行処分である徴収手続にどのような影響を及ぼすかが問題になる。このような先行処分と後行処分との関係は、滞納処分における一連の手続間あるいは第二次納税義務の告知と徴収手続との間などでも、同じく問題になる。

(1)　課税処分の無効と徴収の処分

イ　一般に行政処分の瑕疵は無効原因と取消原因に区分され、一般的には、その瑕疵が重大かつ明白であるときは無効となり、そうでないときは取消原因に過ぎないと解されており（田中二郎・行政法総論337頁以下、最判（大）昭和31.7.18最民集10巻7号890頁)、課税処分も同様に解されている（田中・租税法228頁、最判昭和36.3.7最民集15巻3号381頁等）が、その瑕疵が重大であれば、その瑕疵が明白でなくても無効であるとするものもある（金子・租税法898頁、最判昭和48.4.26最民集27巻3号629頁)。

ロ　課税処分が無効である場合には、徴収処分もその前提を欠くことになり、無効と解される。判例・学説とも無効とする結論には変わりがないが、理由付けは一様ではなく、①課税処分が無効のときは租税滞納の事実がないのに差し押さえたことになり、その差押えは重大かつ明白な瑕疵がある処分として無効（神戸地判昭和33.10.23行裁集9巻10号216頁）とか、②課税処分が無効のときの滞納処分は「内容の不能によって無効」（桜田誉「違法性の承継」租税判例百選185頁）とか、とする（なお、東京地判昭和45.2.24行裁集21巻2号343頁参照）。

（注）　無効宣言の意味での取消し　　更正通知書の不到達等により課税処分の効力が生じていない場合には、差押えは違法であって（広島高判昭和26.7.4行裁集2巻8号1167頁）、「取消し」されるべきであるとする裁判例がある（水戸地判昭和33.5.26行裁集9巻5号980頁、横浜地判昭和36.2.20行裁集12巻2号275頁）。これは、差押えが無効でないとの趣旨ではなく、無効宣言の意味での取消しを是認したものと解される。

⑵　課税処分の取消しと徴収の処分

イ　課税処分に取消原因たる瑕疵がある場合に、徴収処分との関係で問題になるのは、①課税処分の取消し前において、徴収処分が違法になるかどうか、②課税処分の取消し後において、既にした徴収処分がいかなる影響を受けるのか、の2点である。①の場合は、いわゆる違法性の承継の問題として論じられるもので、後述する。

ロ　上記②の場合は、理論上はともかく、実際上は課税処分の一部取消しと差押えとの関係が問題とされるにとどまる（課税処分の全部が取り消された場合には、徴収法79条1項1号により、差押えを解除することになる。）。この点については、課税処分の一部取消し前にされた差押えは、その一部取消し後に残存する租税のためにした差押えとなり、違法なものではないと解される（広島高判（松江）昭和31.9.28行裁集7巻9号2214頁、東京高判昭和43.5.15月報14巻10号1188頁等。なお、反対のものに鳥取地判昭和25.10.20行裁集1巻10号1360頁があるが、これは約70万円の租税が一部取消しによって9万余円になった事件で、特殊なものと考えたい。）。

⑶　取消原因のある課税処分と徴収の処分（違法性の承継の有無）

イ　課税処分に取消原因たる瑕疵がある場合において、徴収処分がその違法性を承継して瑕疵ある処分になるのか、それとも課税処分が取消しされるまでは徴収処分を適法に進めることができるかは、いわゆる違法性の承継の問題である。これは、租税法に特有のものではなく、行政行為一般の問題であって、通常は、①行政行為が段階的に連続してなされ、最終的に目標を達成する場合に、②先行行為に瑕疵があれば、③後行行為に固有の瑕疵がなくても、④後行行為が違法となるときに、違法性の承継があるといわれる（岡田春男「違法性の承継」行政判例百選Ⅰ（第5版）168頁参照）。

ロ　どのような場合に違法性の承継を認めるかについて、伝統的学説は、先行行為と後行行為が相結合して一つの法律的効果の実現を目ざし、これを完成するものである場合には、原則として違法性の承継を認めるべきであるが、先行行為と後行行為が相互に関連するとはいえ、それぞれ別個の法律的効果の実現を目的とするものである場合には、違法性の承継を否定するべきである、とする（田中二郎・新版行政法上巻（全訂第2版）327頁以下）。

違法性の承継に関する法律上の定義規定は存在しないし、学説・判例とも用語法を含め必ずしも一致していない（塩野宏・行政法Ⅰ（第6版）164頁）が、違法性の承継を認めるか否かについては、ほぼ上記の伝統的な考え方に従って判断され、課税処分と滞納処分の違法性の承継についても、同様である。それを整理し、より具体的に表現すると次のようにいえる。

①　課税処分と滞納処分　　課税処分は租税債権を確定させることを目的とする処分であり、他方、滞納処分は確定した租税債権の強制的な実現を目的とする処分であって、両者はそれぞれ別個の法律的効果を目的とする処分であるから、その間に違法性の承継はない（同じ結論の裁判例は、広島高判昭和26.7.4行裁集2巻8号1167頁、大阪地判昭和35.12.19月報7巻2号447頁、東京地判昭和52.10.27税資96号136頁等その数が多い。）。

②　差押処分と公売処分　　差押処分と公売処分とは、租税債権の強制的実現という同一目的のために段階的に行われる処分であるから、両者の間には違法性の承継がある（同じ結論の裁判例として、札幌高判（函館）昭和29.9.6下民集5巻9号1447頁、東京地判昭和39.9.30行裁集15巻9号1732頁等がある。）。

ハ　しかし、違法性の承継の有無を区別するこの基準は、必ずしも明確とはいえない。例えば、課税処分と滞納処分とが別個の目的のものとはいっても、課税処分も究極的には租税債権の実現に奉仕するものであって、その意味からは、両者はともに同一目的の処分ともいいうる（同旨の指摘をするものに、伊地知大介「租税行政行為に於ける公定力と違法性の承継」税法学185号10頁がある。）。また、差押処分と公売処分とが同一目的のための処分であるとはいっても、差押えは納税者の財産の処分禁止を目的とするものであり、公売は差押財産の換価を目的とするもので、両者はその目的・法律効果を異にする、ということも不可能ではない（類似の趣旨のものに、福岡地判昭和42.7.31行裁集18巻7号1106頁がある。）。

ニ　違法性の承継の限界をどこに求めるかは、行政行為に係る法律状態の安定の要請と国民の権利保護の要請とをどのように調和させるかの問題である（遠藤博也・行政行為の無効と取消336頁等参照）。このような観点から、具体的には次のとおり考えたい。

(イ)　第1に、複数の処分が連続的に行われる場合でなければ、違法性の承継はない。それらの処分が、ある行政目的から見て相関連して行われているものではなく、単に結果として先行処分の効果が後行処分に関連があるに過ぎないときは、法的安定性を重視し、違法性の承継はないと解すべきである。

課税処分も徴収処分も、究極的には租税収入の実現を目的として連続的に行われるものであると考えれば、違法性の承継を否定することはできない。

(ロ)　第2に、複数の処分が連続的に行われる場合で、後行処分によってはじめて行政目的の実際的効果が得られるときは、両者の間に違法性の承継を認めるべきである。先行処分だけでは行政目的から見た存在価値が少なく、その安定性はさしたる重要性がないからである。

差押処分と公売処分との関係は、これに該当し、両者の間には違法性の承継がある。差押処分は、——実際上は派生的な効果が多いが——本来は、公売処分の必要上財産を保全するためのものだからである。ところが、課税処分と徴収処分とはこのような関係にはなく、この基準からは、違法性の承継を肯定することはできない。

(ハ)　第3には、上記第1・第2以外の場合には、抽象的な基準を設けるのは困難であり、行政処分の安定の重要性と国民の権利保護の必要性との比較衡量によって、個別的に、違法性の承継の有無を判断すべきである。

課税処分と徴収処分との関係はこの第3に該当する。

(ニ)　課税処分と徴収処分との違法性の承継の有無は、上記に述べたとおり、課税処分の安定性と納税者の権利保護との比較衡量から判断すべきものであるが、①租税の有する特質から課税処分の安定性が強く要請されていることを考え、他方、②納税者の権利救済制度が整備されている現状から見ると、両者の間に違法性の承継を認めるのは妥当でない。

結論としては、通説と同様、課税処分と滞納処分との間には違法性の承継はなく、また、課税処分とその他の徴収処分（例えば、繰上請求）との関係でも、違法性の承継はないと解される。したがって、課税処分に取消原因があることを理由として――その課税処分の取消し前に――徴収処分の取消しを求めることはできない。

(4)　徴収手続中の先行処分と後行処分

差押処分と公売処分との間に違法性の承継があることは前述した（6頁②・7頁(ロ)参照）が、この両者に限らず、徴収手続中の先行処分と後行処分との間では、督促とそれに引き続く差押処分のように、違法性の承継があると解されるものがある。その場合、先行処分に取消原因がある場合には、――後行処分自体に固有の取消原因がなくても――後行処分の取消しを求めることができる。

なお、租税法では、徴収処分の安定性を保つために、不服申立て及び訴えの期限について、それを制限する特別規定を設けている（226頁(2)、251頁(6)の②参照）。

(5)　第二次納税義務の告知等と徴収の処分

イ　主たる課税処分の違法と第二次納税義務の告知　　第二次納税義

務者に対する納付通知書による告知は、主たる納税者の租税との関係では一種の徴収処分であって、主たる租税の課税処分に取消原因があっても、その違法性は、第二次納税義務の告知には承継されないと解される（最判昭和50.8.27最民集29巻7号1226頁。なお、この点をめぐる問題について3巻67頁⑵①参照）。

ロ　納付通知書による告知と徴収の処分　　第二次納税義務者に対する納付通知書による告知は、第二次納税義務という租税の賦課処分と解されるから、その告知とその後の滞納処分その他の徴収処分との間では、違法性の承継はないとするのが妥当である（名古屋地判昭和42.11.21第二次義務判集246頁等）。

保証人に対する納付通知書による告知とその後の徴収処分との関係も、上記と同様に解すべきである。

5　徴収手続における納税者

⑴　納税義務者及び徴収義務者との関係

租税の徴収手続における「納税者」は、いわゆる納税義務者とはその範囲を異にする。納税義務者とは、租税に関する法律の規定により納税義務がある者をいい、例えば、給与の受給者は納税義務者であるが、その租税の履行は給与の支給者との関係で処理される。そして、租税債権者との関係では、給与の支給者がいわゆる徴収義務者としてそれを履行すべきこととされており、その意味で、租税の徴収手続においては――納税義務者である受給者ではなく――徴収義務者である支給者が当事者となる。

そこで、租税の徴収手続における「納税者」は、租税の債権・債務につき直接的に租税債務者となる者、すなわち、①納税義務者のうち、徴収義務者により租税を徴収される者を除いたもの、②徴収義務者、の両者ということになる。なお、徴収義務者としては、国税の源泉徴収義務者及び特別徴収義務者（通則法2条2号参照）と地方税の特別徴収義務者（地税法1条1項10号参照）とがある。

⑵　租税債務者の拡張

租税は、本来は上記⑴の租税債務者から徴収すべきものであるが、その者以外の者に租税債務を負わせる場合及び租税債務を負わせるわけではないが――執行対象財産の拡張の結果――徴収手続においては「納税者」と同様に処理すべき場合がある（12頁**4**参照）。

なお、保全差押え及び繰上保全差押えの段階では、その差押えを受ける者は、必ずしも納税者とはいえない――納税義務の存否が明確でない――が、その差押え等の手続においては「納税者」の立場に立つことになる。

⑶　人格のない社団等

租税を課する場合に「人格のない社団等」を法人とみなして処理する（所得税法4条、法人税法3条等）ことと対応して、租税の徴収についても、人格のない社団等を法人とみなすこととされている（通則法3条、徴収法3条、地税法12条）。

この「人格のない社団等」とは、①法人でない社団又は財団であって、②代表者又は管理人の定めがあるもの、である（通則法3条、徴収法3条、地税法12条）。この社団又は財団は、法人格はないが、一定の組織による統一された意思のもとに活動するもので、研究団体、同業者協会、同窓会等にその例がある。なお、代表者又は管理人の定めは、定款、寄附行為、規約等で明定されていることが多いが、そうでなくても、事実としてその定めがあればよいと考えられる。

（注）人格のない社団等とその構成員の責任　　租税の徴収について「人格のない社団等」を法人とみなすことは、徴収の確保という面から見て問題がある。法人であっても、法人とその構成員である個人とが別個の人格であることを悪用し、個人財産の保全を図る例が少なくない。まして、法的な規制（例えば、資本充実の原則等。ただし、平成18年制定の会社法上は、この原則は存在しない。）を全く受けない「人格のない社団等」を法人とみなしても、その責任財産が薄弱で、租税の徴収ができない例が少なくないのではあるまいか。法人について法人格否認の法理を適用し、個人の責任を追及することが是認されるようになった現在においては（最判昭和44.2.27最民集23巻2号511頁）、徴収法41条の第二次納税義務の適用を含む人格のない社団等の財産からの徴収よりは、その構成員の個人財産をもって租税債務の責任財産とする立法を考慮すべきであろう。

第2節　租税債権の確保

1　概　　説

租税債権の適正な徴収が租税の公平の原則からも重要であることは前述した（3頁**3**参照）が、租税の収入確保の面からも租税債権の適正な実現が図られる必要がある（徴収法1条参照）。このための租税債権の確保に役立つものとして、①租税債権者による自力執行の制度、②租税の優先権、③租税債務者の拡張、④特別な保全措置、⑤滞納処分のための権限、⑥債権者代位権と詐害行為取消権、⑦滞納処分に関する罰則、を挙げることができる。

2　租税の自力執行権

私債権については、債務の履行遅滞があった場合に、債権者が自力で強制的に債権の実現を図ることは許されない。これに対して、租税は、国又は地方公共団体の財政需要を満たすために必要な債権であり、その徴収は、大量性、反覆性を有しているところから、例外的に租税債権者自らに強制的実現の手続をとることが認められている。また、この自力執行権は、行政庁が個々の滞納者それぞれの実情に即した行政を行うという点からも、その意義が認められる。

3　租税の優先権

租税の徴収については、租税の公益性及びその歴史的背景から、諸外国においてもなんらかの形で租税に優先権を認めるのが通例である（田中・租税法252頁参照）。我が国においても、租税は原則として他のすべての公課その他の債権に先だって徴収することとし、その一般的優先を認めている（徴収法8条、地税法14条）。しかし、私法秩序との調整の観点から、①特定の担保権は租税に優先すること、②滞納処分手続において第三者の権利を尊重すべきこと等の諸措置が講じられている（16頁**3**参照）。

4　租税債務者の拡張

租税は、本来「納税者」によって履行されるべきものである。しかし、租税の徴収確保の観点から、租税債務者が拡張される場合がある。これには、①第二次納税義務、②保証、③連帯納付義務・連帯納付責任、④納税義務の承継があるほか、租税債務自体は負担しないが、結果として同様になる場合――納税者でない者の財産から納税者の租税を徴収する場合――として、⑤譲渡担保財産からの徴収、⑥担保権付財産が譲渡された場合の担保権者に対する配当からの徴収、⑦租税の担保となっている第三者の財産からの徴収がある（これらについては３巻３章参照）。

（注）　租税債務者の拡張と求償権との関係　　上記の租税債務者の拡張に関する措置は、それらの者と納税者との間における求償権の行使を妨げるものではない。第二次納税義務等についてはその旨の明文規定がある（徴収法32条5項、24条3項、地税法11条5項、14条の18第4項、16条の5第4項）が、その明文のないものについても同様に解される。なお、求償権が生ずるかどうかは、その実体関係によって定まるもので、求償権の行使を妨げない旨の規定があるからといって、必然的に求償権が発生するわけではない。

5　特別な保全措置

租税の徴収を確保するための差押えは、租税が具体的に確定し、納期限までに納付がない場合に行われるのが通常である。しかし、これ以外の場合にも、租税の保全措置を講じなければその徴収を確保できない場合が少なくない。これには、租税が成立する前の保全措置として、①保全担保及び②強制換価に伴う消費税等（消費税等とは、消費税、酒税、たばこ税、揮発油税、地方揮発油税、石油ガス税及び石油石炭税をいうが、強制換価に伴う消費税等の場合は、上記の内、消費税を除いたものである。通則法39条参照）の徴収措置があり、租税の成立後確定前の保全措置として、③保全差押え及び④繰上保全差押えがある。また、⑤納期中の保全のために繰上請求（又は繰上徴収）の措置があり、⑥租税についての担保の徴取制度もある（これらについては３巻１章参照）。

なお、このほかにも、督促後に繰上請求の客観的要件事実の一に該当する事実が生じた場合の繰上差押え（徴収法47条2項)、差押財産の保険金に対する差押えの効力の拡張（徴収法53条1項）等がある。

6　滞納処分のための権限

租税の徴収を確保するために、徴収職員（税務署長その他国税の徴収に関する事務に従事する職員をいう（徴収法2条11号)。）及び徴税吏員（道府県知事若しくはその委任を受けた道府県職員又は市町村長若しくはその委任を受けた市町村職員をいう（地税法1条1項3号)。）には種々の権限が付与されている。その最も強力なものは差押え及び換価の権限であるが、それに付随するものとして、①質問・検査、②捜索、③出入禁止の権限が与えられている（これらについては2巻2章3節・4節参照)。なお、公売実施の適正化のための措置として公売参加者の制限等ができること（徴収法108条)、差押財産の使用収益の許可及び制限ができること（徴収法61条、69条、70条5項等）等の権限もある。

7　債権者代位権及び詐害行為取消権

債権の対外的効力として一般に認められている債権者代位権及び詐害行為取消権は、租税債権についても与えられている（通則法42条、地税法20条の7)。したがって、租税についても、その債権保全のために、債務者である納税者以外の第三者に対し、債権者代位権及び詐害行為取消権を行使することができる（これらについては本巻4章3節参照)。

8　滞納処分に関する罰則

租税の滞納自体は犯罪を構成するわけではなく、一般的には、税務署長等（徴税機関の長）による滞納処分を受けるにとどまる。しかし、この滞納処分に関して、租税法は罰則の規定を設け、間接的に租税の徴収確保及び滞納処分の円滑な執行に資することとしている。すなわち、①滞納処分を免かれる目的で、財産の隠ぺい、損壊、不利益処分等をした場合における納税者及び特定の第三者に対する罰則、②質問に対する不答弁又は虚偽答弁についての罰則、③検査拒否等についての罰則、がこれである（130頁**7**参照）。

なお、刑法には、Ⓐ封印その他差押えの標示の破棄等について刑法第96条（封印等破棄）、Ⓑ公売の妨害又は談合について刑法第96条の3（競売入札妨害、談合行為）、Ⓒ保管を命ぜられた自己の物の窃取等について刑法第242条（窃盗、強盗）、Ⓓ保管を命ぜられた自己の物の横領について刑法第252条（横領）、Ⓔ差押えを受けた建造物等の放火について刑法第115条（放火）、Ⓕ差押えを受けた自己の文書の毀棄又は建造物の損壊等について刑法第262条（私文書毀棄、建造物損壊、器物損壊）の規定のほか、Ⓖ公務員の職務執行の妨害等について刑法第95条（公務執行妨害、職務強要）の規定がある。

第3節　納税者及び第三者の保護

1　概　　説

租税の徴収については、その確保の措置が必要な反面、納税者の生活及び事業に対する配慮もまた欠くことができないし、第三者の利害関係に対する考慮も重要である。それらの具体的な措置は、租税債権の確保との調整をどの程度のものとすべきかの問題として検討されることになるが、いずれにしても、納税者及び第三者への配慮をまってはじめて「適正」な徴収といいうるであろう（徴収法1条参照）。

なお、租税の徴収に関する処分について不服がある者の救済は、最終的には訴訟手続によるが、その前段階として不服申立ての制度が設けられており（本巻7章1節参照）、これも納税者及び第三者の保護制度の一つといえる。この不服申立ての制度は、訴訟手続に比して簡易・迅速に処理され、しかも手数・費用が少ない点にその制度の意義を認めることができるし、また、違法な処分に限らず、不当にとどまる処分も不服申立ての対象になる点にその特色がある。

2　納税者の保護

納税者の保護に関する措置としては、納税の緩和の制度がその重要な地位を占めるが、そのほか、いくつかの特別の規定が設けられている。

(1)　納税の緩和制度

租税は、その納期限までに納付しなければならず、納期限を経過すると強制徴収の手続をとるのが原則であるが、租税の性質、納税者の事情等によって納税を強制することが適当でないときは、納税の緩和措置がとられることになる。この緩和の制度としては、納税者側からみて履行の緩和に重点があるものとして①納期限の延長と②延納があり、徴収手続の緩和に重点があるものとして、③納税の猶予と④徴収の猶予があり、滞納処分の緩和に重点があるものとして⑤換価の猶予と⑥滞納処分の停止が主要なものである（これらについては本巻5章参照）。このほか、不服申立てに伴う滞納処分の続行の停止又は差押えの猶予（通則法105条2項・3項等）その他の緩和措置があり、また、納付委託（通則法55条、地税法16条の2）が実質的に緩和措置の効果をもつ場合がある。

なお、納税の緩和制度に関する用語は、国税と地方税とでは、統一されておらず、地方税の場合には、国税の納税の猶予に相当するものを「徴収猶予」あるいは「徴収の猶予」と呼んでいる。

（注）　相続税、贈与税の納税猶予は、納税義務の履行の緩和というより、一定の場合には納税義務が免除される——税負担の軽減——という政策目的によるものであり、通則法が規定する納税の猶予とは一線を画する制度である。

⑵　その他の措置

滞納処分の執行については、納税者の権利保護のために、全体的に慎重な手続が定められているが、特に納税者保護の色彩が強いものとして、①超過差押え及び無益な差押えの禁止（徴収法48条）、②差押禁止財産の制度（徴収法75条から78条）、③差押財産の使用・収益の是認（徴収法61条1項、69条1項、70条5項等）、④実質的な意味での差押換えの請求（徴収法79条2項2号）がある。また、⑤延滞税（又は延滞金）及び利子税の免除（通則法63条、64条、地税法20条の9の5等）、⑥消滅時効の制度（通則法72条、地税法18条）も、納税者保護の役割を果たすものといえる。なお、差押えが制限される場合（徴収法159条4項等）及び換価が制限される場合（徴収法90条等）がある。

3　第三者の保護

第三者の保護に関する措置としては、主として担保権者保護のための租税優先権の制限のほか、滞納処分に当たっての権利尊重の規定が数多く設けられている。

⑴　租税の優先権の制限

租税の優先の原則に対しては、私法秩序との調整措置すなわち見方を変えれば担保権者その他の第三者の保護措置として、租税の優先権を制限することとされている。その概要は、①強制換価手続の費用、留置権の被担保債権、特別の前払借賃（徴収法59条3項等）及び不動産保存等の先取特権は、租税に優先すること、②質権、抵当権、不動産賃貸等の先取特権及び仮登記担保の被担保債権は、租税の法定納期限等以前又は換価財産の譲渡（第三者から納税者への譲渡）前にあったものに限り、租税に優先すること、の2点である（2巻6章3節参照）。

(2) 滞納処分に当たっての権利の尊重

滞納処分に当たっての第三者保護の措置としては、①差押えに当たっての第三者の権利の尊重（徴収法49条）、②それに対応する第三者の差押換えの請求と換価の申立て（徴収法50条）、③相続人の権利の尊重（徴収法51条1項）、④それに対応する相続人の差押換えの請求（徴収法51条2項）、⑤利害関係人への差押え、交付要求、公売等の通知（徴収法55条、81条、82条3項、84条3項、86条4項、88条1項、96条、106条2項、109条4項）、⑥第三者が占有する動産等の差押え等の制限と引渡命令の制度（徴収法58条、65条、71条4項、73条5項）、⑦権限ある第三者による差押財産の使用・収益（徴収法61条2項、69条2項、70条5項、71条6項）、⑧交付要求の制限（徴収法83条）、⑨それに対応する債権者からの交付要求解除の請求（徴収法85条）、⑩参加差押えの制限（徴収法88条1項）、⑪それに対応する債権者からの参加差押え解除の請求（徴収法88条1項）、⑫担保権引受けの方法による換価の申立て（徴収法124条2項）、⑬引渡命令に対する特定の不服申立てに伴う差押動産等の搬出の制限（徴収法172条）があるほか、⑭第二次納税義務者、保証人、仮登記（又は仮登録）の権利者又は譲渡担保権者がした特定の訴訟に伴う換価の制限（徴収法90条3項、24条3項）等がある。

第2章

公課の徴収

第1節　概　　説

いわゆる公課の徴収については、それぞれの徴収金に特有な事項等につき規定を設けているほか、その一般的手続としては「国税徴収の例」又は「国税滞納処分の例」によることとしているものが多い。なかには「地方税滞納処分の例」あるいは「市町村税の例」等により徴収することを規定するものも若干あるが、地方税の強制徴収手続は国税滞納処分の例によることとされているから（地税法68条6項等）、結局は「国税滞納処分の例」と同様であり、また、国税滞納処分の例により徴収することを規定している行政代執行法第6条等の規定をさらに準用する公課もあるが、このような間接準用の場合も同様である。

この「国税徴収の例」等によることとしている公課は、おおむね後記のとおりである（吉国・徴収法精解77頁以下参照）。

1　国税徴収の例により徴収するもの

(1)　租税及び類似のもの

公課の内容	根拠規定	備考
1　納期限までに完納されない関税及び繰上請求事由があってその納期限までに完納されないと認められる関税又は特例申告貨物につき税額確定後においては徴収を確保することができないと認められる関税	関税法第11条	徴収順位は、国税及びその滞納処分費と同順位（関税法9条の5第2項）
2　変質、損傷等の場合のもどし税を過大に払いもどした場合に徴収する関税	関税法第13条の2	
3　納期限までに完納されないとん税及び特別とん税	とん税法6条3項、12条3項、特別とん税法6条、10条3項	

公課の内容	根拠規定	備考
4 合衆国軍隊等からの譲受物品につき譲受人から強制徴収する関税及び保税地域搬入費用並びに一般商品を積載する合衆国公用船のとん税及び特別とん税	日本国とアメリカ合衆国との間の相互協力及び安全保障条約第6条に基づく施設及び区域並びに日本国における合衆国軍隊の地位に関する協定の実施に伴う関税法等の臨時特例に関する法律第13条等	
5 徴収共助決定をした共助対象外国租税	租税条約の実施に伴う所得税法、法人税法及び地方税法の特例等に関する法律第11条第4項	
6 アメリカ合衆国から徴収の嘱託を受けた日米相続税条約第1条に規定するアメリカ合衆国の租税	遺産、相続及び贈与に対する租税に関する二重課税の回避及び脱税の防止のための日本国とアメリカ合衆国との間の条約の実施に伴う相続税法の特例等に関する法律第3条	徴収順位は、国税及びその滞納処分費と同順位
7 価格差益納付金及び割増金	物価統制令第23条	

(2) 社会保険制度に基づく保険料等

公課の内容	根拠規定	備考
1 健康保険の保険料その他の徴収金	健康保険法第183条	
2 船員保険の保険料その他の徴収金	船員保険法第137条	
3 労働者災害補償保険の保険料その他の徴収金	労働保険の保険料の徴収等に関する法律第30条	
4 雇用保険の保険料その他の徴収金	同上	
5 私立学校教職員共済組合の掛金その他の徴収金	私立学校教職員共済法第33条	
6 厚生年金保険の保険料その他の徴収金	厚生年金保険法第89条	
7 国民年金の保険料その他の徴収金	国民年金法第95条	市町村の場合は、市町村税の例による。
8 国民年金基金の掛金及び不正利得の徴収金	同法第134条の2	基金は、厚生労働大臣の認可を受けて滞納処分を行う。

公課の内容	根拠規定	備考
9　石炭鉱業年金基金の掛金その他の徴収金	石炭鉱業年金基金法第22条	厚生年金保険法の関係規定を準用
10　農業者年金の保険料その他の徴収金	独立行政法人農業者年金基金法第54条	滞納処分は市町村に請求し、又は農林水産大臣の認可を受けて自ら行う。
11　特別児童扶養手当を不正に受けた者に対する徴収金	特別児童扶養手当等の支給に関する法律第24条第1項	
12　児童扶養手当を不正に受けた者に対する徴収金	児童扶養手当法第23条第1項	
13　公害健康被害補償給付を不正に受けた者に対する徴収金	公害健康被害の補償等に関する法律第15条第1項	
14　汚染負荷量賦課金その他の徴収金	同法第60条	
15　身体障害者雇用納付金その他の徴収金	障害者の雇用の促進等に関する法律第62条	同法第59条から第61条まで参照
16　犯罪被害者等給付金を不正に受けた者に対する徴収金	犯罪被害者等給付金の支給等による犯罪被害者の支援等に関する法律第15条第1項	
17　国外犯罪弔慰金等を不正に受けた者に対する徴収金	国外犯罪被害者弔慰金等の支給に関する法律第15条第1項	
18　予防接種法・新型インフルエンザ等対策特別措置法による給付金を不正に受けた者に対する徴収金	予防接種法第19条第1項、新型インフルエンザ等対策特別措置法第28条第5項	
19　医療特別手当等を不正に受けた者に対する徴収金	原子爆弾被爆者に対する援護に関する法律第47条第1項	
20　ハンセン病療養所入所者等に対する補償金を不正に受けた者に対する徴収金	ハンセン病療養所入所者等に対する補償金の支給等に関する法律第10条第1項	
21　特別障害給付金を不正に受けた者に対する徴収金	特定障害者に対する特別障害給付金の支給に関する法律第22条第1項	
22　石綿による健康被害の救済に関する法律による救済給付金を不正に受けた者に対する徴収金	石綿による健康被害の救済に関する法律第27条第1項	

公課の内容	根拠規定	備考
23　独立行政法人環境再生保全機構が特別事業者から徴収する特別搬出金等	同法第50条の5	
24　特定C型肝炎ウイルス感染者等に対する給付金を不正に受けた者に対する徴収金	特定フィブリノゲン製剤及び特定血液凝固第IX因子製剤によるC型肝炎感染被害者を救済するための給付金の支給に関する特別措置法第13条第1項	
25　オウム真理教犯罪被害者等を救済するための給付金の支給に関する法律による給付金を不正に受けた者に対する徴収金	オウム真理教犯罪被害者等を救済するための給付金の支給に関する法律第12条第1項	
26　新型インフルエンザ予防接種による健康被害の救済に関する特別措置法による給付金を不正に受けた者に対する徴収金	新型インフルエンザ予防接種による健康被害の救済に関する特別措置法第7条第1項	
27　就学支援金を不正に受けた者に対する徴収金	高等学校等就学支援金の支給に関する法律第11条第1項	
28　学資支援金を不正に受けた者に対する徴収金	独立行政法人日本学生支援機構法第17条の4第1項	
29　戦後強制抑留者に対する特別給付金を不正に受けた者に対する徴収金	戦後強制抑留者に係る問題に関する特別措置法第10条第1項	
30　特定原子力損害をてん補するための仮払金を不正に受けた者に対する徴収金	平成23年原子力事故による被害に係る緊急措置に関する法律第11条第1項	
31　特定B型肝炎ウイルス感染者給付金等を不正に受けた者に対する徴収金	特定B型肝炎ウイルス感染者給付金等の支給に関する特別措置法第21条第1項	
32　急迫の場合等において資力があるにもかかわらず保護を受けた者に対する徴収金	生活保護法第77条の2第2項	
33　不正な手段により保護等を受けた者に対する徴収金	同法第78条第4項	
34　年金生活者支援給付金を不正に受けた者に対する徴収金	年金生活者支援給付金の支給に関する法律第31条第1項	

2　国税滞納処分の例により徴収するもの

公課の内容	根拠規定	備考
1　各省共通のもの（地方公共団体関係のものを含む。）		
(1)　行政代執行の費用	行政代執行法第６条第１項	
(2)　補助金等の返還金並びにその加算金及び延滞金	補助金等に係る予算の執行の適正化に関する法律第21条第１項	
2　財務省関係のもの		
(1)　担保の処分により徴収する関税、とん税及び特別とん税	関税法第10条第２項、とん税法第９条第２項、特別とん税法第７条第２項	国税通則法第52条を準用
(2)　共助対象外国租税	租税条約等の実施に伴う所得税法、法人税法及び地方税法の特例等に関する法律第11条第４項	国税通則法及び国税徴収法の各規定を準用
3　総務省関係のもの（旧自治省関係）		
(1)　地方税に係る地方団体の徴収金	地方税法第48条第１項、第68条第６項、第71条の19第６項、第71条の40第６項、第71条の60第６項、第72条の68第６項、第73条の36第６項、第74条の27第６項、第94条第６項、第144条の51第６項、第167条第６項、第200条第６項、第285条第６項、第331条第６項、第373条第７項、第459条第６項、第485条の３第６項、第541条第６項、第613条第６項、第695条第６項、第700条の66第６項、第701条の18第６項、第701条の65第６項、第728条第７項、第733条の24第６項	個人の都道府県民税に係る地方団体の徴収金については、都道府県知事が市町村長の同意を得て、都道府県の徴税吏員が滞納処分をすることができる。
(2)　政党交付金の返還金並びにその加算金及び延滞金	政党助成法第33条第12項	
4　文部科学省関係のもの		
(1)　文化財の代執行的修理等の費用	文化財保護法第40条第３項	行政代執行法第６条を準用

公課の内容	根拠規定	備考
⑵　補助金の交付を受けた重要文化財を譲渡した場合等の納付金	同法第42条第4項	
⑶　独立行政法人日本学術振興会の交付する補助金の返還金並びにその加算金及び延滞金	独立行政法人日本学術振興会法第17条第1項	補助金等に係る予算の執行の適正化に関する法律第21条を準用
5　厚生労働省関係のもの		
⑴　副作用拠出金・感染拠出金又は安全対策等拠出金	独立行政法人医薬品医療機器総合機構法第25条第3項	厚生労働大臣の認可を受けて滞納処分をすることができる。
⑵　水道原水水質保全事業の実施に要する費用の負担金及び延滞金	水道原水水質保全事業の実施の促進に関する法律第16条第3項	
⑶　医療保険者から徴収する介護給付費納付金	介護保険法第156条第4項	
⑷　前期高齢者納付金等及び後期高齢者支援金等	高齢者の医療の確保に関する法律第44条第4項、第124条	
6　環境省関係のもの		
⑴　国立公園事業に関する受益者負担金及び原因者負担金等	自然公園法第66条第3項	
⑵　自然環境保全事業の執行費用の原因者負担金及び受益者負担金等	自然環境保全法第40条第3項	地方公共団体の収入となる場合にあっては地方税の滞納処分の例による。
⑶　絶滅のおそれのある野生動植物の種の保存のための措置に要した費用の負担金及び延滞金	絶滅のおそれのある野生動植物の種の保存に関する法律第52条第4項	
⑷　汚染負荷量賦課金等の徴収金	公害健康被害の補償等に関する法律第57条第6項	機構が徴収する場合
⑸　特定外来生物による生態系等に係る被害の発生を防止するため必要があるときに行う防除についての負担金及び延滞金	特定外来生物による生態系等に係る被害の防止に関する法律第17条第4項	

公課の内容	根拠規定	備考
7　農林水産省関係のもの		
(1)　国等が行う土地改良事業の清算金等	土地改良法第89条の3第3項、第90条の2第9項	
(2)　保安林指定による受益者負担金	森林法第36条第4項	都道府県知事の場合は、地方税の滞納処分の例による。
(3)　農水産業協同組合貯蓄保険の保険料及び延滞金	農水産業協同組合貯蓄保険法第52条第4項・第5項	機構が行う場合
(4)　不正の手段により交付金を受けた者の返還金	農業の担い手に対する経営安定のための交付金の交付に関する法律第6条第3項	
8　経済産業省関係のもの		
(1)　鉱業権の取消し等による受益者の負担金等	鉱業法第143条第3項	
(2)　緑地等の設置につき事業者が負担する負担金	石油コンビナート等災害防止法第35条第3項	
(3)　交付金の目的外使用等をした指定開発促進機関等の納付金	航空機工業振興法第25条第1項	
(4)　アルコール事業に係る納付金等	アルコール事業法第37条第4項	
(5)　特定放射性廃棄物の最終処分業務のための拠出金等	特定放射性廃棄物の最終処分に関する法律第15条第3項	
9　国土交通省関係のもの		
(1)　港湾工事の費用の負担金	港湾法第56条の6第3項	
(2)　助成による外航船舶を建造した者の納付金及び延滞金	外航船舶建造融資利子補給臨時措置法第12条第3項	
(3)　自動車損害賠償保障事業の賦課金及び過怠金	自動車損害賠償保障法第80条第4項	
(4)　海洋の汚染を防止するため必要な措置に要した費用の負担金等	海洋汚染等及び海上災害の防止に関する法律第41条第2項、第41条の3第5項、第42条の16第7項	第41条第2項は行政代執行法第6条を準用

公課の内容	根拠規定	備考
⑸ 河川法による負担金及び流水使用料等	河川法第74条第3項	都道府県の収入となる場合にあっては、地方税の滞納処分の例による。
⑹ 砂防工事の費用負担金及び過料	砂防法第38条第1項	
⑺ 都市計画による負担金その他の徴収金	都市計画法第75条第5項	
⑻ 公有水面埋立ての免許料及び損害補償裁定に関する鑑定料	公有水面埋立法第38条	港湾内の埋立てについては、国土交通省が所管する。
⑼ 土地収用のための代執行の費用	土地収用法第128条第5項	
⑽ 道路に係る負担金、占用料、駐車料金、割増金、料金、手数料及び延滞金	道路法第73条第3項、第91条第2項	
⑾ 住宅街区整備事業に係る賦課金、負担金、分担金又は過怠金	大都市地域における住宅及び住宅地の供給の促進に関する特別措置法第50条第4項	土地区画整理法第41条を準用
⑿ 地方道路公社が新設等した有料道路の料金、割増金	道路整備特別措置法第45条第4項	道路法第73条第3項を準用
⒀ 高速自動車国道活用施設の通路等の高速自動車国道との連絡に係る連結料、機構等の収入となる占用料、連結料、負担金	高速自動車国道法第11条の8第2項、道路整備特別措置法第45条第4項	道路法第73条第3項を準用
⒁ 海岸の占用料、土砂採取料及び保全工事等の負担金並びに延滞金	海岸法第35条第3項	
⒂ ダム使用権者の負担金及び納付金等	特定多目的ダム法第36条第3項	
⒃ 地すべり防止工事等の負担金及び延滞金	地すべり等防止法第38条第3項	
⒄ 特定事業参加者の負担金及び延滞金	都市再開発法第56条の3第3項、第58条の2第2項	

公課の内容	根拠規定	備考
⒅　市街地再開発事業のための土地又は物件の引渡し等の費用及び同事業清算金	同法第99条第5項、第106条第4項	
⒆　事業区域にある物件の明渡し等の費用	大深度地下の公共的使用に関する特別措置法第35条第7項	
⒇　水資源開発施設の新築等の負担金及び延滞金	独立行政法人水資源機構法第28条第3項	知事の場合は、地方税の滞納処分の例による。
(21)　特定事業参加者の負担金及び延滞金	密集市街地における防災街区の整備の促進に関する法律第186条第3項	
(22)　防災街区整備事業のための土地等の引渡し等の費用	同法第234条第5項	
(23)　防災街区整備事業の清算金及び延滞金	同法第250条第4項	
(24)　水域の占用又は土砂の採取に係る負担金等及び延滞金	排他的経済水域及び大陸棚の保全及び利用の促進のための低潮線の保全及び拠点施設の整備等に関する法律第13条第3項	
(25)　津波防護区域内の土地を占用しようとする者から徴収する負担金等及び延滞金	津波防災地域づくりに関する法律	
10　総務省関係のもの（旧自治省関係以外）		
⑴　電波利用料及び延滞金	電波法第103条の2第43項	
⑵　引揚者等の特別交付金の返還金	引揚者等に対する特別交付金の支給に関する法律第14条第3項	
⑶　販売価格が特定標準価格を超えた場合の課徴金	国民生活安定緊急措置法第12条第3項	
⑷　不当な取引制限等に対する課徴金及び延滞金	私的独占の禁止及び公正取引の確保に関する法律第69条第4項	
⑸　公害防止事業につき事業者の負担する負担金及び延滞金	公害防止事業費事業者負担法第12条第3項	
11　法務省関係のもの 不正の手段により被害回復給付金を受けた者の返還金	 犯罪被害財産等による被害回復給付金の支給に関する法律第30条	

3　地方税滞納処分の例により徴収するもの

公課の内容	根拠規定	備考
⑴　入港料その他の料金、過怠金等の港務局の収入	港湾法第44条の3第1項	地方自治法第231条の3第3項等を準用
⑵　汚染負荷量賦課金等の徴収金	公害健康被害の補償等に関する法律第57条第5項	市町村が徴収する場合
⑶　農業災害共済の共済掛金及び事務費の賦課金	農業災害補償法第87条の2第3項・第4項	組合は、都道府県知事の認可を受けて滞納処分をすることができる。
⑷　土地改良区の経費の賦課金その他の徴収金	土地改良法第39条第4項・第5項	理事は、都道府県知事の認可を受けて滞納処分をすることができる。
⑸　漁業権の変更、取消し等による受益者負担金	漁業法第39条第15項	
⑹　地方公共団体の分担金、加入金、過料及び特定の使用料その他の歳入	地方自治法第231条の3第3項	この適用を受けるものは、広く各省関係の法令による公課で地方公共団体に事務の委任がされたものである。
⑺　行旅病人、行旅死亡人等の救護の弁償金	行旅病人及行旅死亡人取扱法第15条第2項	市町村税滞納処分ノ例ニ依ル
⑻　児童福祉施設の利用費等の徴収金	児童福祉法第56条第7項・第8項	
⑼　国民健康保険の保険料等	国民健康保険法第80条第3項	市町村が徴収する保険料の例による。
⑽　母子保健法による養育医療の給付に要した費用	母子保健法第21条の4第3項	
⑾　児童手当（子どものための現金給付）を不正に受けた者に対する徴収金	児童手当法第14条第1項	
⑿　農水産業協同組合貯金保険の保険料及び延滞金	農水産業協同組合貯金保険法第52条第4項	市町村が徴収する場合
⒀　土地区画整理のための賦課金、負担金、分担金、過怠金及び督促手数料並びに換地処分の清算金等	土地区画整理法第41条第3項・第4項	理事は、都道府県知事の認可を受けて滞納処分をすることができる。

公課の内容	根拠規定	備考
⒁　市街地再開発組合の賦課金、負担金等	都市再開発法第41条第2項・第3項	
⒂　水資源開発施設の新築又は改築の負担金	独立行政法人水資源機構法第28条第3項	都道府県知事が徴収する場合
⒃　防災街区整備事業に係る賦課金、負担金、分担金又は過怠金	密集市街地における防災街区の整備の促進に関する法律第160条第2項・第3項	
⒄　違法駐車車両の移動、保管等の措置に要した費用及び違法工作物等の除去、移転等の措置に要した費用の負担金等	道路交通法第51条第18項、第51条の4第14項、第81条第10項	
⒅　水害予防組合の組合費その他の収入	水害予防組合法第56条第1項	市町村税の例による。

第2節　国税徴収の例による徴収

公課の徴収について「国税徴収の例」による場合には、公課の性質に反しない限り――国税に固有の性格のものを除いて――国税の徴収（収入金を受け入れる手続一般を指し、賦課徴収を一体として含んだもの）について適用される法規を一般的に準用することになる。この法規としては、通則法と徴収法（これらの施行令及び施行規則を含む。）がある。

なお、公課の徴収に関する法律に特別の規定がある場合には、その部分については、国税の徴収に関する法律の準用がないことはいうまでもない。

1　通則法の準用

(1)　準用される規定

「国税徴収の例」により徴収される公課について通則法を準用する場合、具体的にどの規定がどのように準用されるかは、必ずしも明らかでない。公課の性質、特別規定の有無等との関係から、すべての公課について一律ではないが、一般的に準用があると考えられる規定の主要なものは、次のとおりである（志場・通則法精解112頁以下参照）。

①　通則法の規定を適用するに当たって人格のない社団等を法人とみなす旨の規定（通則法3条）……この規定は、各公課の実体法で人格のない社団等に対する賦課を認めている場合に、その限りにおいて準用される。

②　国税の納税義務の承継及び連帯納付義務・連帯納付責任に関する規定（通則法5条から9条の3）

③　期間及び期限に関する規定（通則法10条、11条）

④　書類の送達に関する規定（通則法12条から14条）

⑤　国税の納付義務の確定についての通則規定（通則法15条、16条）……特に、納税義務の成立に関する規定は、繰上保全差押えとの関係で準用があると解される。

⑥　納付の手続及び第三者納付に関する規定（通則法34条1項、34条の2、41条）

⑦　納税の告知、督促及び繰上請求に関する規定（通則法36条から38条）

⑧　債権者代位及び詐害行為取消しに関する規定（通則法42条）

⑨　納税の猶予及び担保に関する規定（通則法46条から55条。ただし53条を除く。）

⑩　充当に関する規定（通則法57条）

⑪　延滞税の免除等に関する規定（通則法62条、63条）

⑫　時効の完成猶予及び更新に関する規定（通則法73条……なお、消滅時効の絶対的効力及び民法の消滅時効の準用規定についても、その準用がある場合があろう（志場・通則法精解114頁では、消滅時効について特別規定を有する公課の場合には、消滅時効の絶対的効力に関する通則法72条2項の規定よりは会計法31条1項の規定によると考えたほうが「適切であろう」としている。）。

⑬　納税管理人に関する規定（通則法117条）

⑭　供託、国税との相殺禁止、納税証明書の交付及び書類提出者の氏名・住所の記載等に関する規定(通則法121条から124条)……なお、納税証明書の交付に伴う手数料の納付に関する規定（通則法123条2項）は、当然には準用されないと解すべきであろう（志場・通則法精解115頁では、納税証明書に関する規定は「国税徴収そのものの規定ではないが……同条に準じて納付証明書の交付ができることが望ましい」としながらも、手数料を納付させることができるかどうかは「若干問題がある」としている。）。

⑵　準用されない規定

通則法のうち「国税徴収の例」により徴収される公課に準用されない規定も、公課の性質等により一律ではないが、おおむね、①物納（通則法34条3項)、②強制換価の場合の消費税等の徴収の特例（通則法39条)、③国税の賦課決定・徴収の所轄庁（通則法33条、43条から45条、53条)、④還付加算金（通則法58条)、⑤附帯税（通則法60条から69条。ただし、

62条及び63条を除く。)、⑥端数計算(通則法118条から120条)の規定は、準用されないものと解される(志場・通則法精解110頁以下参照。なお、同111頁では、還付に関する規定は「徴収とは異なる」から準用があると解するのは「困難である」とされているが、その準用ないしは類推適用を是認すべきであろう。)。

2　徴収法の準用

徴収法のうち「国税徴収の例」により徴収される公課に準用されるのは、そのほとんど全部といってよい。準用されない規定としては、おおむね、①強制換価の場合の消費税等の優先に関する規定(徴収法11条)、②実質課税額等の第二次納税義務に関する規定(徴収法36条)、③保全担保に関する規定(徴収法158条)、④罰則に関する規定(徴収法10章。疑問がないではないが、消極に解しておく。)が考えられる(吉国・徴収法精解92頁以下参照)。

(注)　徴収法の罰則は、それにより質問検査権、捜索の権限行使の実効性の担保及び滞納処分の免脱を防止するために設けられた規定であるところ、国税徴収の例による公課の徴収に関し、徴収法上の罰則の規定の適用がないと解すると、質問検査や捜索の実効性の確保等が問題となるという観点から、これを積極に解すべきという考え方も当然あり得る。

なお、徴収法がどのように準用されるかは、その規定の内容に応じて考える必要がある。例えば、国税の優先権に関する徴収法第8条の規定は、私債権に優先する部分は準用されるが、「すべての公課」に優先する部分は準用されない(公課の優先権については、それぞれの法律に「国税及び地方税に次ぐ」旨の規定がある。)し、一方、国税・地方税の相互間の調整に関する規定(徴収法12条から14条)は、同順位の公課相互間の規定として準用される。

第3節　国税滞納処分の例による徴収

公課の徴収について「国税滞納処分の例」による場合及び「地方税滞納処分の例」・「行政代執行法第6条を準用」等により結果として国税滞納処分の例による場合には、公課の性質に反しない限り——事柄の性質上それを許さないものを除いて——国税の滞納処分について適用される法規を一般的に準用することになる。この法規の主要なものは、徴収法第5章の滞納処分の規定であるが、それにとどまらず、滞納処分に関連する徴収法の他の規定及び通則法の規定も準用される（徴収法及び通則法の施行令及び施行規則も準用される。）。

なお、上記の準用の範囲は、「国税徴収の例」の場合に比して狭いといえる。

1　徴収法の準用

「国税滞納処分の例」による公課について準用される徴収法の規定は、公課によって一律ではないが、おおむね次のとおりである（吉国・徴収法精解93頁以下参照）。なお、準用されない徴収法の規定としては、Ⓐ第二次納税義務に関する規定（徴収法3章）、Ⓑ保全担保の規定（徴収法158条）、Ⓒ保全差押えの規定（徴収法159条）、Ⓓ罰則の規定（徴収法10章。なお、罰則の規定の準用を積極に解すべきことについて前節**2**の（注）参照）が考えられる（なお、吉国・徴収法精解93頁では、滞納処分の引継等に関する徴収法182条の規定が準用されるとしているが、疑問である。もっとも、税関長が徴収する公課については、徴収法182条から184条までの規定の準用が是認されよう。）。

① 滞納処分についての直接の規定（徴収法5章）……なお、公課に特別の規定がある部分について準用がないことはいうまでもない。

② 徴収法の規定を適用するに当たって人格のない社団等を法人とみなす旨の規定（徴収法3条）……この規定は、各公課の実体法で人格のない社団等に対する賦課を認めている場合に、その限りにおい

て準用される。

③　国税の優先権その他の国税と他の債権との調整に関する規定（徴収法2章。ただし、同法11条の規定を除く。）……これらの規定の準用に当たっては、「すべての公課」に優先する部分は準用されない等、適宜の修正を加えて準用する必要のあることは「国税徴収の例」の場合（33頁**2**参照）と同様である。

④　換価の猶予及び滞納処分の停止に関する規定（徴収法151条から154条）

⑤　滞納処分の争訟に関する特別規定（徴収法171条から173条）

2　通則法の準用

通則法のうち、「国税滞納処分の例」による公課に準用される規定も、公課によって一律ではないが、準用がある――滞納処分に関する場合にその範囲において準用がある――と考えられる規定の主要なものは、次のとおりである（志場・通則法精解115頁以下参照）。なお、実質的にはその適用を認めてよいと考えられるいくつかの規定があるが、準用されると解すべきか類推適用があると解すべきかは、問題である（この例としては、Ⓐ督促に関する通則法37条、Ⓑ第三者納付に関する通則法41条、Ⓒ延滞税の免除に関する通則法63条、Ⓓ納税証明書の交付に関する通則法123条1項等の規定が考えられる。なお、志場・通則法精解115頁では、納税義務の承継及び連帯納付義務・連帯納付責任に関する通則法5条から9条の3の規定の類推適用を原則的に是認しているが、むしろ立法措置を要すると解すべきであろう。）。

①　期間及び期限に関する規定（通則法10条、11条）

②　書類の送達に関する規定（通則法12条から14条）……ただし、通則法第13条第1項から第3項までの規定は、滞納処分に関する書類の送達には適用されない（同条1項かっこ書）。

③　債権者代位及び詐害行為取消しに関する規定（通則法42条）

④　納税の猶予及び担保に関する規定（通則法46条から55条。ただし、53条を除く。）

⑤　時効の完成猶予及び更新に関する規定（通則法73条）

⑥　供託に関する規定（通則法121条）

⑦　書類の提出者の氏名・住所の記載等に関する規定（通則法124条）

第3章

租税債権の成立・確定と消滅

第1節　租税債権の成立

1 意　義

納税義務の成立とは、税務官庁側から見れば抽象的租税債権の発生であり、納税者側から見れば抽象的租税債務の発生である。租税債権は、法律の定める課税要件――納税義務者、課税物件、課税標準及び税率――を充足することによって成立する。しかし、この段階では、まだ、抽象的租税債権と呼ばれる段階のものであって、具体的な租税債権として確定されたものではない。抽象的に成立した租税債権は、確定手続がとられることによって、具体的なものとなり、履行をし、又はその履行を強制することが可能となる。ここに租税債権の成立と、確定を分けて論ずる意義が存する。

租税債権がいつ成立するかについては、次のような点について重要なかかわりをもつこととなる。

① 繰上保全差押えをなしうる時期（通則法38条3項前段、地税法16条の4第12項）

② 詐害行為取消権の行使の可能性の判定

③ 災害等により相当な損失を受けた場合の納税の猶予の対象となる国税の範囲（通則法46条1項1号）

④ 一定の場合における申告書の提出先の特例、更正・決定の所轄庁の特例（通則法21条2項前段、30条2項）

2 成立の時期

納税義務は、1で述べたように各税法で定める課税要件が充足した時に成立する。したがって、各税の成立時期は、それぞれの課税根拠法を検討することにより自ずから明らかになるわけであるが、繰上保全差押え等の制度とのかかわりがあるところから、国税の納税義務の成立時期について、通則法第15条第2項及び通則令第5条に規定されており、おおむね次のとおりである。

① 申告納税による所得税　　原則として、暦年の終了の時に成立す

る。ただし、次の例外がある。

(イ) 予定納税に係る所得税は、その年6月30日（特別農業所得者に係るものについては、その年10月31日）を経過する時

(ロ) 非居住者が国内源泉所得たる給与又は報酬につき源泉徴収を受けない場合の当該給与又は報酬に対する所得税は、その給与又は報酬の支払いを受けるべき時

② 源泉徴収による所得税　　利子、配当、給与、報酬、料金その他源泉徴収をすべきものとされている所得の支払の時

③ 法人税及び地方法人税　　原則として、事業年度の終了の時

④ 相続税　　相続又は遺贈（死因贈与を含む。）による財産の取得の時

⑤ 贈与税　　贈与（死因贈与を除く。）による財産の取得の時

(注) 相続税法が贈与税の課税価格を「その年中において贈与により取得した財産の価額の合計額」としていること、課税価格からの基礎控除を認め、累進税率を定めていることなどから、理論的には、贈与税の納税義務の成立時期は、暦年経過の時に成立するとするのが正当であろう、との見解がある（金子宏ほか編・租税法講座第2巻281頁）。

⑥ 地価税　　課税時期（その年の1月1日午前零時）

⑦ 消費税等　　課税資産の譲渡等をした時又は課税物件の製造場等からの移出若しくは保税地域からの引取りの時。なお、中間申告により納付すべき消費税は、中間申告対象期間の経過する時に成立し、国税に関する法律の規定により一定の事実が生じた場合に直ちに徴収するものとされている消費税等は、当該事実が生じた時に成立する。

⑧ 航空機燃料税　　航空機燃料の航空機への積込みの時

⑨ 電源開発促進税　　販売電気の料金の支払を受ける権利の確定の時

⑩ 自動車重量税　　自動車検査証の交付若しくは返付の時又は届出自動車についての車両番号の指定の時

⑪ 国際観光旅客税　　本邦からの出国の時

⑫　印紙税　　課税文書の作成の時

⑬　登録免許税　　登記、登録、特許、免許、許可、認可、指定又は技能証明の時

⑭　過少申告加算税、無申告加算税又は申告納税方式による国税の重加算税　　法定申告期限の経過の時

⑮　不納付加算税又は源泉徴収等による国税に係る重加算税　　法定納期限の経過の時

第2節　租税債権の確定

第1款　概　　説

1　確定の意義

抽象的な租税債権として成立した租税は、多くの場合そのままでは履行の段階に進むことはできず、そのためには、納税者又は税務官庁による確定の手続を要する。すなわち、納税義務の確定とは、抽象的に成立した租税債権を、一定の手続に従い課税標準・数額を確認して具体的租税債権にすることをいう。

納税義務の確定の態様としては、①納税義務の成立と同時に特別の手続を要しないで法律上当然に確定するものと、②納税義務の成立後、特別の手続をとることにより確定するもの、とがある（通則法15条1項参照）。

（注）　ここにいう「確定」とは、争訟手続における確定とは異なり、一つの租税債権の全体について確定させるものではない。すなわち、いったん確定した租税債権であっても、抽象的に成立した租税債権の内容を正確に反映していない場合には、同一の租税債権について、増額又は減額するための手続が可能となる。ただし、上記①については、法律上確定しているため、このようなことはありえない。

2　自動的に確定する租税

租税のうちには、課税要件たる事実が明白で、税額の計算が容易である等のため、特別の手続をとることなく、納税義務の成立と同時に法律上当然に納付すべき税額が確定し、直ちに履行の状態に進みうるものもある。国税について現行法上、自動的に確定するもの、すなわち納税義務の成立と同時に特別の手続を要しないで法律上当然に確定するものとされているものは、次のとおりである（通則法15条3項）。

①　予定納税に係る所得税

②　源泉徴収等による所得税

③　自動車重量税
④　直接納付方式の国際観光旅客税
⑤　印紙納付による印紙税
⑥　登録免許税
⑦　延滞税及び利子税

3　税額の確定のための方式

納税義務の成立後、納付すべき税額の確定のための手続としては、申告納税方式と賦課課税方式の二つがある。

(1)　申告納税方式

これは、納付すべき税額が納税者のする申告により確定することを原則とし、その申告がない場合又はその申告に係る税額の計算が国税に関する法律の規定に従っていなかった場合その他当該税額が税務署長等の調査したところと異なる場合に限り、税務署長等の処分により確定する方式である（通則法16条1項1号）。

この申告納税方式による国税の範囲は、納税義務が成立する場合において、納税者が、国税に関する法律の規定により、納付すべき税額を申告すべきものとされている国税がこれに当たる（通則法16条2項1号）。現在、これに属する国税としては、所得税（源泉徴収による所得税及び予定納税に係る所得税を除く。）、法人税、地方法人税、相続税、贈与税、消費税等（特別な場合に課される消費税等で、賦課課税方式によるものとされているものを除く。）、航空機燃料税、電源開発促進税、預貯金証書等で現金納付の承認を受けたものに課される印紙税がある。

なお、地方税においても、法人の道府県民税、事業税及び市町村民税について申告納税方式がとられているが、地方税法では、「申告納付」と呼んでいる（地税法53条、72条の25等）。

(2)　賦課課税方式

これは、納付すべき税額がもっぱら税務署長等の処分により確定する方式である（通則法16条1項2号）。

この賦課課税方式による国税の範囲は、税額の確定につき特別の手続を要する国税のうち、申告納税方式によるもの以外の国税である（通則法16条2項2号）。国税については一般的に申告納税方式が採用されているところから、この方式をとる国税は例外的なものである。

なお、地方税については、賦課課税方式によるものを「普通徴収」と呼んでいる（地税法1条1項7号）。

4 相続税の連帯納付義務と確定手続

イ 相続税法第34条第1項は、同一の被相続人から相続又は遺贈により財産を取得したすべての者は、その相続又は遺贈により取得した財産に係る相続税について、当該相続又は遺贈により受けた利益の価額に相当する金額を限度として、互いに連帯納付の責めに任ずると規定している。相続税の連帯納付義務といわれているものである。

この相続税の連帯納付義務と通則法に定める確定手続との関係については、通則法上規定がないところから、確定手続を要するのか、要するとすればそれはどのような手続によるかが問題となる。

ロ 判例（最判昭和55.7.1最民集34巻4号535頁）は、連帯納付義務の確定は、各相続人等の固有の相続税の納付義務の確定という事実に照応して法律上当然に生ずるものであるから、連帯納付義務につき格別の確定手続を要するものでないと解するのが相当であって、相続人の固有の相続税の納税義務が確定すれば、国税の徴収に当たる所轄庁は、連帯納付義務者に対して徴収手続を行うことが許されると判示している（反対説について3巻175頁3参照）。

（注） この判例の見解をとると、相続税法34条に規定する連帯納付に係る相続税又は贈与税の「法定納期限等」はどのように考えるべきか。実務においては、本来の納税者の相続税又は贈与税に係る法定納期限等と同じとして処理することとしている（徴収法基通15－11）。また、法人税法第81条の28第1項に規定する連結子法人の連帯納付責任に係る法人税の法定納期限等は、連結親法人の各連結事業年度の連結所得に対する法人税に係る法定納期限等と同じとして処理することとしている（徴収法基通15－12）。なお、旧地方税の料理飲食等消費税の連帯納入義務について、最判平成元.7.14金融法務1238号24頁は、連

帯納入義務者ごとに確定手続が必要で、法定納期限等も連帯納入義務者ごとに定まる、としている。

第2款　申告納税方式による租税の確定手続

1　概　　説

申告納税方式による租税の確定は、第一次的には、納税者のする申告により確定し、その申告がない場合又は税額計算が租税法の規定に従っていなかった場合等には、税務署長等の処分、すなわち、更正、決定により行われる。

なお、申告納税方式に係る租税の過少申告加算税等は、賦課決定により確定する。

2　納税申告

(1)　納税申告の意義、法的性格

納税申告とは、申告納税方式による国税について、納付すべき税額を確定させることを目的として、課税標準及び税額等を税務署長に対してする申告をいう。なお、納税申告書は、原則として、その提出の際におけるその国税の納税地（これを「現在の納税地」という。）を所轄する税務署長に提出しなければならない（通則法21条1項）。

この納税申告の法律的性格は、申告の基礎となる要件事実を納税者が確認し、定められた方法で数額を確定してそれを税務官庁に通知するにすぎない性質のもので、一種の通知行為であると考えられ、講学上、私人の公法行為といわれるものの一種である。

なお、納税申告は、納税義務の確定という公法上の効果の発生をきたす要式行為であって、納税義務者本人の名義で行わなければならず、第三者名義で納税申告をしても、その申告は納税義務の確定という公法上の効果は生じない（最判昭和46.3.30最刑集25巻2号359頁）。

(2)　納税申告の錯誤、表見代理との関係

納税申告は、私人のする行為ではあるが、単純な私的な行為ではなく、

これに対しては、納付すべき税額の確定という公法上の効果が付与されている（東京高判昭和40.9.30行裁集16巻9号1477頁）。このことから、納税申告という私人の公法行為に関しては、民法第95条に規定する錯誤の規定がそのまま適用されるものではない。確定申告書の記載内容の過誤の是正については、その錯誤が客観的に明白かつ重大であって、租税法の定めた方法（修正申告、更正の請求）以外にその是正を許さないとすると納税義務者の利益を著しく害すると認められる特段の事情がある場合でなければ、法定の方法によらないで記載内容の錯誤を主張することは許されないと解されている（最判昭和39.10.22最民集18巻8号1726頁）。

また、私法行為の代理に関して取引相手方の保護のために設けられた民法の表見代理の規定（民法110条）は、納税申告には適用がない（東京地判昭和45.11.30行裁集21巻11・12号1385頁）。心裡留保に関する規定（民法93条）についても同様である（名古屋高判昭和48.8.29月報20巻3号69頁）。

⑶ 納税申告の種類

申告納税方式による国税の確定手続は、第一次的には、納税者のする申告である。この納税申告には、①期限内申告、②期限後申告及び③修正申告、の3種類がある。

① 期限内申告

イ 申告納税方式による国税については、国税に関する法律に納税申告書を提出すべき期限が定められている（例えば、所得税法120条1項、法人税法74条1項等。なお、地方税については、地税法72条の25第1項等参照。）。この納税申告書を提出すべき期限を「法定申告期限」といい、納税申告書は、この法定申告期限までに税務署長に提出しなければならない（通則法17条1項）。このようにして、法定申告期限までに提出する納税申告書を「期限内申告書」という（通則法17条2項）。

ロ 申告期限内に納税者が既に提出した納税申告の誤りを発見してこれを訂正する必要を認めたときに、その差換え又は訂正を許すべきかどうかについては、実務上は、申告期限内に限り申告書の差換え又は訂正を認めており、また、理論的にも、納税者はもともと期限までに申告をすれば足りるのであるところから、特に、この差換えや訂正を禁止する理由はないといえよう（通則法の制定に関する答申の説明第４章第２節2・2・2(1)）。

②　期限後申告

期限内申告書を提出すべきであった者は、その提出期限後においても、税務署長による決定（通則法25条）があるまでは、納税申告書を提出することができる（通則法18条1項）。これにより提出する納税申告書を「期限後申告書」という（通則法18条2項）。

なお、相続税の当初の課税価格の計算の基礎に算入されなかった在外財産等についてその価額の算定ができることとなり、かつ、これを相続税の課税価格に算入すると新たに相続税の申告書を提出すべきこととなった場合には、その算定ができることとなった日の翌日から4か月以内に期限後申告書を提出しなければならない、などの義務的な期限後申告がある（租特法69条の3第2項、70条7項）。

③　修正申告

イ　意義　　納税申告書を提出した者又は税務署長による更正・決定（通則法24条から26条まで）を受けた者（納税申告書を提出し、又は更正・決定を受けた者の相続人その他財産に属する権利義務を包括して承継した者を含む。）は、その納税申告又は更正・決定に係る税額が過少である場合等には、課税標準等（通則法2条6号イからハまでに掲げる事項）又は税額等（同号ニからヘまでに掲げる事項）を修正する納税申告書を提出することができる（通則法19条1項・2項）。この納税申告書を「修正申告書」という（通則法19条3項）。修正申告書は、納税申告書又は更正・決定についての更正があるまでの間に限り提出することができる。

なお、修正申告書は、任意に提出することができるものであるが、収用交換等の場合の代替資産を一定期間内に取得せず、又は取得した代替資産の取得価額が見積額に達しなかった場合には、その一定期間を経過した日又は代替資産を取得した日から4か月以内に修正申告書を提出しなければならない、などの義務的に修正申告書を提出すべき場合がある（租特法33条の5第1項、36条の3第1項から第3項まで、37条の2第1項・2項、69条の3第1項等）。

ロ　修正申告の効力　　修正申告書の提出があった場合に、この修正申告と前の申告、更正又は決定との関係については、従来、二つの考え方があった（志場・通則法精解333頁）。すなわち、①後の修正申告の効力は、これによって増加した部分の税額についてのみ生じ、その修正申告と前の申告、更正又は決定とは、全く別個の行為として併存する、とするものと、②後の修正申告により、前の申告、更正又は決定の効力はその行為時にさかのぼってなかったものとされ、後の修正申告の効力は、あらためてその国税につき既に確定した税額の全部について生ずる、とするものである。

通則法は、この問題に関して、修正申告の効力は、これによって増加する部分に限られることを明らかにした。すなわち、修正申告書で既に確定した納付すべき税額を増加させるものの提出は、既に確定した納付すべき税額に係る部分の国税についての納税義務に影響を及ぼさないこととした（通則法20条。なお、地税法20条の9の2第1項参照）。したがって、修正申告前の申告、更正又は決定がなかったことになるのではない結果、これらに基づいてされた納付、滞納処分が無効になることはない。

3 更　正

(1) 更正の意義

納税申告書の提出があった場合において、①その納税申告書に記載された課税標準等又は税額等の計算が国税に関する法律の規定に従っていなかったとき、②その他当該課税標準等又は税額等が税務署長の調査したところと異なるときは、税務署長は、調査により、納税申告書に係る課税標準等又は税額等を変更する処分をすることとなる（通則法24条）。この処分を更正という。更正には、納税申告により確定した納付すべき税額等を増加させ、又は減少させるものがあり、前者は増額更正、後者は減額更正、と呼ばれている。

なお、更正は一度だけ行われるとは限らない。すなわち、通則法第24条の規定による更正又は第25条の規定による決定（後述4参照）をした後、その更正又は決定をした課税標準等又は税額等が過大又は過少であることを税務署長が知ったときは、その調査により、当該更正又は決定に係る課税標準等又は税額等を更正することが認められる（通則法26条）。この通則法第26条の規定により行われる更正は、再更正と呼ばれる。再更正が行われた後、再度の再更正も当然に認められる。

更正は、税務署長が更正通知書を送達して行う（通則法28条1項）。

(2)　更正の効力

更正（又は再更正）が行われた場合に、既に行われた申告等により確定した納付すべき税額との関係が問題となる。租税法は、修正申告と同様（47頁ロ参照）、段階的に確定していくという考え方をとり、更正により増加、又は減少した部分に限り効力を有することとした。すなわち、次のとおりである（通則法29条。なお、地税法20条の9の2第2項から4項参照）。

①　増額更正の効力　　既に確定した納付すべき税額を増加させる更正、いわゆる増額更正は、既に確定した納付すべき税額に係る部分の租税についての納税義務に影響を及ぼさない。

②　減額更正及び更正を取り消す処分又は判決の効力　　既に確定した納付すべき税額を減少させる更正及び更正を取り消す処分又は判決は、減額更正及び更正を取り消す処分又は判決により減少した税額に係る部分以外の部分の租税についての納税義務に影響を及ぼさない。

4　決　　定

納税申告書を提出する義務があると認められる者が当該申告書を提出しなかった場合には、その申告により確定する納付すべき税額等は、税務署長において確定する必要が生ずる。このような場合に税務署長の確定手続の発動の形式を「決定」という。すなわち、このように、決定とは、納税申告書を提出する義務があると認められる者が当該申告書を提出しなかった場合に、税務署長の調査により、課税標準等及び税額等を確定する処分である（通則法25条本文）。ただし、決定により納付すべき税額及び還付金の額に相当する税額が生じないときは、決定することを要しない（同条ただし書）。これは、決定をしても納付すべき税額等が生じない場合には、実益がないからである。

決定は、税務署長が決定通知書を送達して行う（通則法28条1項）。

第3款　賦課課税方式による租税の確定手続

1　賦課決定の意義

イ　賦課課税方式による国税について納税義務を確定させるに当たっては、課税標準申告書を提出すべき期限（課税標準申告書の提出を要しない国税については、その納税義務の成立の時）後において決定を行う（通則法32条1項）。この決定を賦課決定といい、前述の申告納税方式における税額確定行為である「決定」とは区別して使用される。

ロ　賦課決定は、次の三つの場合に分け、税務署長がその調査によりそれぞれに掲げる事項を決定する。

① 課税標準申告書の提出があった場合において、当該申告書に記載された課税標準が税務署長の調査したところと同じであるときは、納付すべき税額を決定する（通則法32条1項1号）。

② 課税標準申告書を提出すべきものとされている国税につき当該申告書の提出がないとき、又は当該申告書の提出があった場合において、当該申告書に記載された課税標準が税務署長の調査したところと異なるときは、課税標準及び納付すべき税額を決定する（通則法32条1項2号）。

③ 課税標準申告書の提出を要しないときは、課税標準及び納付すべき税額を決定する（通則法32条1項3号）。なお、各種加算税及び過怠税は、賦課課税方式による国税であり、課税標準申告書の提出を要しないのでこれに該当するが、これら各種加算税及び過怠税には課税標準がないので、その計算の基礎となる税額及び納付すべき税額（各種加算税の額及び過怠税の額）を決定することとなる。

ハ　税務署長は、賦課決定をした後、その決定をした課税標準（ロの①の場合には課税標準申告書に記載された課税標準）又は納付すべき税額が過大又は過少であることを知ったときは、その調査により、当該決定に係る課税標準及び納付すべき税額を変更する決定を行う（通則法32条2項）。これは、再賦課決定と呼ばれる。再賦課決定は、一度のみならず、更に行うことが可能である。

ニ　賦課決定は、税務署長がその決定に係る課税標準及び納付すべき税額を記載した賦課決定通知書を送達して行う。ただし、課税標準申告書の提出があった場合において、当該申告書に記載された課税標準が税務署長の調査したところと同じであり納付すべき税額についての決定であるときは、納税告知書の送達により行う（通則法32条3項）。

2　賦課決定と課税標準申告との関係

賦課課税方式による国税は、既に述べたように、納付すべき税額がもっぱら税務署長の処分により確定する（通則法16条1項2号）。この賦課課税方式による国税についても一定の国税にあっては、課税標準申告書の提出が義務付けられている（酒税法30条の3第2項等）。地方税についても、同様の申告書を提出すべき租税が多い（地税法45条の2、72条の55、152条、681条等）。

課税標準申告書は、申告納税方式に係る租税の納税申告とは異なり納税義務を確定する効果はなく、単に賦課決定を行うための参考資料としての意義を有するものと解されている。

第4款　附帯税

1　概　　説

(1)　種　　類

主たる租税債務に附帯して生ずる債務を附帯税といい、現行実定法に則すると、延滞税、利子税及び加算税があり、加算税は、過少申告加算税、無申告加算税、不納付加算税及び重加算税に分かれる。延滞税と利子税は、成立と同時に自動的に確定し（通則法15条3項7号）、加算税は、賦課決定により確定する（49頁ロの③参照）。

なお、地方税法においては、延滞税に相当するものは延滞金と呼ばれ、加算税に相当するものは加算金と呼ばれている。加算金には、過少申告加算金、不申告加算金及び重加算金がある（地税法72条の45、72条の46、72条の47等）。

⑵ 利子税

延納若しくは物納又は納税申告書の提出期限の延長に係る国税の納税者に対して、延納又は延長の期間中に課されるものである（通則法64条1項）。これらの期間中はまだ履行遅滞ではないので、延滞税が課されることはない（同条2項）。

利子税の率は、各税法で定まっており、原則的には年7.3%である。なお、相続税の延納の場合には、原則的には年6.6%であるが、相続によって得た財産中に不動産等の占める割合等によりこれより低い率が適用される場合がある（相続税法52条）。

（注1） 地方税の場合には、利子税に相当するものを含めて延滞金としている。

（注2） 利子税の割合の特例（租特法93条）

イ 相続税及び贈与税の延納の場合以外の利子税の割合は、平成12年1月1日以降、特例基準割合が年7.3%未満である場合には、当該特例基準割合とされている。なお、特例基準割合は、平成25年12月31日までは、各年の前年の11月30日を経過する時における公定歩合に年4%の割合を加算した割合で、平成26年1月1日以降は、各年の前々年の10月から前年の9月までの各月における新規短期貸付けの平均利率として各年の前年の12月15日までに財務大臣が告示する割合に1%を加算した割合である。

ロ 相続税・贈与税の延納の場合の利子税の割合は、平成12年1月1日以降平成25年12月31日までは、各分納期間の開始の日の属する月の2月前の月の末日を経過する時における延納特例基準割合（公定歩合に年4%の割合を加算した割合）が年7.3%未満である場合には、当該分納期間においては、当該利子税の割合に当該延納特例基準割合が年7.3%

に占める割合を乗じた割合とされ、平成26年1月1日以降は、延納特例基準割合（各分納期間の開始の日の属する年の特例基準割合）が年7.3%未満である場合には、当該利子税の割合に当該延納特例基準割合が年7.3%の割合に占める割合を乗じて計算した割合とされている。

(3) 加算税

① 過少申告加算税

期限内申告書が提出された場合において、修正申告書の提出又は（増額）更正があったときに課されるものである。そして、過少申告加算税の額は、修正申告又は更正により納付すべき税額に100分の10（修正申告書の提出が、その申告に係る租税についての調査があったことにより更正があるべきことを予知してされたものでないときは、100分の5）の割合を乗じて計算される（通則法65条1項）が、増差税額が期限内申告税額又は50万円のいずれか多い金額を超えるときは、その超える部分について、100分の5が加算される（同条2項）。

なお、修正申告書の提出が、その申告に係る租税についての調査があったことにより更正があるべきことを予知してされたものでない場合において、その租税についての調査の事前通知がある前に行われたものであるときは、加算税は課されず（通則法65条5項）、100分の5の加重部分の適用もない（同条2項かっこ書）。また、修正申告又は更正に基づき納付すべき税額の計算の基礎となった事実のうち、計算の基礎としなかったことについて正当な理由がある場合（申告当時公表されていた解釈がその後変更された場合など、真に納税者の責めに帰することができない客観的な事情がある場合等）には、その正当な理由があると認められる事実に基づく税額については、加算税は課されず、100分の5の加重部分の計算上も除外される（通則法65条4項）。

② 無申告加算税

期限後申告書の提出又は決定があった場合等に課されるものである。無申告加算税の額は、期限後申告書の提出又は決定等により納付すべき税額に100分の15（期限後申告書の提出が、その申告に係る租税についての調査があったことにより更正・決定があるべきことを予知してされたものでないときは、100分の10）の割合を乗じて計算される（通則法66条1項）が、納付すべき税額が50万円を超えるときは、その超える部分について、100分の5が加算される（同条2項。期限後申告等があった日の前日から起算して5年前の日までの間に、その期限後申告等に係る租税の属する税目について無申告加算税又は重加算税を課されたことがあるときは、100分の10（同条4項）。）。

なお、期限内申告書の提出がなかったことについて正当な理由がある場合には無申告加算税は課されず（通則法66条1項ただし書）、期限後申告書等の提出が、その申告に係る租税についての調査があったことにより決定等があるべきことを予知してされたものでない場合において、その租税についての調査の事前通知がある前に行われたものであるときは、無申告加算税の額は、納付すべき税額に100分の5の割合を乗じて計算される（同条6項）。また、期限後申告書が法定申告期限から1か月以内になされ、かつ、その申告に係る租税についての調査があったことにより当該租税についての決定があるべきことを予知してされたものでない場合において、①過去5年間、無申告加算税又は重加算税を課されたことがなく、②期限後申告に係る税額相当額が期限内に納付されていたときは、無申告加算税は課されない（通則法66条7項、通則令27条の2第1項）。

③　不納付加算税

源泉徴収等による国税がその法定納期限までに完納されなかった場合に、課されるものである。不納付加算税の額は、納税告知に係る税額の100分の10であるが、法定納期限までに納付しなかったことについて正当な理由がある場合には課されない（通則法67条1項）。なお、納税の告知を受けることなく法定納期限後に納付された場合において、その納付が、当該国税についての調査があったことにより当該国税について当該告知があるべきことを予知してされたものでないときの不納付加算税の額は、当該納付された税額に100分の5の割合を乗じて計算される額となる（同条2項）。また、納税の告知を受けることなく法定納期限後に納付された場合において、その納付が、当該国税についての調査があったことにより当該国税について当該告知があるべきことを予知してされたものでない場合において、その納付が法定納期限までに納付する意思があったと認められる一定の場合に該当し、かつ、その納付がその法定納期限から1か月を経過する日までにされたものであるときは、不納付加算税は課されない（同条3項、通則令27条の2第2項）。

④　重加算税

過少申告加算税が課される場合（修正申告書の提出が、その申告に係る租税についての調査があったことにより更正があるべきことを予知してされたものでない場合を除く。）、無申告加算税が課される場合（期限後申告書の提出が、その申告に係る租税についての調査があったことにより更正・決定があるべきことを予知してされたものでないときを除く。）及び不納付加算税が課される場合（納税の告知を受けることなく法定納期限後に納付された場合において、その納付が、当該国税についての調査があったことにより当該国税について当該告知があるべきことを予知してされたものでないときを除く。）において、納税者がその課税標準等又は税額等の計算の基礎となる事実を隠ぺい・仮装し、その隠ぺい・仮装したところに基づいて過少申告、無申告又は不納付の行為をしていた場合に、過少申告加算税、無申告加算税又は不納付加算税に代えて課されるものである。割合は、過少申告加算税又は不納付加算税に代えて課される場合は100分の35、無申告加算税に代えて課される場合は100分の40であるが、短期間に隠ぺい・仮装に基づく過少申告等が行われていたときは、更に10%加重される（通則法68条）。

2　延滞税（延滞金）

⑴　意　　義

租税債権の納期限内における適正な実現を担保し、併せて納期中に適正に納付した納税者との権衡を図るための制度として、延滞税（地方税の場合には延滞金と呼ばれている。）の制度がある。延滞税は、各種の租税を通じ、本来の納期限までに完納されなかった場合に、その遅延した税額及び期間に応じて課されるもので、私債権でいえば遅延利息ないし遅延損害金に当たるような性質のものといえよう。

(2) 延滞税の計算

イ　延滞税の年利率　　延滞税（又は延滞金）は、①原則的には、租税を完納する日までの期間に応じ、未納の税額に対し、年14.6%の割合（実質上は日歩4銭の割合。利率等の表示の年利建て移行に関する法律25条参照）を乗じて計算した額であるが、②具体的な納期限までの期間又は納期限の翌日から2月（地方税は1月）を経過する日までの期間については、未納の税額に対し、年7.3%の割合（実質上は、日歩2銭の割合）を乗じて計算した額である（通則法60条2項、地税法72条の44第2項等）。

（注）　延滞税の割合の特例（租特法94条1項）　　上記②の期間の延滞税の割合は、平成12年1月1日以降平成25年12月31日までの間は、特例基準割合（51頁（注2）イ参照）と年7.3%のいずれか低い割合とされ、平成26年1月1日以降は、特例基準割合に年1%を加算した割合と年7.3%のいずれか低い割合とされている。また、上記①の期間の延滞税の割合は、平成26年1月1日以降、特例基準割合に年7.3%の割合を加算した割合と年14.6%のいずれか低い割合とされている。

ロ　除算期間　　正当税額よりも過少な申告がされた場合において、その更正又は修正申告が1年を超えて遅れたときは、その1年を超えた部分に当たる期間は、原則として延滞金の計算期間から除算する（通則法61条、地税法72条の44第3項等）等延滞税の計算期間の特例がある（なお、所得税法119条等参照）。

（注）　最判平成26.12.12判時2489号65頁は、法定の期限までに相続税の申告及び納付をした納税者からされた更正の請求を受けて相続財産の評価誤りを理由とする減額更正がされ、これにより減額された税額に係る部分の過納金が還付された後、上記減額更正が相続財産の評価を誤ったものであるとして当初の申告額に満たない増額更正がされたという事情の下では、当該増額更正により新たに納付すべきこととなった税額の納期限までの期間にかかる延滞税は発生しないと判示した。

この判決を踏まえ、修正申告書の提出又は増額更正があった場合において、その申告書の提出又は増額更正に係る国税について、期限内申告書又は期限後申告書が提出されており、かつ、減額更正があった後に当該修正申告書の提出等がされた場合、当該修正申告書の提出等により納付すべき国税については、期限内申告書等の提出により納付すべき税額の納付があった日の翌日から減額更正に係る更正通知書が発せられた期間又は減額更正に係る更正通知書が発せられた日の翌日から修正申告書が提出された日もしくは増額更正に係る更正通知書が発せられた日までの期間が除算されることとなった（通則法61条2項）。

ハ　端数計算　　延滞税の額を計算する場合において、その計算の基礎となる税額に1万円（地方税は1,000円）未満の端数があるときは、その端数金額を切り捨てる。その税額の全額が1万円（地方税は2,000円）未満であるときは、全額を切り捨てる（通則法118条3項、地税法20条の4の2第2項）。延滞税の確定金額に100円未満の端数があるときは端数金額を、全額が1,000円未満であるときは全額を、それぞれ切り捨てる（通則法119条4項、地税法20条の4の2第5項）。

ニ　免除（80頁(1)参照）

第5款　確定手続と期間制限

1　概　　説

租税債権の確定をいつまでも不安定の状態にしておくことは好ましいことではないことから、法律は、更正、決定又は賦課決定をする期間に一定の制限を加えている。これを租税債権の確定権の期間制限という。この期間制限は、徴収権の場合には時効制度がなじむのに対して、確定権の行使の存続期間を意味するところから「除斥期間」として観念されており、その原則的な期間は5年であるが、脱税があった場合には7年とされている。

その詳細は、国税については2以下のとおりである。地方税についても、ほぼ同様であるが、その特殊性から若干の特別規定が設けられている（地税法17条の5、17条の6）。

2 通常の除斥期間

(1) 更正・決定の除斥期間

イ 更正　通常の更正（再更正を含み、決定後にする更正を除く。）は、その更正に係る国税の法定申告期限（還付請求申告書に係る更正については、その申告書を提出した日）から5年を経過した日以後においてはすることができない（通則法70条1項1号）。ただし、法人税に係る純損失等の金額で当該課税期間において生じたものを増加させ、若しくは減少させる更正又は当該金額があるものとする更正は、法定申告期限から10年を経過する日まで、することができる（通則法70条2項）。

ロ 決定　決定又はその決定後にする更正は、その決定又は更正に係る国税の法定申告期限（還付請求申告書の提出がない場合にするその決定又は更正については、還付請求申告書を提出することができる者についてその申告に係る還付金がなく、納付すべき税額があるものとした場合におけるその国税の法定申告期限）から5年を経過した日以後においては、することができない（通則法70条1項、通則令29条）。

ハ 脱税があったときにされる更正・決定　偽りその他不正の行為によりその全部若しくは一部の税額を免れ、又はその全部若しくは一部の税額の還付を受けた国税についての更正決定等は、上記イ及びロにかかわらずその更正又は決定に係る国税の法定申告期限（還付請求申告書に係る更正については、その申告書を提出した日）から7年を経過する日まですることができ、また、偽りその他不正の行為によりその課税期間において生じた純損失等の金額が過大にあるものとする納税申告書を提出していた場合におけるその申告書に記載された純損失等の金額（その金額に関し更正があった場合には、その更正後の金額）についての更正は、上記イ及びロにかかわらずその更正又は決定に係る国税の法定申告期限（還付請求申告書に係る更正については、その申告書を提出した日）から7年を経過する日まですることができる（通則法70条4項1号・2号）。

ニ 国外転出等特例の適用がある場合の所得税の更正・決定　国外

転出等特例の適用がある場合の所得税についての更正・決定は、上記イ及びロにかかわらず、原則として、その更正又は決定に係る国税の法定申告期限（還付請求申告書に係る更正については、その申告書を提出した日）から7年を経過する日まで、することができる（通則法70条4項3号）。

⑵　賦課決定の除斥期間

イ　課税標準申告書の提出を要する国税でその申告書の提出があったものに係る賦課決定　　その申告書の提出期限から3年を経過した日以後においては、することができない（通則法70条1項2号）。ただし、納付すべき税額を減少させる賦課決定は、課税標準申告書の提出期限から5年を経過する日まで、することができる（通則法70条1項かっこ書）。

ロ　課税標準申告書の提出を要する国税でその申告書の提出がなかった国税に係る賦課決定　　その申告書の提出期限から5年を経過した日以後においては、することができない（通則法70条1項2号）。

ハ　課税標準申告書の提出を要しない賦課課税方式による国税に係る賦課決定　　その納税義務の成立の日から5年を経過した日以後においては、することができない（通則法70条1項3号）。

ニ　脱税があったときにされる賦課決定　　課税標準申告書の提出を要する国税及び課税標準申告書の提出を要しない賦課課税方式による国税について、偽りその他不正の行為により全部又は一部の税額を免れた場合にされる賦課決定は、課税標準申告書の提出期限又はその納税義務の成立の日から7年を経過する日までることができる（通則法70条4項1号・2号）。

3　除斥期間の特例

一定の事実が後発的に生じた場合には、通常の除斥期間の経過後においても更正・決定等をすることが認められている。

⑴　更正決定等に対する不服申立て若しくは訴えについての裁決等（裁決、決定又は判決）による原処分の異動又は更正の請求に基づ

く更正に伴って課税標準等又は税額等に異動を生ずべき国税（その裁決等又は更正に係る国税の属する税目に属するものに限る。）で、その裁決等又は更正を受けた者に係るものについての更正決定等は、その裁決等又は更正があった日から6か月間は、行うことができる（通則法71条1項1号）。

⑵ 申告納税方式による国税につき、その課税標準の計算の基礎となった事実のうちに含まれていた無効な行為により生じた経済的成果がその行為の無効であることに基因して失われたこと、その事実のうちに含まれていた取り消しうべき行為が取り消されたこと、その他これらに準ずる理由（通則令30条参照）に基づいてする更正（減額更正又は純損失の金額でその課税期間において生じたもの若しくは還付金の額を増加させる更正若しくはこれらの金額があるものとする更正に限る。）又はその更正に伴いその国税に係る加算税についてする賦課決定は、その理由が生じた日から3年間は、行うことができる（通則法71条1項2号）。

第3節　消　　滅

第1款　納　　付

1　概　　説

イ　租税の納付は、その納期限までに、目的物を収納機関（納付受託者（いわゆるコンビニ）を含む。）に提供して行い（通則法34条、34条の3第1項1号）、原則として、その時に租税債務が消滅する（なお、換価代金の充当については、2巻231頁3参照）。この場合において、二以上の租税債務があるときは、消滅する部分を特定するために「弁済の充当」の手続を必要とすることがある。

なお、租税の納付は、租税債務者でない第三者でも行うことができる（通則法41条1項、地税法20条の6第1項）。

ロ　租税の納期限は、法令の定めるところに従うが、納期限が延長される場合と繰り上げられる場合がある。また、納期の開始する前に予納する制度がある。

なお、納期限までに租税を納付しないときは、原則として延滞税（又は延滞金）が課される（通則法60条、地税法56条等）。

ハ　納付の目的物は、①金銭（強制通用力を有する本邦通貨をいい、外国通貨は含まれない。）を原則とするが、②有価証券納付、③印紙（又は証紙）納付及び④物納の認められる場合がある（通則法34条参照）。

ニ　納付の手続については、通常の納付手続のほか、インターネットバンキング、ダイレクト納付等e-Taxを利用した電子納税や振替納税、クレジットカード納付の制度がある。また、有価証券による納付委託が認められる場合がある。

（注）　納税貯蓄組合　　租税納付のための資金の貯蓄を図り、その納付を容易にするために納税貯蓄組合の制度がある（納税貯蓄組合法参照）。

2　納期限と予納

(1)　納 期 限

租税を納付すべき期限を納期限といい、これには、法定納期限と具体的納期限とがある。なお、納期限は、延長される場合（134頁1参照）と繰り上げられる場合（3巻18頁1参照）がある。

イ　法定納期限は、各税法の規定により租税を納付すべき本来の期限として定められるものをいい、その翌日が、延滞税の計算期間や徴収権の消滅時効の起算日とされる重要な期限である。

　例えば、所得税の確定申告分については、翌年3月15日、法人税の確定申告分については事業年度終了の日の2か月後に当たる日、が法定納期限である。

ロ　具体的納期限は、納税義務の確定した租税の具体的な履行期限をいう。納税義務の確定が法定納期限より遅れたり（例えば、修正申告や更正決定の場合）、法定納期限前に緊急の保全措置をとる必要が生じたりする場合（繰上請求（繰上徴収）の場合）には、法定納期限とは別に具体的納期限を定め、その期限をもって、督促その他滞納処分を開始することができる期限としている。例えば、期限後申告又は修正申告に係る租税については、その申告の日（通則法35条2項1号）、更正・決定に係る租税については、更正・決定の通知書を発した日の翌日から起算して1か月を経過する日（通則法35条2項2号）、が具体的納期限である。

ハ　前記のように、租税には、法定納期限と具体的納期限とが併存するが、一般的には、法定納期限前に納税義務が確定するので、この法定納期限がそのまま具体的納期限となっている。したがって、法定納期限後に納税義務が確定する場合などに具体的納期限を区分する実益があることになる。

(2)　予　　納

租税は、納付すべき税額の確定後に納付すべきものであるから、その確定前にされた納付は不適法であり、誤納となる。また、納付すべき税額が確定した租税について、納期が開始する前に納付された場合も、同様である。しかし、一定の要件を満たす場合には、納付をした者の便宜及び租税債権の保全等を考慮し、このような納付を適法な納付とみなし、これを収納するとともに、納付をした者は還付の請求ができないこととしたのが予納の制度である。

イ　予納の要件は、①納付された租税が次に掲げるものであること及び②納税者が予納の租税として納付する旨を税務署長等に申し出たことである（通則法59条1項、地税法17条の3第1項）。予納の申出は、後日の紛争を避けるため、納付書にその旨を記載し、又は書面により申し出るべきものとされている（志場・通則法精解676頁以下参照）。

① 納付すべき税額が確定した租税でその納期が開始していないもの。例えば、7月1日以降10月31日までの間における第2期分の所得税等がある。

② 最近において納付すべき税額の確定することが確実と認められる租税。この場合の「最近」とは、おおむね6か月以内とされている（通則法基通59－1）。

ロ　予納は、適法な納付であるから、これを納付した者は、その還付又は他の納付すべき租税への充当を請求することができない。しかし、租税の予納があった場合において、後にその租税を納付する必要がないこととなったときは、過誤納として還付し、又は充当する（通則法59条2項、地税法17条の3第2項）。

3　有価証券納付、電子納付、印紙（証紙）納付及び物納

(1)　有価証券納付

租税を納付しようとする者は、金銭の代わりに証券で納付することもできる（通則法34条1項ただし書、地方自治法231条の2第3項）。この証券納付の手続は、金銭納付の場合と同様であるが、その有価証券の種類には制限がある。それは、小切手及び国債証券の利札に限定され、さらに、それぞれについてある種の制限がつけられている（証券ヲ以テスル歳入納付ニ関スル法律、歳入納付ニ使用スル証券ニ関スル件、地方自

治法施行令156条等参照)。

また、その券面金額が納付すべき租税の額を超えるものは除かれ、証券の呈示期間等が近すぎるもの、支払不確実と認めるもの及び支払場所が受領者の所在地にないもの等については、収納機関において受領を拒絶することができる。

なお、有価証券納付は、その証券が不渡りになったときは、はじめから納付がなかったものとみなされる。

(2) 電子納付

国税を納付しようとする者は、あらかじめ税務署長に届けた場合、次の電子納税の方法によって租税を納付することができる（国税関係法令に係る行政手続等における情報通信の技術の利用に関する省令4条、7条。ただし、自動車重量税、登録免許税については、それぞれの税法に定められている。)。

① インターネット・バンキングによる納税

② モバイル・バンキングによる納税

③ ATMを使った預金口座（又は現金の投入）から国庫金への振替え

④ ダイレクト納付

(3) 印紙（証紙）納付

国税のうち印紙で納付すべきもの及び印紙で納付することができるものについては、国税に関する法律の定めるところにより、その税額に相当する印紙を貼ることによって納付される（通則法34条2項)。印紙税(印紙税法8条)、登録免許税（登録免許税法22条、23条2項等）等がその対象とされる。

地方税については、地方団体が納税通知書を交付しないで、その発行する証紙をもって地方税を払い込ませるものがある（地税法1条1項13号)。

(4) 物　　納

国税は、国税に関する法律に特別の定めがある場合には、金銭納付に代え、金銭以外の財産で課税原因と関連のあるものを納付することにより、納税義務を履行することができる。これを物納といい、現行法上相続税のほか、特殊な物納（連合国財産の返還等に伴う損失の処理等に関する法律9条3項等参照）もあるが、実務上は、相続税以外はほとんど生じない。

物納は、公法上の代物弁済と解され、物納の許可があった相続税は、物納財産の引渡し、所有権移転の登記その他法令により第三者に対抗することができる要件を充足した時において、はじめて納付があったものとされる（相続税法43条2項）。

①　相続税の物納

相続税は財産課税であり、金銭で一時に多額の相続税を納付することが困難な場合が予想されるところから、物納が認められている。

相続税の物納は、金銭納付を困難とする事由がある場合において、その課税価格計算の基礎となった財産で相続税法施行地にあるもののうち、①国債及び地方債、②不動産及び船舶、③一定の社債及び株式並びに証券投資信託又は貸付信託の受益証券等、④動産で納付することを、税務署長に対し、物納申請書及び物納手続申請に関する書類を、物納に係る相続税の納期限又は納付すべき日までに提出して申請し、その許可を受けたときは、許可された財産でその相続税の納付をすることができる（相続税法41条、42条）。物納手続申請に関する書類を期限までに提出できない場合は、延長届出書を提出し、最長1年間延長することができる（相続税法42条4項から7項）。

物納に係る租税は、物納財産の引渡し、所有権移転の登記その他法令により第三者に対抗できる要件を充足した時に、納付があったものとみなされる（相続税法43条2項）。

なお、上記の物納申請には、条件を付けることはできないが、税務署長は、条件を付けて許可をすることができる（相続税法42条30項）。

②　物納の撤回

税務署長は、相続税の物納を許可した後、1年以内に限り、納税者から即納又は延納の許可を受けて納付すること等を条件として物納の撤回の申請があったときは、それを承認することができる。この物納の撤回は、①物納財産が賃借権、地上権、永小作権等の不動産を使用する権利の目的となっている不動産であること、②物納財産が国有財産として現存しており、公用若しくは公共の用に供されていないか供されることが確実であると見込まれないこと、③納税者からの物納撤回の申請が、物納許可の日から1年以内になされたものであること、④物納税額に相当する相続税を金銭で一時に納付するか又は延納の方法によって納付すること、のいずれの要件にも該当することが必要である（相続税法46条1項）。

なお、税務署長の物納撤回申請に係る審査期間は3か月とされており（相続税法46条3項）、この期間内に税務署長が承認又は却下をしないときは、撤回の承認があったものとみなされる（同条11項）。他方、申請者が当該申請財産に係る有益費の納付又は追加要求について、一定の期間内に応じないときは、当該申請は取り下げられたものとみなされる（同条7項・10項）。

4　収納機関

租税債権の納付の目的物を受領することができる機関を租税の収納機関という。国税の場合には、国税収納官吏及び日本銀行（国税の収納を行う代理店を含む。）に限られており、地方税の場合には、地方公共団体の当該職員及びその指定金融機関等が収納機関となっている。納税者は、これら以外のものに納税をしても租税債務履行の効果を生じない。

（注）　郵便局は、市中銀行と同様に、日本銀行代理店・歳入代理店として国税の収納を行う。

なお、収納権限を有する公務員がその退職後に納付金を受領したような場合には、収納機関でない者のした行為であるから当然無効と解すべきであるが、現実には、果たして収納機関でないかどうか不明確の場合もあり、かえって、納税者からいえば、正当な権限を有する収納機関であると信ずべき理由のある場合がある。このような場合には、納税者の信頼を保護し、法的安定を図るため、その行為の効力を維持する必要を生ずるときがある（大判大正4.3.6行録26輯183頁参照）。

イ　国税収納官吏は、国庫金の出納保管を掌る出納官吏であって、国税局長、税務署長又は税関長により、国税局又は税務署の統括国税徴収官その他国税の徴収事務に従事する者が任命される。主任国税収納官吏及び分任国税収納官吏並びにこれらの国税収納官吏代理の区別があり、さらにこれらの収納保管の事務を取り扱う国税出納員がある。

なお、物納の収納機関は、国税収納官吏ではなく税務署長のみである。

ロ　日本銀行には、その本支店のほか、日本銀行代理店及び日本銀行歳入代理店が含まれる。この代理店ないし歳入代理店として銀行その他の金融機関が充てられている。

（注）　徴収義務者と国等との関係　　源泉徴収等による国税は、徴収義務者が、納税義務者から給与等の支払い等の際に徴収し、国に納付することになっており、徴収義務者は、それを徴収しない場合であっても、徴収すべき国税を国に納付することを要し、それを納付しない場合には、国は、徴収義務者に対して強制徴収を行うことになっている。このように、徴収義務者は、単に徴収義務を負っているにすぎず、国税の収納機関ではない。

この徴収義務者と給与所得者との関係について、最判昭和45.12.24最民集24巻13号2243頁は、「支払者は、源泉徴収による所得税の納税告知について異議申立て、審査請求及び抗告訴訟をなしうるものと解すべきであるが、同処分が不可争のものに確定したとしても、これによって受給者の源泉納税義務の存否、範囲にはいかなる影響も生じることなく、受給者は、支払者からその徴収された所得税に相当する金額の支払を請求されたときは、自己において源泉納税義務の存否、範囲を争うことができるものと解され」、この場合において、「支払者は、国に対する訴訟と受給者に対する訴訟とでともに敗訴する危険を避けるため、国に対して納税義務不存在の確認の訴えを提起し、受給者に訴訟告知をして、受給者の源泉納税義務の存否、範囲の確認について受給者と責任を分つことができる」と判示している。

また、源泉徴収の数額を誤り過大に徴収された受給者の対処策について、最判平成4.2.18最民集46巻2号77頁は、「給与その他の所得についてその支払者がした所得税の源泉徴収に誤りがある場合に、その受給者が税務署に対する確定申告の手続において、支払者が誤って徴収した金額を算出所得税額から控除し又は右誤徴収額の全部若しくは一部の還付を受けることはできない。…中略…受給者は誤って源泉徴収された額を即時かつ直接に支払者に請求して追加支払を受ければ足りる」と判示している。

5 納付手続と第三者納付

⑴ 納付手続

租税の納付は、電子納付、印紙納付、物納を除き、その税額に相当する金銭又は一定の有価証券に納付書（納税告知書）を添え、これを租税の収納機関に提供することにより行われる（通則法34条1項、地税規則5条3項等）。

（注） いわゆるコンビニ納付及びクレジットカード納付は、国税庁長官が指定した納付受託者に納付の委託をするもので、コンビニ納付に用いる納付書は、税務署職員が作成したバーコードがプリントされたもので、税額は30万円以下とされており、クレジットカード納付により納付することができる金額は、1,000万円未満で、かつ、その国税を納付しようとする者のクレジットカードによって決済することができる金額以下とされている（通則法34条の3、通則規則2条）。

イ 納付書は、申告納税方式による国税を自主納付する場合等納税告知書の送達を受けないで納付する場合に、納税告知書は、その送達を受けた国税を納付する場合に、それぞれ使用する。

ロ 国税は、納付書に納税地を所轄する税務署名を記載することにより、国税収納官吏又は日本銀行のいずれの収納機関においても納付することができるが、納税の告知（通則法36条）、繰上請求（同法38条）などの場合で、速やかに納付の確認をする必要があるときは、納付場所を指定することができることになっており、このように特定の収納機関が納付場所として指定された場合には、当該国税はその指定された収納機関に納付しなければならない。

⑵ 第三者納付

租税を納付する者は、通常は納税者であるが、納税者以外の第三者でも、自由に納税者の租税を納付することができる（通則法41条1項、地税法20条の6第1項)。この点、私債権の第三者弁済について制限がある（民法474条）のとは大きな差異がある。もっとも、租税の第三者納付に伴う代位については制限がある。

①　第三者納付の手続

第三者納付をする場合の第三者は、納税者の使者等として納付するのではなく、自己の出捐により他人の租税を履行するのであるから、その第三者の名において納付することになる。具体的には、納付書の納税者の納税地及び氏名（又は名称）欄に第三者のそれを記載し、納期等の区分欄又は余白に納税者の納税地及び氏名（又は名称）を附記する（通則規則1号書式備考7参照)。

②　第三者納付の効果

第三者納付は、納税者が納付したのと全く同様の効果を生じ、その効果は納税者が享受する。したがって、例えば、その納付した租税が後日の減額更正により過納となったときは、その過納金は、納税者に帰属し、第三者には帰属しないと解され、実務上も納税者に還付することとされている（通則基通56－4)。この点、第二次納税義務者が納付した場合と異なる（通則令22条、地税令6条の13）ところから、疑念がないではない（金子・租税法893頁は、第三者に還付されるべきと述べている。）が、特別規定の有無による差異と解したい。)。

③　第三者納付による代位

第三者納付をした者は、原則的には納税者に対して求償権を取得するが、その行使を容易にするため、特定の第三者に限って、納付に係る租税を担保するための抵当権につき国又は地方公共団体に代位する。すなわち、その抵当権がその第三者に移転し、その求償権を担保することになる。

なお、租税の連帯納付義務者・連帯納付責任者、第二次納税義務者、保証人等租税債務者の拡張の制度により納税義務を負うこととなった者が、それを納付した場合には、形式的には自己の租税の納付であるが、正当な利益を有する第三者の納付があった場合と同様に、正当な利益を有する第三者として国に代位できる（通則基通41－3)。

イ　代位の要件　　第三者納付による代位の要件は、次の三つである（通則法41条2項、地税法20条の6第2項）。

①　第三者納付によって納税者に対する求償権を取得したこと……求償権については、民法第351条（物上保証人の求償権）、第459条から第465条（保証人等の求償権）、第650条（受任者の費用償還請求権）、第702条（事務管理の費用償還請求権）等の規定がある。

②　第三者納付について、その第三者が正当な利益を有するか又は納税者の同意を得たこと……代位しようとする第三者は、この事項を証する書面を、租税の納付の日の翌日までに、税務署長等（徴税機関の長）に提出しなければならない（通則令11条、地税令6条の20）。なお、「正当な利益を有する第三者」の範囲については、納税者等が国税を納付しないときは、滞納処分を受けるか又は納税者等に対する法律上の自己の権利の価値を失う地位にある者（例えば、物上保証人、国税の担保のついている財産の第三取得者、後順位担保権者等）がこれに当たると解されている（通則法基通41－2）。

③　第三者納付に係る租税を担保するため抵当権が設定されており、かつ、それが元本確定前の根抵当権でないこと……根抵当権でその担保すべき元本が確定していないものは、将来において発生すべき租税の担保ともなっており、具体的な被担保債権が確定していないので、代位は認められない。

なお、抵当権が設定される財産は、土地、建物、立木、船舶、飛行機、自動車、建設機械、各種財団等である（通則法50条3号から5号、通則令16条3項参照）。

ロ　代位の効果　　第三者納付により、租税を担保していた抵当権はその第三者に移転し、その求償権を担保することになる。なお、代位者によるその抵当権の実行は、租税の担保物の処分（滞納処分の例による処分）としてではなく、民事上の抵当権として民事執行法等により行うことになる。

第三者納付が租税の一部について行われた場合には、その残余の租税は、この代位者の債権に優先して徴収する（通則法41条3項、地税法20条の6第3項）。この点、第三者弁済による一部代位について民法第502条第1項が「弁済をした価額に応じて、債権者とともにその権利を行使することができる」と規定しているのとは異なる。

6　弁済の充当

納税者が二以上の租税債務を負担する場合において、納税者の提供したものが租税債務の全部を消滅させるに足りないときは、いずれの租税債務に充てるか（弁済の充当）を決定しなければならない。この弁済充当については、国税に関する法律に別段の定めがあるものを除き、民法第488条から第490条まで（弁済充当）に定めるところに準ずることとされている（通則法基通41－3）。なお、同一納期限に係る租税について、いわゆる本税と延滞税又は利子税とがある場合には、納付する者の意思にかかわらず、まず本税に充てられたものとされる（通則法62条2項・64条3項、地税法20条の9の4第2項）。民法第489条は、まず、利息に充当し、次いで元本に充当しなければならないとしているが、租税については、納税者の利益を考慮するからである。

7　振替納税及びダイレクト納付

振替納税（税法上は口座振替納付という。）は、納税者が預貯金先に出向いてその払戻しを受け、その金銭を再び租税として金融機関に提出するという二重の手数を省略し、納税者の預貯金口座から国庫等に直接振り替えるいわば帳簿上の操作によって納税を完了する方法である（通則法34条の2、地方自治法231条の2第3項）。

(1)　振替納税の方法

イ　納税者は、あらかじめ、預貯金先の金融機関に対し、振替納税を委託する（実質は、金融機関の承諾を得る。）。この金融機関は、銀行（郵便局を含む。）、信用金庫、信用組合、農業協同組合又は漁業協同組合のいずれでもよく、必ずしも国税の収納機関（日銀代理店）

である必要はない。

ロ　次に、税務署長等に対し、納付に必要な納付書を金融機関に送付することを依頼する。

税務署長等がこの依頼を了承したときは、以後継続的に有効となり、納期到来のつど依頼をやり直す必要はない。

ハ　税務署長は、納税者からの依頼に基づいて、納期のつど①納付書記載事項を記載した納付書を送付する方法、②納付書記載事項を記録した記録媒体を送付する方法又は③納付書記載事項に係る電磁的記録を電子情報処理組織を使用して送信する方法のいずれかにより、金融機関に送付する。

ニ　金融機関は、税務署長等から送付された納付書等の振替納税に必要な情報に基づき、預貯金の払戻し及び納税の手続を行い、納税者の希望に応じて、納税者に領収書又は証明書の交付等を行う。

⑵　振替納税の依頼を受理できる場合

税務署長等は、納税者からの依頼に係る租税の納付が確認と認められ(通常は、金融機関が口座振替を了承していることから、納付が確実と判断されよう。)、かつ、その依頼を受けることがその租税の徴収上有利と認められるときに、その依頼を受けることができる。この徴収上有利かどうかについては、実務上は、税目、納期等により画一的に判断をすることとしている（国税の場合には、申告所得税の第1期分、第2期分、第3期分、延納分及び個人の消費税に限ることとしている。)。

⑶　みなし期限内納付

期限内申告書の提出により納付すべき税額が確定した租税でその提出期限までに納付すべきものについては、振替納税による現実の納付が納付書等の振替納税に必要な情報が金融機関に到達した日から2取引日を経過した最初の取引日（通常は到達した日を含め4日目）までにされれば、これを期限内納付とみなすことにしている（通則法34条の2第2項、通則令7条、地税法20条の5の4)。したがって、その間は、延滞税を徴収されることはなく、また、残税額について所得税法による延納届出書を提出しているときは、その延納が認められることになる。

⑷　ダイレクト納付

e-Tax（国税電子申告・納税システム）を利用して電子申告等又は納付情報登録をした後に税務署長に届出をした預貯金口座から、即時又は指定した期日に、口座引き落としにより納付する方法である。ダイレクト納付をするには、e-Taxの利用開始手続とダイレクト納付届出書の提出等が必要となる。

8　納付委託（納入委託）

⑴　意　　義

納付委託（地方税にあっては、特別徴収義務者が納付委託する場合を納入委託と呼んでいる。）とは、租税を納付しようとする者が自ら行うべき有価証券の取立てによる現金化とその現金による納付手続を、徴収職員に委託することである（通則法55条1項、地税法16条の2第1項）。この納付委託自体は、租税の納付ではなく、委託を受けた徴収職員が納付の手続をした時に、はじめて納付の効果を生じる。

なお、納付委託は、納税者（委託者）からは取消し（実質は解約）ができないが、徴収職員による取消し（その租税を直ちに徴収しなければならない事情が生じたときの取消し）はできると解される（通則規則6号書式、地税規則1号の2様式参照）。

⑵　要　　件

徴収職員が納付委託を受けることができる要件は、①委託の目的となる租税が特定のものであること、②委託に使用する有価証券が特定のものであること、③その有価証券が最近において（実務上は、おおむね6か月以内とされている。通則法基通55－3）確実に取立てができるものと認められること、④その有価証券の取立てにつき費用を要するときは、その費用に相当する金銭の提供があったこと、である（通則法55条1項、地税法16条の2第1項）。

イ　納付委託の目的となる租税　　次のいずれかに該当するものに限られる。

①　納税の猶予又は換価の猶予に係る租税……これらの猶予には、

更生法（169条1項参照）に基づく猶予を含むと解される。

② 納付委託に使用する有価証券の支払期日以後に納期限の到来する租税

③ 上記以外の滞納租税で、その納付につき納税者が誠実な意思を有し、かつ、納付委託を受けることが租税の徴収上有利と認められるもの……この「徴収上有利」とは、おおむね滞納に係る租税を6か月以内に完納させることができると認められる場合において、滞納者の財産の状況その他の事情からみて、滞納に係る国税につき有価証券の納付委託を受けることにより確実な納付が見込まれ、かつ、その取立てまでの期間において新たに納付委託に係る国税以外の国税の滞納が見込まれないと認められる場合をいうものとされている（通則法基通55－1）。考え方としては、差押え・換価による徴収との比較における期間の長短及び手数の多寡、納税思想に与える影響等を考慮して、徴収上有利かどうかを判断すべきであろう。

ロ 納付委託に使用できる有価証券　　法律上は、有価証券納付（62頁(1)参照）に使用できるものを除いた有価証券――地方税の場合には、そのうちから地方団体の長が定める有価証券――である。しかし、実務上は、取扱上の便宜（事故発生の防止等）、取立ての便宜、確実性の要請等から、さらに、その有価証券の範囲を制限し、①その券面額が納付委託の目的である租税の額の合計を超えない小切手、約束手形又は為替手形であること、②支払人又は支払場所を再委託銀行と同じ手形交換所に加入している銀行としたもの等再委託銀行を通じて取り立てることができるものであること、③記名式の小切手、指図禁止の手形、取立ての裏書等事故による転々流通に備える配慮をしているもの等に限ることとされている（通則法基通55－2）。

(3) 手続及び再委託

徴収職員は、納付委託を受けたときは、委託者に納付受託証書（通則規則6号書式、地税規則1号の2様式）を交付しなければならない（通則法55条2項、地税法16条の2第2項)。徴収職員は、納付委託を受けた場合において必要があるときは、確実と認める金融機関にその取立て及び納付の再委託をすることができる（通則法55条3項、地税法16条の2第3項)。

納付委託により租税が納付されたときは、租税納付の領収証書を委託者（納税者）に交付する。

⑷　効　　果

納付委託は、本来は有価証券の現金化とそれによる租税納付の委任であるが、派生的に次の効果が認められる。

①　担保の代用

納税の猶予又は換価の猶予については、原則的に担保の提供が必要であるが、その租税について納付委託があった場合において、その委託有価証券の提供により、担保の提供の必要がないと認められるに至ったときは、その認められる限度において担保の提供があったものとすることができる（通則法55条4項、地税法16条の2第4項)。

②　延滞税等の免除

受託有価証券の取立ての日――再委託の場合はその金融機関が取立てをすべき日――後に租税の納付があったときは、その納付のずれが委託者の責めに帰すべき事由があるときを除き、取立て等の日の翌日から納付の日までの期間分の延滞税（又は延滞金）・利子税が免除される（通則法63条6項1号、64条3項、地税法20条の9の5第2項1号)。実務上は、この延滞税等の免除を考慮したうえで委託有価証券の金額を定める取扱いがされている。

③　実質的な滞納処分の猶予

納付委託を受けることが徴収上有利等と認められる租税（73頁③の租税）について納付委託を受けた場合には、その委託に係る租税については、その委託を受けている間、新たな滞納処分はできないと解すべきである（旧徴収法9条ノ2第4項は、督促及び滞納処分の禁止を定めていた。なお、通則法基通55－8参照)。したがって、納付委託は、実質的に滞納処分の猶予の効果を有するといえる。

第2款 還付金等の充当

1 概 説

⑴ 充当の意義

税務署長等（徴税機関の長）は、還付金等（還付金又は過誤納金）がある場合において、その還付を受けるべき者に納付すべき租税があるときは、還付に代えて、還付金等をその租税に充当しなければならない（通則法57条1項、地税法17条の2第1項）。還付金等に付加される還付加算金についても同様である（通則法58条1項、地税法17条の4第1項）。

この充当は、還付金等（及び還付加算金）の債務と納税者の租税債務とを対当額において消滅させる行為であって、民法上の相殺に類似しているが、その権能が税務署長等だけにあるなどの点で相異がある（納税者がする租税との相殺は禁止されている。通則法122条、地税法20条の9）。

⑵ 還付金の意義等

還付金の意義、還付請求権者、還付加算金の計算及び消滅時効については、後述する（115頁**1**参照）。

⑶ 還付金等の引継ぎ

国税の場合には、国税局長がその所轄する税務署長から還付金等の還付の引継ぎを受けることができる（通則法56条2項）。これは、還付金等の還付を受ける者について、国税局長が徴収する国税（通則法43条3項参照）に未納がある場合であり、国税局長は、この未納の国税に引継ぎを受けた還付金等を充当することになる。

また、同様の理由から、還付金等の還付を受けるべき者に他に未納の国税がある場合には、所轄国税局長以外の国税局長又は税務署長に対しても、その引継ぎをすることとされている（通則法基通56－15）。

⑷ 充当に関する不服申立て等

還付金等の充当に関しては、それに対して不服申立てができるかどうか等の問題があるが、これについては、還付に関する問題と併せて後述する（121頁**⑹**参照）。

2　充当の要件

充当ができるのは、①還付金等（及び還付加算金）と未納の租税とが同一当事者間に対立していること、②両債権が充当適状にあること、の二つの要件に該当する場合である。

なお、還付金等について差押えがあったとき等充当が制限される場合がある。

⑴　両債権の対立

還付金等の債権と租税債権とが同一人につき対立している場合でなければ、充当することができない（なお、個人の道府県民税及び市町村民税に係る充当については、地税法17条の2第2項の特例がある。）。還付金等について相続、合併等による承継若しくは譲渡があった場合又は租税について相続、合併等による承継があった場合に、それらの結果として同一人につき両債権の対立関係が生じたときも、充当することができる。

⑵　充当適状

両債権が充当適状になければ、充当できないものと解される。私法上の相殺については、両債権の弁済期が共に到来していることを要するが、充当適状については、租税の具体的納期限は必ずしも到来している必要はない等特殊な面がある。その詳細については後述する（78頁4参照）。

⑶　充当が制限される場合

差押え若しくは仮差押えがあり、又は質権が設定された還付金等は、その差押え、仮差押え又は質権の設定前に生じた租税及び差押え等の前の原因に基づいて生じた租税については充当することができるが、差押え等の後に生じた租税（差押え等の前の原因に基づいて生じた租税を除く。）に充当しても、これをもって差押債権者等に対抗することはできないと解される（民法511条参照）。なお、その還付金が法令の規定により更正を見込んで還付を留保していたものである場合には、その年分又はその事業年度分の更正に係る租税に充当できるものと解される（通則法基通57－3）。

なお、会社更生手続開始決定以後に発生した還付金等は、更生手続によることなく、更生手続開始決定前に確定した更生債権である租税に充当することができる（更生法47条7項3号）。

また、破産財団に属する還付金等は、納付すべき租税が財団債権（破産法148条参照）である場合は破産手続によることなく充当できることとされ（通則法基通57－4、破産法151条参照）、さらに、破産債権の場合も充当することができることとされている（破産法100条2項2号）。

3　充当の手続と順位

⑴　充当の手続

充当は、税務署長等（徴税機関の長）が行う。税務署長等は、還付金等（及び還付加算金）の充当をしたときは、その旨を充当に係る租税を納付すべき者に通知しなければならない（通則法57条3項、地税法17条の2第5項）。

なお、充当に係る還付金等が主たる納税者及び第二次納税義務者の双方が納付した租税の額の一部につき生じた過誤納金である場合において、これを第二次納税義務者について生じたものとして（通則令22条1項）その固有の租税に充当したときは、第二次納税義務者のほか主たる納税者に対しても充当の通知をしなければならない（通則令22条2項、地税令6条の13第2項）。

⑵　充当の順位

充当の順位とは、還付金等の充当の対象となる納付すべき租税が二以上ある場合に、いずれの租税へ充当すべきかの順序のことである。還付金等の額が納付すべき租税の額に満たない場合には、附帯税等との関係から、いずれの租税へ先に充当するかが納税者にとっての利害に影響を与えることになるが、次のとおり処理される。

イ　延滞税（延滞金）又は利子税とその計算の基礎となる本税との間においては、まずその計算の基礎となる本税に充当する（通則法57条1項後段、地税法17条の2第3項）。

ロ　所得税法の規定による源泉徴収税額等の還付金及び予納税額の還付金等のように、各租税法で充当の順位に関する特則を規定している場合がある（所得税法施行令268条2項等）。

ハ　その他の場合については、特に規定はない。いずれの租税からでも充当できるが、納税者の利益を考慮して、弁済充当の場合の充当の順位に準ずべきものと解される。例えば、他に特別の事情のない限り、①猶予又は滞納処分の停止がされている租税と他の租税との間では、まず他の租税に、②第二次納税義務額とその者の固有の租税とがある場合には、まず固有の租税に、③相続人の納付責任により納付すべき租税と他の租税との間では、まず他の租税に、④納付すべき租税のうちに延滞税（延滞金）又は利子税の計算の基礎となる租税がありそれらの割合が異なるときは、その割合が高い租税に、それぞれ充当する。

4　充当の効果と充当適状

充当が行われたときは、充当に係る還付金等と租税は、対当額において相互に消滅するが、その効果は、充当適状の時に遡って生じる（通則法57条2項、地税法17条の2第4項）。この充当適状の時は、原則として、充当に係る租税の法定納期限と還付金等が生じた時とのいずれか遅い時であるが、両債権の充当適状の基準時は、次のとおりである（通則令23条、地税令6条の14）。

⑴　租税の充当適状の基準時

原則として、その租税の法定納期限であるが、次の場合には、それぞれの時が基準時になる。

なお、この基準時より前に充当を希望する旨の申出があったときは、その旨の書面の提出があった時を基準時として差し支えないと解される。輸入品に係る消費税等について同旨の明文規定がある（通則令23条2項）が、他の租税にも類推適用できるものと解したい。

①　災害等による納期限の延長、災害による納税の猶予又は所得税法等の規定による延納がされた租税で、充当される還付金等が、その延長、猶予又は延納の申請・届出等の日以後に生じたものである場合には、その延長、猶予又は延納の期限

②　法定納期限後に納付すべき税額が確定した租税（加算税を除く。）

については、更正決定の通知書又は納税告知書若しくは納付・納入の告知書を発した時（申告により税額が確定したものは、その申告があった時）

③　法定納期限前に繰上請求（繰上徴収）がされた租税については、その繰上請求（繰上徴収）に係る期限

④　法定納期限後に納税告知書が発せられた源泉徴収等による国税については、その納税告知書を発した時

⑤　納期を分けている地方税については、地方税法又は条例の規定による納期限

⑥　加算税（加算金）については、賦課決定通知書又は納付・納入の告知書を発した時

⑦　保証人又は第二次納税義務者として納付すべき租税については、納付通知書を発した時

⑧　滞納処分費については、その支出すべきことが確定した時

⑨　延滞税（延滞金）又は利子税については、その基因となった租税の基準時

⑵　還付金等の充当適状の基準時

還付金等の充当適状の基準時となる還付金等が生じた時とは、例えば、①更正等の処分により生じた還付金等については、その更正通知書等を発した時、②税務署長等が還付の決定をすることにより生じた還付金については、その還付を決定した時等であって、還付金等の発生形態によって異なる（通則法基通57－9参照）。

なお、還付加算金については、その計算の基礎となる還付金等が生じた時が基準時になる。

第3款　免除と取消し等

1　免　除

租税の免除とは、税務署長等（徴税機関の長）の一方的な意思表示によって、いったん成立した租税の納税義務を解除し、それを消滅させる

ことである。国税については、延滞税又は利子税の免除は広く認めているが、本税については、わずかに災害減免法によって所得税、相続税、贈与税及び各種間接消費税が減免されるにすぎない。これに対し、地方税においては、特別の事情がある者について、条例の定めるところにより、各種地方税を減免することを認めている（地税法323条等）。このほか、本来の免除とは趣を異にするものとして、いわば非課税に類する免除がある（相続税の納税猶予に関する租特法70条の6、70条の7の2等）。

なお、免除は、法律の根拠があり、かつ、法律の定める要件を満たす場合にのみ認められ、税務署長等の裁量で免除することはできない（東京地判昭和45.11.30税資60号760頁）。

⑴　延滞税（延滞金）の免除

延滞税は、租税債務の履行遅滞に対して課されるものであるが、その履行遅滞が納税者につきやむを得ない理由によるものである場合その他延滞税を徴収することが妥当でない場合がある。そこで租税法では、いくつかの延滞税免除の規定を設けているが、その主要なものは、①納税緩和措置を講じた場合の免除、②十分な差押えをした場合等の免除のほか、③災害により納付手続ができなかった場合の免除、④人為的な災害又は事故により申告又は納付の手続ができなかった場合の免除、⑤納付委託、納税貯蓄組合法による納付の委託又は交付要求による配当金受領の場合の免除がある。

なお、更生法第169条の規定により、税務署長等が延滞税の減免について意見を述べる場合又は同意をする場合には、おおむね延滞税の免除について規定する国税通則法第63条の規定に準じて行うこととされている（通則法基通63－17）が、他の租税債権との整合性、他の共益債権との取扱いの差異の有無等を考慮のうえ、更生法の目的に照らして、ある程度弾力的な運用も許されるものと考える。

①　納税緩和措置に伴う免除

イ　当然に免除される場合　　災害による期限の延長として納期限が延長された場合には、その延長期間分の延滞税が免除される（通則法63条2項、地税法20条の9の5第1項)。

この場合の納期限の延長とは、具体的納期限が延長された場合に限られる。なぜなら、法定納期限が延長された場合には、法定納期限まで延滞税が課されることはないからである。

ロ 原則として免除される場合　次に掲げる場合には、それぞれに掲げる延滞税が免除される(通則法63条1項・4項、地税法15条の9第1項・3項)。ただし、それらの納税緩和措置の取消事由となるべき事実が生じた日以後の期間分のものについては、税務署長等は、その免除をしないことができる(通則法63条1項ただし書、地税法15条の9第1項ただし書)。この場合において、取消事由となるべき事実の有無について調査した結果、外観上その事実が生じている場合であっても、当該事実の生じたことにつきやむを得ない事由があったと認められるときは、取消事由となるべき事実には該当しないものとして取り扱ってよいとされている(猶予取扱要領8章1節72の(注))。

① 災害により損失を受けた場合の納税の猶予を受けたとき……猶予期間分の全額

② 災害・廃業等により納付困難な場合の納税の猶予を受けたとき……その猶予の原因となる事実に応じて、猶予期間分の全額又は半額(Ⓐ災害、盗難、病気、負傷又はこれらに類する事実のときは猶予期間分の全額、Ⓑ休廃業、事業上の損失又はこれらに類する事実のときは年14.6%の猶予期間分の半額)

③ 課税が遅延した場合の納税の猶予を受けたとき……猶予期間(年14.6%の期間に限る。)分の半額

④ 徴収の猶予を受けたとき……猶予期間(年14.6%の期間に限る。)分の半額(この場合については、取消事由となる事実との関係で免除しないことができる旨の規定がないが、問題になるのは不服申立てに伴う徴収の猶予だけである。169頁**4**参照)

⑤ 換価の猶予を受けたとき……猶予期間(年14.6%の期間に限る。)分の半額

⑥　滞納処分の停止をされたとき……停止期間分の全額

ハ　納付困難により免除できる場合　　納税の猶予又は換価の猶予を受けた場合には、上記により免除されるほか、税務署長等は、①納税の猶予又は換価の猶予を受けた租税の延滞税であること、②特定の事情があること、③延滞税の納付が困難と認められること、の三つの要件に該当するときは、一定の範囲で延滞税の免除をすることができる（通則法63条3項、地税法15条の9第2項）。

(イ)　免除できる事情　　免除できる特定の事情がある場合とは、次に掲げる場合のいずれかに該当するときである（通則法63条3項各号、地税法15条の9第2項各号）。すなわち、①納税者の財産の状態が著しく不良で、弁済期の到来した債務（租税・公課を含む。）について軽減・免除をしなければその事業の継続又は生活の維持が著しく困難になると認められる場合において、その軽減・免除がされたとき、②納税者の事業又は生活の状況により、その延滞税の納付を困難とするやむを得ない理由があると認められるとき、のいずれかである。

(ロ)　免除できる金額　　免除できる延滞税は、①納税の猶予又は換価の猶予の猶予期間、②この猶予期間内に納付しなかったことについてやむを得ない理由があると税務署長等が認める場合には、猶予期間の翌日からそのやむを得ない理由がやんだ日までの期間、の二つの期間分の金額で、その納付が困難と認められるものを限度とする（通則法63条3項、地税法15条の9第2項）。なお、前記イ・ロの免除規定により免除された部分は、この免除の対象にならない。

②　差押え及び担保徴取による免除

滞納租税の全額を徴収できるだけの十分な財産につき差押え又は担保徴取をしている場合には、税務署長等は、その租税の延滞税につきその差押え又は担保徴取の期間（年14.6%の期間に限る。）分の半額を限度として、その免除をすることができる。ただし、前記①による免除対象の期間分の延滞税は、この免除の対象にはならない（通則法63条5項、地税法15条の9第4項）。

イ　滞納租税を徴収できる十分な財産とは、差し押さえた財産から租税を徴収できる額（処分予定価額を基にして算定する。）が差押えに係る租税の額に十分見合うようなその財産をいう。

この場合の差押えには、二重差押え、参加差押えを含む（平成12.10.30徴徴3－2通達参照）。

交付要求については、納税者等の財産に対する直接強制ではないことを理由としてこれに入らないと解されているが、二重差押え及び交付要求を同時にすべきであるにもかかわらず（滞調法通達21－1、29－1ほか参照）交付要求のみを行った場合又は参加差押えをすべきであるにもかかわらず交付要求を行った場合等、行政庁の不作為や選択の結果により納税者が不利益を受けるときには一考すべき場合があるものと考えられる。

ロ　滞納租税を徴収できるだけの十分な担保とは、担保の価額が担保提供に係る租税の額に十分見合うようなその担保をいい、納付委託に係る有価証券は、この担保に含まれないこととされている（通則法基通63－8）。

ハ　差押え（又は担保徴取）の基因となった租税の額は、判定の基準となるべき時期における当該差押えの基因となった本税、各種加算税、過怠税、利子税、延滞税及び滞納処分費の額の合計額をいい、未確定の延滞税は、判定の日まで計算した場合の金額とされている（国税通則法第63条第5項の規定による延滞税の免除の取扱要領3の(2))。

ニ　差押財産の価額が滞納税額に相当するかどうかは、基本的には、毎日判定するのが建前である。しかし、滞納租税に変動がない限り、始めと終りにおいて相当の差押えがされていると判定されたときは、その全期間の延滞税が免除の対象になるものとして取り扱われている。

③　災害等の場合の免除

震災、風水害、火災その他これらに類する災害により、租税を納付することができない事由（災害により社会通念上納付行為ができないと認められる事情をいい、災害に基因して資金不足が生じたため納付ができない場合は含まない。）が生じた場合には、その事由が生じた日から事由が消滅した日までの期間及びその後の7日間に対応する延滞税を免除する（通則法63条6項3号）。

④　**人為災害等の場合の免除**

人為による異常な災害又は事故、例えば、火薬類の爆発、ガス爆発、飛行機の墜落、船舶の沈没、交通機関の途絶、交通事故等により、納税申告書の提出又は納付の行為をすることができなくなった場合には、その災害又は事故が納税者の責めに帰すべき事由により生じたものである場合を除き、災害又は事故発生の日から消滅までの期間及びその後の7日間に対応する延滞税を免除する（通則令26条の2第3号）。この免除の趣旨は、納税者の責めに帰すべからざる事故等により納付行為ができないときは、その間の延滞税の負担を免除するものであることから、いわゆる①誤指導、②照会に対する回答の遅延、③通達の遡及適用、④課税標準の計算不能、⑤振替納付書の送付漏れ等があった場合において、納税者が社会通念上なすべき行為をつくしているときは、これらの事由も「人為による異常な事故」の一態様と解されている（志場・通則法精解752頁）。

⑤　**納付委託等の場合の免除**

租税を消滅させるべき時と現実の消滅時とのずれを補うための極めて短期間分の延滞税の免除として、次のものがある（通則法63条6項、通則令26条の2、地税法20条の9の5第2項、地税令6条の20の3）。

イ　納付委託があった場合において、納税者の責めに帰すべき理由により取立期日に納付できなかったときを除き、その取立期日の翌日から納付があった日までの期間に対応する延滞税を免除する。

　なお、差押債権の第三債務者が弁済委託をした場合及び差押有価証券の取立ての場合についても、上記と同様に取り扱われている（通則基通63－10）。

ロ　納税貯蓄組合員については、その預金先が租税の収納機関として指定されていない場合には、納税貯蓄組合預金からの納税を預金先金融機関に委託することができる。この納付の委託があった場合において、その委託があった日に即納されなかったときは、納税者の責めに帰すべき理由により即日納付ができなかったときを除き、納付の委託があった日の翌日から実際に納付があった日までの期間に対応する延滞税を免除する。

ハ　交付要求又は参加差押えにより交付を受けた金銭を滞納租税に充てたときは、執行機関が強制換価手続においてその金銭を受領した日の翌日から交付を受けた金銭を租税に充てた日までの期間に対応する延滞税を免除する。

⑥　免除額の計算と免除の手続

イ　延滞税の免除は、免除されることとなる延滞税の計算の基礎となる租税の本税額が完結し、延滞税を徴収しようとするときに行うことになる。ただし、延滞税の徴収に際し必要があると認められるとき（例えば、換価の猶予に伴い証券による納付委託を受けるとき）は、免除ができると見込まれる延滞税の金額につきあらかじめその免除ができるものとして計算してよいこととされている（猶予取扱要領8章3節77（注））。

免除に伴う延滞税の端数計算は、要徴収額について行うこととされている。

ロ　免除をした場合には、納付委託などの場合のように、免除の要件事実が容易に納税者に知りうる場合を除き、書面で納税者に通知する実務取扱いがされている。

（注）　延滞税の免除の特例　　租特法94条2項は、免除対象期間（同項の「軽減対象期間」）に特例基準割合（50頁（注2）イ参照）が適用される期間に含まれる期間があるときの免除額の特例を定めている。

⑵　利子税の免除

利子税についても、①災害により納期限を延長した場合、②災害により納付手続ができなかった場合、③人為的な災害又は事故により申告又は納付の手続ができなかった場合、④納付委託、納税貯蓄組合法による納付の委託又は交付要求による配当金受領の場合の短期間分の免除がある（通則法64条3項）。

2　更正の請求

(1)　概　　説

納税申告書を提出した者は、その申告に係る税額が過大であること等を知った場合には、原則として、その法定申告期限から5年以内に限り、税務署長等（徴税機関の長）に対し、その税額等につき減額の更正をすべきことを請求することができる（通則法23条、地税法20条の9の3)。このように、更正の請求は、申告に係る税額が過大である場合等に認められる方式であるのに対し、逆に申告に係る税額が過少である場合等に納税者側から是正する方式として修正申告書の提出（通則法19条、地税法53条22項等）がある。

納税者としては、自らの申告により確定させた税額が過大等であることを法定申告期限後に気づいた場合には、まず更正の請求をし、これに対し請求の理由がないとする税務署長等の処分があった場合でその処分の内容に不服があれば、不服申立て及び訴訟の方法により争うことになる（神戸地判昭和37.3.23月報9巻9号1129頁)。

なお、更正の請求には、①申告事項に誤りがある場合にできるもの（通常の場合）と、②申告当時はその申告事項に誤りはなかったが、後日、その申告に係る課税標準の基礎となる事実が取消し等されたことにより、その計算の基礎とした事実と異なることとなった場合にできるもの（後発的事由に基づく場合）とがある。

（注）旧所得税法当時に、雑所得として課税された貸金の利息債権がその申告後貸倒れにより回収不能となったため、それに対応する所得税額につき国に対し不当利得として返還を求めた事件について、最判昭和49.3.8最民集28巻2号186頁は、その不当利得の返還義務を認容した。この判決は、行政行為が有効に存続する限り不当利得は生じないとする従来の判例、通説とは著しく異なっているが、これは、昭和36年以前の所得については、後発的事由に基づく更正の請求が認められていなかったことによる。昭和37年の法改正により、本件のような場合に

対処できる後発的事由に基づく更正の請求制度が設けられている。したがって、このように更正の請求の制度が設けられている以上、納税者としては当該手段により救済を受けるべきであり、このような手段によることなく直ちに民法上の不当利得返還請求権を行使することは許されない、と解されている（最判昭和53.3.16月報24巻4号840頁、田中・租税法193頁）。

(2) 通常の場合の更正の請求

イ　この更正の請求ができるのは、納税申告書の提出により納付すべき税額（その税額につき更正があった場合には更正後の税額）が過大であるだけでなく、それが「課税標準等若しくは税額等の計算が租税に関する法律の規定に従っていなかったこと又は当該計算に誤りがあったこと」に基づいている場合である（通則法23条1項、地税法20条の9の3第1項）。更正の請求をしようとする者は、その請求に係る更正前の課税標準等又は税額等及び更正後の課税標準等又は税額等、更正の請求をする理由その他所定の事項を記載した更正請求書を提出しなければならない（通則法23条3項、地税法20条の9の3第3項）。

この更正の請求ができる期間は、提出した納税申告書に係る租税の法定申告期限から5年以内に限られている（通則法23条1項、地税法20条の9の3第1項）。

ロ　税務署長等は、受理した更正請求書に記載されたところに基づいて必要な調査を行い、その調査に従い更正をし、又は更正をすべき理由がない旨をその請求をした者に通知する（通則法23条4項、地税法20条の9の3第4項）。

なお、更正の請求があった場合においても、その請求に係る納付すべき租税の徴収は猶予されない。ただし、税務署長等が相当の理由があると認めるときは、その租税の全部又は一部の徴収を猶予することができる（通則法23条5項、地税法20条の9の3第5項）。

(3) 後発的事由による更正の請求

イ　この更正の請求は、①その申告、更正又は決定に係る課税標準又は税額の計算の基礎となった事実に関する訴えについての判決、和解等により、その事実がその計算の基礎としたところと異なることが確定したとき、②その申告等に係る課税標準及び税額の計算に当たってその申告をした者に帰属するものとされていた所得その他の課税物件が、後日、他の者に帰属するものとして当該他の者に更正、決定がされたとき、③その他①又は②に類する政令（通則令6条1項、地税令6条の20の2）で定めるやむを得ない理由があるとき、にすることができる（通則法23条2項、地税法20条の9の3第2項）。

ロ　更正の請求ができる期間は、イに述べた事由があった日の翌日から起算して2か月以内に限られる（通則法23条2項、地税法20条の9の3第2項）。

なお、更正の請求の手続等は、前記(2)の更正の請求と同様である。

(4)　更正の請求に関する特則

個別税法には、通常の更正の請求の期限後において、後発的事由に基づく特例的な更正の請求を認めているものがある（所得税法152条、法人税法82条、相続税法32条、地税法53条の2等）。

3　減額更正

イ　申告納税方式による租税は、その納付すべき税額が納税者の申告により確定することを原則としているが、この税額が税務官庁の調査したところと異なるときは、税務署長等は更正の処分をすることになる（通則法24条、地税法55条等）。この更正には、納付すべき税額を増加させる増額更正と、その税額を減少させる減額更正とがある。この減額更正により、納税申告又は更正・決定によって確定した租税債務の減額が行われるが、法定申告期限から5年間（法人税に係る純損失等の金額を増減させる更正又はその金額があるものとする更正は10年間）の除斥期間に服する（通則法70条2項、地税法17条の5第2項）。

なお、減額更正が行われても、減額更正により減少する部分以外の租税についての納税義務は、なんら影響を受けない（通則法29条2項、地税法20条の9の2第3項）。

ロ　賦課課税方式による租税の場合にも、減額更正の場合と同様に、再賦課決定という形で、課税標準等の変更が行われる（通則法32条2項）。

4 取消し

租税の課税処分に瑕疵（それが重大かつ明白な場合には、課税処分は無効となる。）がある場合には、税務署長等の職権により課税の取消しをする場合（いわゆる減額更正）と、不服申立て又は訴訟によって課税の取消しが行われる場合とがある。

この取消しがあった場合（訴訟の場合には、判決が確定した場合）には、租税債務は、当初に遡って消滅することになる。

第4款 時効消滅等

1 徴収権の消滅時効

⑴ 概　説

国税の徴収権及び地方税の徴収権――いわゆる賦課権を除いた狭義の徴収権（確定した租税を徴収する権利）――は、その権利行使ができる時から5年間行使しないことによって、時効により消滅する（通則法72条1項、地税法18条1項）。この時効の起算日について、租税法では原則的に「法定納期限」である旨を規定している（その詳細については、通則法72条1項、地税法18条1項参照）。

なお、租税の徴収権の消滅時効については、若干の特別規定があるほか、民法の規定が準用されている（通則法72条3項、地税法18条3項）。

（注）⑴　本来、消滅時効の起算日は、当該時効に係る権利を行使することができる時である（民法166条は、消滅時効の起算日を「権利を行使することができることを知った時」と「権利を行使することができる時」に分けているが、権利行使が可能であることを容易に知ることができない場合には、債権者が知らないうちに時効期間が進行してしまうという問題があるため、従来の「権利を行使することができる時」に加えて「権利を行使することができることを知った時」

を消滅時効の起算日としたものである。したがって、権利行使が可能であることを容易に知ることができない場合を除き、「権利を行使することができる時」が消滅時効の起算日となる。)。この「権利を行使することができる」の解釈としては、権利者の一身上の都合で権利を行使できないことや権利行使に事実上の障害のあることは影響がないとされており、さらに、直ちには給付の訴えを提起することができない抗弁権の付着している権利についても、権利者がその抗弁権を自分の行為によって消滅させることができる場合には、その権利は既に「権利を行使することができる」状態にあると解されている。この考え方を租税債権にあてはめてみると、法定納期限を経過すれば、税務署長等（徴税機関の長）は自分で賦課権の行使をすることができるのであるから、納税を請求する権利は法定納期限を経過すれば既に「権利を行使することができる」状態にあると考えることができる。そこで、通則法又は地税法は、租税の徴収権の時効の起算日を一般的に法定納期限の翌日と定め、法定納期限の定めのない租税については、その租税の徴収権を行使することができる日等と定めている。

(2)　附帯税の消滅時効の起算日も、本税と同様に、原則として法定納期限の翌日である。なお、「利子税、延滞加算税は、遅延利息の実質を有し滞納日数に応じて日々発生し、その発生日の各翌日から権利行使が可能であるから、その消滅時効の起算日は、発生日の翌日である」旨判示した裁判例（大阪高判昭和45.4.17月報16巻6号665頁）がある（金子・租税法878頁も同旨）が、この考え方によれば、本税について消滅時効が完成した場合でも、最近5年間の利子税又は延滞税の時効は完成せず、それ以前の期間に対応する利子税又は延滞税のみが時効により消滅するという奇異な結果を招来することになる（なお、現行法では、附帯税の消滅時効の起算日は本税のそれと同様法定納期限であり、また、本税につき時効の完成猶予又は更新があったときは同時に附帯税の時効も完成猶予又は更新となる（通則法72条1項、73条5項、地税法18条1項、18条の2第5項)。)。

(3)　昭和56年の税法改正により、脱税の場合の賦課権の除斥期間が5年から7年に延長されたことに伴い、その延長された除斥期間内は、脱税に係る租税債権が時効消滅しないように手当てがされている。すなわち、脱税分については、税務署長等が脱税の事実を認定した日（更正・決定等、納税申告又は納税の告知が行われる日）までは時効が進行しないこととし、この時効不進行の期間を最大限法定納期限から2年間としている（通則法73条3項、地税法18条の2第3項）。これは、租税の徴収権の消滅時効の始期は法定納期限の翌日で、賦課権の除斥期間の始期は法定申告期限の翌日であって、通常は両者は同日であるので、脱税により賦課権の除斥期間が7年に延長された場合には、5年という消滅時効期間について手当てをしなければ、消滅時効期間の5年を経過すれば租税債権は消滅し、除斥期間を7年に延長しても現実の賦課・徴収処分をすることができなくなることを防止するためである。

⑵　民法の準用

租税の徴収権の消滅時効については、租税法に特別規定があるもの（後記⑶参照）を除き、民法の規定が準用される（通則法72条3項、地税法18条3項）。平成29年法律第44号による改正前の民法（旧民法）は、時効の完成を阻止する制度として、時効の中断と停止を規定していた。時効の中断とは、一定の事実が生じた場合には、その事実が生じるまでの時効期間の経過がリセットされる（すなわち、それまで進行していた時効期間の経過が無意味なものになる。）ことをいい（なお、時効が中断される事実が継続する場合には、その事実が消滅した時から新たに時効が進行する。）、時効の停止とは、一定の事実が生じた場合には、その事実が継続している間は時効が進行しないことをいう。

平成29年法律第44号によって、民法は、一定の事実が生じた場合には時効が完成すべき時が到来しても一定の時までは時効が完成しないことを時効の完成猶予とし、一定の事実が生じた時又は一定の事実が生じて時効の完成猶予の効力が生じた場合においてその事実が消滅した時に、その事実が生じるまでに進行していた時効がリセットされて新たに時効が進行することを時効の更新とした。そして、民法は、裁判上の請求等による時効の完成猶予及び更新（民法147条）、強制執行等による時効の完成猶予及び更新（同法148条）、催告による時効の完成猶予（同法150条)、承諾による時効の更新（同法152条）などを規定した。なお、時効の完成猶予のみの場合、その猶予期間中に時効期間が満了するものであった場合には、その猶予期間が満了することによって、時効が完成することになる。

租税の徴収権の消滅時効に関し、これらの規定が準用される主なものとして、以下のものがある。

（注）　時効の完成猶予

民法では、時効完成の時に当たって故障があり、権利者において時効の完成を阻止することが困難なときは、時効の完成を猶予することとしているが、時効の完成猶予は、本来の時効期間の進行に関係なく、ただその完成を一定期間だけ猶予するものであり、その完成猶予事由の発生以前に経過してきた期間を無効にしない点において、時効の更新と区別される。また、時効の完成猶予は、完成猶予事由が生じても時効の進行自体は止まらず、完成猶予事由が存在している間に時効期間が満了した場合には、完成猶予期間の満了と同時に時効が完成するが、時効の停止は、一定の事由が生じた場合には時効が進行しないこととなり、その事由が存在している限り時効が完成することはなく、その事由が消滅した時に、再び時効が進行するため、その事由が生じるまでの期間とその事由が消滅した後の期間を合わせて時効期間が満了した時に時効が完成する点で異なる。

①　租税債権存在確認の訴え

租税債権については、自力執行権が付与されているところから、通常は「裁判上の請求」によって時効の完成を阻止する必要性はないが、他に時効完成を阻止する方法がないときは、裁判上の請求としての租税債権存在確認の訴えによって時効の完成を阻止することができる（東京地判昭和39. 3. 26下民集15巻3号639頁等)。この点、その後の時効期間をどう解するか（民法169条1項により10年とするか、租税法に定める5年とするか）等の問題ともからんで、問題がないではない。実務取扱いとしては、積極で、時効期間は10年説を採用している（徴収法基通32－28。その理由について、西澤博「国税徴収法基本通達の一部改正について⑵」国税速報3631号3頁参照。なお、5年説をとるものとして、

竹下重人「課税処分の期間制限と租税徴収権の消滅時効」北野弘久編・日本税法体系－税法の基本原理210頁)。

なお、時効完成阻止の必要上、再訴の利益があるかどうかについては、訴えの利益があるとする下級審の裁判例がある（東京地判昭54. 3. 29判タ389号110頁)。

②　課税処分取消訴訟の応訴

租税の課税処分取消訴訟に応訴した場合、私法上の消極的確認訴訟の応訴と同様に、時効の完成を阻止することができる（最判昭和60. 7. 11及び最判昭和60. 9. 17租税徴収関係裁判例集1314頁及び1315頁参照。なお、最判昭和43. 6. 27最民集22巻6号1379頁はそれを是認するかのごとくであり――矢野邦雄・法曹時報20巻12号137頁参照――、その差戻審である大阪高判昭和45. 4. 17月報16巻6号665頁は、この応訴による時効の完成阻止（当時は時効の中断）を認めている。そして、東京高判昭和49. 9. 26税資76号824頁は、「課税処分の取消訴訟に対する応訴行為は、(旧) 民法147条・149条にいう『裁判上の請求』として、時効中断の効力を有するものと解するのが相当である」と判示している。)。裁判上の請求の一態様であり、時効の完成猶予及び更新の効力があるというべきである。

③　納税の催告

租税については、督促による時効の完成猶予及び更新（後記(3)の②参照）があるが、そのほか、単なる催告――いわゆる納付の慫慂《しょうよう》――による時効の完成猶予も認められる（最判昭和43. 6. 27最民集22巻6号1379頁参照)。

なお、この催告によって時効の完成が猶予されている間にされた再度の催告は、時効の完成猶予の効力を有しない（民法150条2項)。

④　捜　　索

滞納処分は、租税を強制的に徴収するために行うもので、行政上の強制執行の一つであるから、滞納処分としての差押えがされた時に、時効の完成猶予の効力が生じ、差押えの効力が失われた時に、時効が更新される。そして、財産差押えのために捜索をしたが、差し押さえるべき財産がないため差押えができなかった場合でも、捜索に着手した時に時効の完成猶予の効力が生じ、捜索を終了した時に時効の更新の効力が生ずる（名古屋地判昭和42.1.31月報13巻4号491頁等参照）。

⑤　第三者を手続の相手方とする差押え等

差押え、仮差押え及び仮処分による時効の完成猶予及び更新の効力は、時効の完成猶予又は更新の事由が生じた当事者及びその承継人の間においてのみその効力を有する（民法153条）から、その手続が直接納税者に対してされないとき（例えば、譲渡担保権者の物的納税責任による譲渡担保財産の差押え等）は、時効の完成猶予及び更新の効力を生じない。

⑥　承　　認

租税債権の存在を認識して、その認識を表示したと認めるに足りる行為は、すべて承認として時効の更新の効力を生ずる（民法152条1項）。修正申告、物納財産変更の申請、納税の猶予の申請、納付委託の申出はもとより、黙示の承認でもよい。還付金等の充当は、承認ではないから更新事由とはならない。

なお、租税の一部納付も、それが一部としての弁済であれば、残額についての承認となる（大判大正8.12.26民録25輯2429頁。最判昭和49.5.30金融法務724号30頁は、債務の一部弁済のために交付された約束手形が満期に支払われた場合、その支払いは事実上債務の弁済と同一視し得るのであり、残債務全部につき承認がされたものとしている。）。

⑶　租税法の特別規定

租税の徴収権の消滅時効に関する租税法の特別規定としては、①時効の絶対的効力、②特別の完成猶予及び更新事由、③猶予等の場合における時効の不進行がある。

①　時効の絶対的効力

民法においては、時効完成の効果を生ずるためには、時効の利益を受ける者がこれを援用することを要する（民法145条）。また、時効の利益はあらかじめ放棄することはできない（民法146条）が、時効の完成後はその利益を放棄することができる。これに対し、租税の徴収権の時効については、その援用を要せず、また、時効の利益を放棄することもできない（通則法72条2項、地税法18条2項）。したがって、時効期間が満了したときは、納税者の意思にかかわらず、租税の徴収権が消滅することになり（この点は、私債権と著しく異なる。）、仮に租税を納付しても過誤納金として還付しなければならない。

なお、この絶対的効力との関係から、例えば、時効期間満了の直前である4年11か月目に納税の催告をし、5年1か月目に納税された場合に、その納税をどう処理するのか――催告があったときは、その時から6か月を経過するまでの間は、時効は、完成しない（民法150条）ことと関連してどう処理するのか――という疑問を生じる。この点については、通則法が国税の徴収権の絶対的効力を規定した趣旨からアプローチすべきものと思われるが、結論的には有効な納付があったものと解したい。

②　特別の時効の完成猶予及び更新事由

租税債権については、民法の時効の完成猶予及び更新事由（前記(2)参照）に加えて、次のとおり、特別の完成猶予及び更新事由が定められている（通則法73条1項、地税法18条の2第1項）。

なお、いわゆる本税の時効の完成猶予及び更新の効力は、その租税の延滞税、利子税又は延滞金にも及ぶものとされている（通則法73条5項、地税法18条の2第5項）。

①　国税について更正、決定、賦課決定（特定の加算税の賦課決定。通則法73条1項2号参照）若しくは納税に関する告知又は地方税の納付（納入）に関する告知……これらの処分により租税を納付すべき期限までの期間、時効は完成せず、その期間を経過した時に時効は更新される（通則法73条1項1号から3号、地税法18条の2第1項1号）。

②　督促……督促状又は督促のための納付（納入）催告書を発した日から起算して10日を経過した日（その日前に繰上差押えがされたときは、その日）までの期間、時効は完成せず、その期間が経過した時に時効が更新される（通則法73条1項4号、地税法18条の2第1項2号）。

③　交付要求……交付要求がされている期間（滞納者に対する交付要

求をした旨の通知がされていない期間があるときは、その期間を除く。)、時効は完成せず、その期間が経過した時に時効が更新される（通則法73条1項5号、地税法18条の2第1項3号)。なお、この交付要求による時効の完成猶予及び更新の効力は、その相手方執行機関の強制換価手続が取り消された場合でも、遡って失効することはない（通則法73条2項、地税法18条の2第2項)。

③　時効の不進行

租税の徴収権の時効は、延納、納税の猶予又は徴収若しくは滞納処分に関する猶予に係る租税（その附帯税も含まれる。）につき、その猶予等の期間内は進行しない（通則法73条4項、地税法18条の2第4項)。

2　滞納処分の停止

税務署長等は、滞納者につき滞納処分を執行する財産がないときなどにあっては、滞納処分の執行を停止することができる（徴収法153条1項)。この滞納処分の停止に係る租税の納税義務は、その停止が3年間継続したときは消滅し（徴収法153条4項)、また、その租税を徴収することができないことが明らかであるときは、その納税義務を直ちに消滅させることができる（徴収法153条5項)。これらの詳細については、後述する（178頁(2)参照)。

第4章

通則的事項

第1節　期間の計算と期限

1　概　　説

租税に関する法律においては、納税者の側からの届出、申告、納付等に関しての期間・期限の定めがあり、一方、行政庁側における承認、更正決定、租税債権の行使等に関しての期間・期限の定めがされている。

期限とは、法律行為又は行政行為の効力の発生・消滅又はその内容の履行等を、到来することが確実な将来の事実の発生にかからしめる附款である。期限は、一定の日時をもって定める場合と、期間をもって定められたものについてその期間の末日が終了したときに到来する場合とがある。また、期限には始期・終期とがあり、始期とは期限の到来するまではその効力の発生又は履行を停止する期限（例えば申告期限、納期限）であり、終期とは期限の到来するまではその効力の消滅を停止する期限（例えば、保全差押えの効力の失効に関する6か月を経過する日）である。

期間とは、ある時点から他の時点までの継続する時の区分をいい、租税法律関係に関する期間の計算については、国税については通則法第10条第1項に、地方税については地税法第20条の5第1項に、それぞれ特別の規定を置いている。地税法は、「民法第139条から第141条まで及び第143条に定めるところによる」と規定しているのに対し、国税の場合には、民法に規定されている主要な事項を直接的に規定している。このため、例えば起算日について、地方税の場合には民法第140条の適用があるのに対して国税の場合は民法とは無関係である、というような法規適用上の差異があるが、実質的には両者の間に差異はない。

2　期間の計算

期間の定めについては、一般的には、時、日、週、月又は年をもってするが、租税法においては、時又は週をもって期間を定めている規定は見当たらない。

イ　期間の初日　　期間が日、月又は年をもって定められている場合には、期間の計算上、その初日は算入しないが、その期間が午前零時から始まるときは、初日を算入する（通則法10条1項1号、地税法20条の5第1項において準用する民法140条）。法律に特別の規定があるときは、その定めるところによる（通則法10条1項1号）。租税法では、「……日から起算して」又は「……日の翌日から起算して」と規定している場合が多く（通則法14条3項、77条1項、地税法20条の2第3項等）、この場合には起算日が第1日として算入される。

ロ　暦による計算　　期間を定めるのに月又は年をもってしたときは、暦に従って計算する。すなわち、月又は年の始めから期間を起算するときは、応当の月又は年の末日をもって期間が満了する。月又は年の中途から起算する場合には、最後の月又は年においてその起算日に応当する日の前日の終了をもって満了とする。ただし、最後の月にその応当する日がないときは、その月の末日に満了する（通則法10条1項2号・3号、地税法20条の5第1項において準用する民法143条）。

ハ　過去に遡る期間の計算　　通則法又は民法に規定する期間の計算は、起算日から将来に向かって計算する場合のものである。しかし、過去に遡って計算される期間についても、この規定を準用すべきであろう（大判昭和6.5.2民集10巻232頁）。

例えば、「公売の日の少なくとも10日前までに……公告しなければならない」（徴収法95条1項）とされている場合には、仮に公売の日が4月18日とすると公売の日（初日）は算入せず、その前日である4月17日から起算して10日を遡及した日である4月8日が期間満了の日となり、その前日すなわち4月7日が公告すべき期限となる。

3　期限の特例

(1)　休日と期限の延長

租税に関する法律に定める申告、申請、納付又は徴収等に関する期限に限り、それが日曜日、国民の祝日その他一般の休日又は政令で定める日（土曜日、12月29日、30日、31日。通則令2条2項、地税令6条の18第2項）に当たるときは、原則として（例外については後記(2)参照）、その休日の翌日をもって期限とみなされる（通則法10条2項、地税法20条の5第2項。この場合、その休日が連続するときは、最後の休日の翌日が期限となる。）。

なお、期限の特例の規定の適用があるのは、租税に関する法律（政令及び省令を含む。）又は条例により定められている期限に限られるから、租税法に基づく行政処分により定められる期限については、その適用がない。したがって、行政処分により期限を定める場合には、特別の事情があるときを除き、指定する日が休日になるかどうかをあらかじめ調査し、休日を指定しないようにするのが妥当であろう。

（注）　年始の休暇　　官庁における年始の休暇（1月2日及び3日）は、上記の休日に該当する（最判昭和33.6.2最民集12巻9号1281頁）。

⑵　休日でも延長されない期限

特定の期限については、上記⑴の期限の特例の適用がなく、その期限が休日であっても延長されないこととされている（通則法10条2項かっこ書、通則令2条1項、地税法20条の5第2項かっこ書、地税令6条の18第1項）。そのうち、国税の徴収に関するものは、次のとおりである（地方税については、国税とはその規定の仕方に若干の差異があり、また、例えば、譲渡担保財産に関する証明期限の一部についてだけ地税令6条の18第1項に規定するにとどまる――地税令6条の8第5項の期限についてはふれていない――等、明確でない面があるが、滞納処分手続を進めるうえでの必要性から、国税の場合と同様に解すべきであろう。）。

①　特定の場合の見積価額の公告の期限（徴収法99条1項2号・3号及び107条4項において準用する99条1項1号の期限）

②　担保権の引受けによる換価の申出の期限（徴収令47条の期限）

③　債権現在額申立書の提出期限（徴収法130条1項、徴収令48条2項の期限）

④　担保権の優先に関する証明の期限（徴収令4条3項の期限）

⑤　譲渡担保財産である旨の証明の期限（徴収法24条8項、徴収令8条4項）

⑥　特定の不服申立て及び訴訟に関する期限（徴収法171条1項2号

から4号まで及び同条2項において準用するそれらの期限)

4 災害等による期限の延長

税務署長等(徴税機関の長)は、災害その他やむを得ない理由により、租税に関する法律又は条例に基づく申告、申請、請求、その他書類の提出、納付(納入)又は徴収に関する行為を期限までにすることができないと認めるときは、それらの期限を延長することができる(通則法11条、地税法20条の5の2)。すなわち、国税の場合には、次により延長され、地方税の場合には条例の定めるところによる。

イ 国税庁長官の地域指定による延長　国税庁長官は、都道府県の全部又は一部にわたり相当広範囲に災害その他やむを得ない理由が生じた場合で、期限までに納付等の行為をすることができないと認めるときは、その地域及び期日を指定して(理由がやんだ日から2月以内)、期限の延長をする(通則法11条、通則令3条1項)。

ロ 個別的な申請による延長　税務署長等は、災害その他やむを得ない理由により、期限までに納付等の行為をすることができないと認める場合には、上記イの地域指定による延長がされる場合を除き、納付等の行為者の申請により、期日を指定して(理由がやんだ日から2か月以内)、納付等の期限を延長することができる(通則法11条、通則令3条2項)。この場合の申請は、災害等がやんだ後相当の期間内に、その理由を記載した書面ですることを要する(通則令3条3項)。

ハ 法人税法の申告期限の延長との関係　法人税法では、災害その他やむを得ない理由により決算が確定しないため法定の申告期限内に申告書の提出ができないと認められる場合には、その法人の申請に基づき、所轄税務署長は、期日を指定してその申告期限の延長をすることができる(法人税法75条)。

この規定は、前記の通則法(11条、通則令3条)の期限の延長規定と選択的に適用されるが、通則法の場合は法定申告期限そのものが延長され利子税は課されないのに対し、法人税法による延長の場合には、年7.3%の利子税が課される(法人税法75条7項)。

第2節　書類の送達

1　概　　説

租税法では、大量的・反覆的に処分が行われることから、書類の送達について、民法や民事訴訟法とは別個の送達に関する規定をおいている。すなわち、租税に関する書類は、その送達を受けるべき者の住所、居所、事務所又は事業所へ送達するのを原則とし、送達の方法としては、①郵便又は信書便による送達、②交付送達――これは狭義の交付送達、出会送達、補充送達、差置送達に分けることができる――、③公示送達の方法を定めている（通則法12条、地税法20条）。民事訴訟法（101条）の訴訟手続における送達が「人」に対する送達を原則とし、認証行為として位置付けされているのに対して、租税法では、処分等に関する書類について、納税者の住所、居所、事業所等の「場所」に対する送達を原則としている点で、その趣を異にしている。

⑴　送達の相手方と場所

租税に関する書類を送達する相手方と場所は、原則として、その書類の送達を受けるべき者の住所、居所、事務所又は事業所である（通則法12条1項、地税法20条1項）。これらの送達場所のうちいずれに送達すべきかの制限はないが（納税者の住所とは異なる事業所あてにされても違法とはいえない。横浜地判昭和54.2.28判時938号26頁）、相手方の便宜を考慮すべきであろう。なお、住所とは、各人の生活の本拠をいい（民法22条）、法人にあっては、その本店又は主たる事務所の所在地をいう（会社法4条、一般社団法人及び一般財団法人に関する法律4条）。

イ　納税管理人がある場合　　納税管理人がある場合には、その納税管理人にあてて、その住所等の送達場所に送達する（通則法12条1項ただし書、地税法20条1項ただし書）。ただし、地方税の場合には、滞納処分に関するものは除かれる。

ロ　2人以上の相続人がある場合　　相続人が2人以上ある場合には、被相続人の租税に関する書類（ただし、滞納処分に関するものを除く。）に限って、代表者に送達する制度が設けられている。この代表者は、上記の書類の受領のためのもので、①相続人が、相続人のうちから指定して、税務署長等（徴税機関の長）に届け出なければならない（通則法13条1項、地税法9条の2第1項。なお、代表者指定の基準、届出書及び代表者の変更について、通則令4条、地税令2条参照）。②この届出が相当の期間内にされない場合で、一定の要件に該当するときは、税務署長等は、相続人のうちの1人を指定して代表者とすることができるが、その旨をその者に通知しなければならない（通則法13条2項、地税法9条の2第2項。なお、通知書について通則令4条5項、地税令2条5項参照）。

なお、上記の一定の要件は、国税の場合は、「相続人のうちにその氏名が明らかでないものがある」ことであり、地方税の場合には「すべての相続人又はその相続分のうちに明らかでないものがある」ことである。

（注） 被相続人の名義でした処分の書類送達の効果　　被相続人の租税につき、その者の死亡後その死亡を知らないで、その者の名義でした処分で書類の送達を要するものは、その相続人の1人に送達された場合に限り、すべての相続人に対してされたものとみなされる（通則法13条4項、地税法9条の2第4項）。

ハ　無能力者の場合　　送達を受けるべき者が、未成年者等の無能力者である場合でも、その者の住所等の送達場所に送達して差し支えないと解される（志場・通則法精解236頁）が、その法定代理人が明らかになっているときは、法定代理人に送達するのが妥当であろう（民訴法102条参照）。

ニ　在監者の場合　　送達を受けるべき者が在監中の場合でも、その者の住所等の送達場所に送達して差し支えないと解される（東京地判昭和52.1.31判時851号173頁、東京高判昭和53.3.14行裁集19巻3号275頁。荒木・例解徴収法84頁では、租税法の送達が「場所」を中心とすることを重視し、こう解しているが、桃井・条解徴収法199頁は、旧民訴法168条——現102条——に準ずべきであろうとしている。)。もっとも、その住所等が不明の場合、あるいは住所等に書類を受領できる者がいない場合等は、在監している所に送達するのが妥当であろう。

ホ　所在不明の法人の場合　　送達を受けるべき法人が事実上解散し、その所在が不明な場合等には、その法人を代表する権限を有する者（理事、代表取締役、清算人等）の住所、事務所等、その法人の事務所等とみられる場所に送達することになる（岡山地判昭和41.5.19行裁集17巻5号549頁）。

ヘ　法人が代表者を欠いている場合　　法人の代表者の辞任等により代表者を欠いている場合にも、法人の本店又は主たる事業所へ送達すれば足りる。また、辞任した代表者は後任者の決まるまで従前の権利義務を有する（会社法346条1項。代表者の権限について349条参照）から、辞任した代表者、従前から代理権を有していた取締役等が法人あての書類を受領することによって法人に対する送達の効力を生じるものと解される。

なお、これらの代理権限を有する者がない場合には、利害関係人等の請求により仮代表者の選任（会社法351条2項）を必要とする場合もある。

（注）　会社登記簿上は代表権を有しないが会社の実質的経営者であり、代表者印を自ら保管している者に対してした送達が会社代表者に対する差押関係書類の送達として有効と認められた事例がある（東京地判昭和43.2.26及びその控訴審、東京高判昭和44.7.17租税徴収関係裁判例集237頁及び299頁）。これに対して、民事訴訟法による補充送達では、会社登記簿上の取締役に対する債務名義の送達が取締役を辞任した後のものであるとして、会社に対する債務名義の送達の効力を有しないとされた事例がある（東京高決昭和52.1.26判時847号51頁）。

ト　破産手続が開始されている場合　　納税者について破産手続が開始されている場合には、破産財団に関する事項についての書類の送達は破産管財人に対して行う。破産財団に関しない事項については、破産者に対して行う。

チ　会社更生手続が開始した場合　　会社更生手続が開始した場合に

は、会社の事業経営並びに財産の管理処分権は管財人に専属する（更生法72条）から、この範囲に属するものは、管財人に対して送達するのが妥当であろう。もっとも、会社の代表者は、会社更生手続上の制約はあるものの代表権を失うわけではないから、代表者に対する書類の送達も有効なものと解される。

(2)　送達の効果

書類が適法に送達された場合には、その書類の内容に応じて、処分その他の効力を生じる。送達を受けるべき者が、書類の内容を現実に知ったかどうかを問わず、本人が書類を入手できなかったとしても、了知しうべき状態におかれた時にその効果を生ずる（最判昭和36.4.20最民集15巻4号774頁、東京高判昭和38.2.27月報9巻4号516頁）。また、その後に書類が返還されても、いったん生じた送達の効力には影響がない（行判昭和14.12.26行録50輯827頁）。

2　郵便又は信書便による送達

郵便又は信書便による送達は、送達の方法として交付送達と並んで規定されており、いずれが原則的な方法かは明らかでない。

郵便等（郵便又は信書便）による送達に当たって、通常の取扱いによる郵便等によって書類を発送した場合には、その郵便物等（郵便物又は信書便物）は、通常到達すべきであった時に送達があったものと推定される（通則法12条2項、地税法20条4項）。ただし、税務署長等は、その書類の名称、送達を受けるべき者の氏名（名称）、あて先及び発送年月日を確認するに足りる記録を作成しておかなければならない（通則法12条3項、地税法20条5項）。なお、この送達が推定される時期は、その時々の郵便事情や地理的事情その他の関係を考慮して合理的に判定すべきであるが、郵政官庁の基準所要日数等が一応の基準として参考になろう。

3　交付送達

イ　狭義の交付送達（原則）　原則的な交付送達は、その行政機関の職員が、送達を受けるべき者の住所等の送達場所（前記1の(1)参照）において、その者に書類を交付して行う（通則法12条4項本文、地税法20条2項本文）。これに対して、次のロ以下の例外がある。

なお、国税の場合には、交付送達をしたときは、交付送達により書類の送達を受けた者から、交付送達を受けた旨を記載した書類に署名押印（記名押印を含む。）を求めなければならず、その者が署名押印の求めに応じないときは、交付送達を行った職員は、その理由をその書類に付記しなければならない（通則規則1条1項参照）。

ロ　出会送達　　送達を受けるべき者に異議がないときは、出会った場所その他送達すべき場所以外の場所において、その者に書類を交付することができる（通則法12条4項ただし書、地税法20条2項ただし書）。

ハ　補充送達　　送達すべき場所において送達を受けるべき者に出会わないときは、その使用人その他の従業員又は同居の者で書類の受領について相当のわきまえのある者に、書類を交付することができる（通則法12条5項1号、地税法20条3項1号）。この場合の書類の交付を受ける者は、未成年者であっても、その受領の趣旨を理解できる程度のわきまえがあれば足りる（なお、行判大正3.7.13行録25輯1011頁参照）。

ニ　差置送達　　狭義の交付送達の場合において、書類の送達を受けるべき者若しくは補充送達を受ける者が送達すべき場所にいないとき、又はこれらの者が正当な理由がなく書類の受領を拒んだときは、その書類を送達場所（具体的には、その建物の玄関内、郵便受箱等）に差し置くことができる（通則法12条5項2号、地税法20条3項2号）。

（注）　差置送達と憲法との関係　　これに関して東京地判昭和51.3.17税資87号798頁は、次のように判示している。租税の賦課徴収に関する処分は大量かつ反覆して行われるから、簡易迅速にその処分を送達し、処分の効力を生じさせる必要があるのみならず、租税の賦課権には除斥期間が、徴収権には消滅時効の規定があるから、送達を受けるべき者がたとえ不在であっても送達の効力を生じさせる必要がある。また、郵便による送達では送達の効力発生時点について争いを生ずる余地がある。国税通則法第12条第5項第2号が受送達者不在の場合の差置送達を認めているのは、かかる要請にそうものであって、合理的な方法というべく、同号の規定は、憲法前文、第

11条、第13条及び第14条に違反しない。

4 公示送達

郵便による送達及び交付送達ができない特別の事情がある場合には、それに代わる送達の方法として、一定の事項を公告し、一定期間の経過とともに、書類の送達があったものとみなす公示送達の制度がある。

（注） 公示送達とプライバシー　公示送達手続により被送達者名を公示する法律的意味は、書類送達の一方法がとられたという手続的意味があるに過ぎず、その社会的意味についても、納税通知が当人届出若しくは調査に係る住所宛に発送したがその方法では送達しえなかった事実を明らかにしたに過ぎず、被送達者の名誉を侵害するものではないと解されている（東京地判昭和48.5.1判時721号43頁）。

⑴ 要　件

公示送達ができるのは、①書類の送達を受けるべき者の住所、居所、事務所及び事業所が明らかでない場合、又は②外国においてすべき送達につき困難な事情があると認められる場合である（通則法14条1項、地税法20条の2第1項）。

この住所等が明らかでない場合とは、送達を受けるべき者について通常期待しうべき方法による調査（書面調査、実地調査等）をしてもなお住所、居所、事務所及び事業所がともに不明である場合をいう（東京地判昭和46.5.24税資62号734頁）。

なお、住所が一定の場所にあるにもかかわらず、郵便物等が返戻されたことだけで、他に事実調査をすることなく公示送達をすることは違法であり、送達の効力を生じない（行判昭和7.12.23行録43輯1154頁）。また、納税管理人がある場合には、管理人選任後も本人はその権利を喪失するものではないから、納税管理人が所在不明であることだけでは公示送達の要件は充たされず、本人及び納税管理人の住所、居所がともに不明である場合に限り、公示送達が許されるものと解される。

⑵ 方　法

公示送達は、送達すべき書類の名称、その送達を受けるべき者の氏名（名称）及び税務署長等がその書類をいつでも送達を受けるべき者に交付する旨を、その行政機関の掲示場に掲示して行う（通則法14条2項、地税法20条の2第2項）。

⑶　効　　力

公示送達の掲示をした場合において、掲示を始めた日から起算して7日を経過したときは、書類の送達があったものとみなされる（通則法14条3項、地税法20条の2第3項）。すなわち、掲示を始めた日を含めて8日目には送達の効力が生じる。

公示送達のための掲示書が送達の効力発生前に破れたり、はがれたりしても、そのために公示送達の効力に影響を及ぼすものではないとされている（兼子一・条解民事訴訟法432頁）。なお、納税告知書のように期限が指定されるものについては、その期限前に送達の効力を発生させることが必要である（期限後に送達の効力が生じたときは、その書類の内容である処分は無効になる。なお、行判大正3.6.22行録25輯906頁参照）。また、督促状を公示送達した場合、滞納処分を行い得るのは、通常、督促状を発した日から起算して10日を経過した日までに完納されない場合であるから、督促状の公示送達の掲示を始めた日を含めて11日目までに完納されないことが明らかになった翌日、すなわち12日目の日から差押えができることになる。

第3節　債権者代位権と詐害行為取消権

1　概　　説

租税債権についても、民事債権と同様に、債務者（納税者）の一般財産をもって担保されている。そこで債務者（納税者）の責任財産を保全するため、民法が債権者に対して与えているところの債権者代位権（民法第三編第一章第二節第二款）と詐害行為取消権（同第三款）の規定を準用する旨の規定（通則法42条、地税法20条の7）がおかれている。

債権者代位権は、債務者が消極的に責任財産の保全につとめない場合に、債権者が債務者に代わって責任財産の維持を図るための権利であり、裁判上及び裁判外での権利行使が可能である。これに対して、詐害行為取消権は、債務者が債権者を害することを知って責任財産を減少する行為（詐害行為）をした場合に、債権者が債務者のしたその行為を取り消して責任財産の回復を図る権利であり、裁判上においてのみ、その権利行使ができる。これらは、債権者が債務者以外の者に対して向けられた権利の行使としてその法律効果を及ぼしうるところから、債権の対外的効力といわれている。

なお、租税法において認めるこれらに類似の制度として、第二次納税義務（3巻3章1節参照）の制度がある。

（注）(1)　徴収法に債権者代位権の規定（民法の準用規定）が設けられたのは昭和34年法律第147号によってであるが、それ以前においても租税債権による債権者代位権の行使はできると解されていた。

東京地判昭和43.2.26租税徴収関係裁判例集237頁は、「租税債権も最終的には滞納者の一般財産を引当とするものであり、民法第423条の規定する債権には、特別の除外規定のない限り公法上の債権も含むと解すべきである」とし、さらに「国税通則法第42条——昭和37年3月31日までは昭和34年法律第147号改正国税徴収法第178条——において国税徴収に関し民法第423条を準用する規定を設けたのは、この法理を明文上明確にしただけであって、同条によって初めて租税債権につき民法第423条の適用が可能になったと解すべきではない」としている（この控訴審判決である東京高判昭和44.7.17租税徴収関係裁判例集299頁も原審の判断を維持している。)。

(2)　詐害行為取消権については、明治30年法律第21号により「滞納処分ヲ執行スルニ当リ滞納者財産ノ差押ヲ免ルル為故意ニ其ノ財産ヲ譲渡シ譲受人其ノ情ヲ知リ譲受ケタル場合ニ於テ政府ハ其ノ行為ノ取消ヲ求ムルコトヲ得」とされ、昭和26年法律第78号により、「但シ譲受人又ハ転得者其ノ譲受又ハ転得ノ当時其ノ情ヲ知ラザリシトキハ此ノ限ニ在ラズ」とのただし書が追加された（旧徴収法15条)。民法第424条の規定が準用されることとなったのは、昭和34年法律第147号の現行徴収法においてである。

2　債権者代位権

(1)　意　　義

債権者代位権とは、債権者が自己の債権の十分な弁済を受けるため、債務者の有する権利を代わって行使することができる権利である（民法423条)。租税の徴収・滞納処分に当たっても、例えば、財産の登記名義が他人名義となっている場合には、その差押えの前提として登記名義を納税者に変更する必要があり、そのために代位権の行使が必要となる。そこで、租税法は、民法の債権者代位の規定を租税の徴収に関して準用する旨を規定している（通則法42条、地税法20条の7)。

なお、債権差押えをしてその被差押債権の取立てをするのは、差押えに伴う取立権に基づくものであり、債権者代位権によるものではない（福岡高判昭和38.11.11金融法務359号3頁)。

(2)　要　　件

代位権の要件は、①債権者（租税債権者）が自己の債権（租税債権）を保全するために必要があること、②債務者（納税者）が自己の権利を行使しないこと、③債権（租税債権）が原則として履行期にあること、の三つに該当することである（民法423条)。

①　保全の必要性と納税者の無資力との関係

代位権の行使ができるのは、租税債権を保全するために必要がある場合に限られるから、債務者が無資力（この判定に当たっては、第二次納税義務者、保証人等の有無及びその資力を考慮する必要がない。）の場合でなければならない（大判明治39.11.21民録12輯1537頁）。

しかし、債務者の第三者に対する特定の債権を行使することによって、自己の特定の債権（金銭債権以外の債権）を保全しうる場合には、債務者の無資力を要件としないと解されている（最判昭和29.9.24最民集8巻9号1658頁など。なお、我妻・債権総論160頁以下参照）。例えば、徴収法第158条第4項の規定により納税者の財産に強制的に抵当権を設定した場合で、その財産が他人名義となっているときは、納税者の資力の有無にかかわらず、その登記請求権を代位行使することができる。

② 納税者の権利行使との関係

納税者が既に自ら権利を行使したときは、たとえその行使が租税債権者にとって不利であっても、もはやその権利を代位行使することはできない（もっとも、その行為が詐害行為となることはありうる。）。納税者がその権利について訴えを提起して判決を受けた場合はもとより、訴えを提起しただけでも、租税債権者は別に訴えを提起できない（最判昭和28.12.14最民集7巻12号1386頁）。

③ 納期限前の代位権行使

代位権の行使は、保全される債権（租税債権）が履行期にあることを原則とするが、その例外として、保存行為（納税者の財産の現状を維持する行為、例えば時効の完成阻止等）の代位は、租税債権の納期限前においても、することができる（民法423条2項）。

(3) 代位の目的となる権利

代位権の目的となる納税者の権利は、納税者の一身に専属する権利（民法423条1項ただし書）及び差押禁止財産を除いた権利であって、そのほかの納税者に属する一切の権利が代位の目的となる。それが、請求権（代金請求権、物上請求権等）であると、形成権（取消権、解除権、買戻権等）であるとを問わず、また、代位権の代位行使もすることができる（大判昭和5.7.14民集9巻730頁）。

なお、債権者代位権の行使の最も多く利用されるのが名義変更訴訟（3

巻2章3節参照）においてである。

⑷　代位行使の方法・効果等

イ　租税債権者は自己の名で納税者の権利を行使するが、詐害行為取消権と異なり、必ずしも裁判上の行使を必要としないのが原則である。

なお、代位権を行使しうる範囲は、租税の保全に必要な限度に制限される。

ロ　代位権行使の相手方は、納税者自身がその権利を行使するのと同一の立場に立ち、納税者に対して有するすべての抗弁権を行使することができる（民法423条の4）。

ハ　租税債権者が代位権に基づいて納税者の権利の行使に着手した場合であっても、納税者は、被代位権利について、自ら取立てその他の処分をすることを妨げられず、相手方も、被代位権利について、納税者に履行することを妨げられない（民法423条の5）。

ニ　代位権行使による私法上の効果は、直接納税者に帰属する。

3　詐害行為取消権

⑴　意　　義

詐害行為取消権とは、債権者（租税債権者）が債務者（納税者）に対して有する債権（租税債権）の引当てとなる債務者（納税者）の一般財産を保全するため、債務者が債権者を害することを知って行った財産を減少させる行為の効力を否認して、一般財産から逸出したものを取り戻すことを目的とする制度である。

⑵　要　　件

詐害行為取消権の要件は、①債務者が債権者を害することを知って財産を減少させる行為（詐害行為）をしたこと、②受益者又は転得者がその行為によって債権者が害されることを知っていたこと、③詐害行為取消権を行使しようとする債権者の債権が、詐害行為の前の原因に基づいて生じたものであるとともに、強制執行によって実現できるものであること、の三つに該当することである（民法424条）である。

⑶ 行使の方法

イ　訴えによる行使　　詐害行為取消権の行使は、必ず訴訟によることが必要である（民法424条1項）。他の訴訟において抗弁によって行使することはできない（最判昭和39.6.12最民集18巻5号764頁）。

ロ　現物の返還とそれに代わる金銭賠償　　詐害行為取消訴訟では、詐害行為の目的となった財産自体の返還を求めるのが原則であるが、それが適当でない場合（現物が滅失した場合や詐害行為の一部取消しの場合で現物を返還させることが不適当な場合等）には、それに代わる金銭賠償を請求することができる（民法424条の6第1項）。

ハ　訴訟の相手方（被告）　　訴訟の相手方である被告は、財産の返還又は金銭賠償を請求しようとする受益者であるが、受益者に移転した財産を転得した者がある場合には、その転得者が、転得の当時、債務者のした行為が債権者を害することを知っていたときに限り、転得者に対しても取消請求をすることができ、その転得者から転得した者についても、その転得の当時、債務者のした行為が債権者を害することを知っていたときに限り、取消請求をすることができる（民法424法の5）。なお、詐害行為取消請求をした債権者は、訴えを提起した後遅滞なく債務者に対し、訴訟告知（民訴法53条）をしなければならない（民法427条の7）。

⑷ 効　果

詐害行為取消請求を認容する判決は、債務者及びそのすべての債権者に対してその効力を有する（民法425条）。したがって、詐害行為取消請求を認容する判決により、現物が納税者に返還された場合には、その財産に対して滞納処分を執行することができ、その結果、残余金が生じた場合（徴収法129条3項）は、納税者に交付することになろう。また、他の債権者による詐害行為取消請求が認容され、納税者に返還された財産について強制換価手続が開始された場合には、詐害行為取消訴訟の被保全債権とされていなかった租税を徴収するための交付要求ができると解される。

なお、詐害行為取消訴訟に参加しなかった債権者は、納税者に返還された財産についての強制換価手続に配当参加が原則的に認められるが、滞納処分手続については、配当に参加できる債権が制限されている（徴収法129条1項）。

(5)　消滅時効

イ　詐害行為取消請求に係る訴えは、①債務者が債権者を害することを知って行為をしたことを債権者が知った時から2年、②その行為の時から10年、のいずれか早い期間を経過したときは提起できない（民法426条）。

ロ　上記①の「債務者が債権者を害することを知って行為をしたことを債権者が知った時」とは、債務者の行為が債権者を害するものであることを債務者が知っていたことを債権者が知った時」である。

ハ　債務者が債権者を害することを知って行為をしたことを租税債権者が知った（覚知した）時期については、その租税債権を所管する所官庁について覚知の有無を判断すべきであろう。

第4節　雑則（その他の事項）

1　還付と還付加算金

(1)　概　　説

租税債務の履行として納付又は徴収された金額が納付すべき税額より過大である場合等においては、その納付等がされた租税を還付する。この租税の還付には、還付金の還付と過誤納金の還付の二つの態様がある（通則法は、これらを併せて「還付金等」としている。）。

還付金等は、他に租税の未納があるときは充当され（75頁2款参照）、充当すべき未納がないときは還付される。還付又は充当されるときは、法律の定めるところにより年率7.3%の割合の還付加算金が付加される（還付加算金の割合の特例がある。118頁（注）参照）。

①　還付金

還付金は、予定的に納付することが義務付けられている税額が確定税額を超える場合等にこれを還付すべきもので、各税法において、租税を還付することが税負担の公平を図る上において適当であると認められるような場合について、その要件が定められており、それぞれの税法に基づいて納税者に還付請求権が与えられている。いかなる場合に還付請求権が成立するかは、各租税ごとに課税物件、課税方式、税額計算等が異なるので必ずしも一様ではないが、その主要なものは、次のとおりである。

イ　予定的な納税義務の額が確定的な納税義務の額を超える場合

源泉徴収額の還付金（所得税法138条、159条等）、予納税額等の還付金（所得税法139条等）、中間納付額の還付金（法人税法79条、消費税法53条等）、相続時精算課税に係る贈与税相当額の還付金（相続税法33条の2）

ロ　税額控除につき控除不足が生じた場合　　法人に係る所得税額等の還付金（法人税法78条等）、個人の外国税額等の還付金（所得税法138条等）、仕入に係る消費税額等の還付金（消費税法52条、54条）、課税物品の戻入れ、移入若しくは返還のあった場合の酒税等

の還付金（酒税法30条、たばこ税法16条）、被災物件等に係る酒税等の還付金（災害減免法7条）

ハ　純損失の繰戻し等がされた場合　　青色申告者の純損失金額の繰戻しによる還付金（所得税法140条、法人税法80条等）

ニ　その他の場合　　課税済物品を輸出した場合等の消費税等の還付金（たばこ税法15条等）、被災給与所得者等に対する源泉所得税の還付金（災害減免法3条）、被災自動車に係る自動車重量税の還付金（災害減免法8条）

②　過誤納金

イ　過誤納金は、目的を欠く租税の納付があったことによる国又は地方公共団体の不当利得の返還金である（東京地判昭和49.7.1月報20巻11号178頁は、過誤納金は、公法上の不当利得である、としている。）。したがって、国は格別の規定をまつまでもなく、一般に認められる不当利得の法理により当然に還付すべきものであり、私法上の非債弁済（民法705条）の法理は適用されない（田中・租税法312頁）。

ロ　還付金と過誤納金とを区別する実益は、主として還付加算金の計算の場合に生じる。還付金に係る還付加算金の計算期間の始期は、原則として、その還付金に係る租税の納付の日の翌日であるのに対し、過誤納金の場合には、その発生の態様に応じて異なる。なお、過誤納金は、理論上、過納金と誤納金に分けられる。過納金は、納付のときには適法な租税の納付であったものが、その後に、課税処分の取消しその他の理由により超過納付となった場合のその超過納付額をいう。誤納金とは、租税として納付されたが、その納付に対応する納付すべき租税が存在しない場合のその納付額をいう。

⑵　還付の手続

還付金等があるときは、税務署長等は、遅滞なく、金銭で還付しなければならない（通則法56条1項、地税法17条）。予納の申出のあったものについては、納付の必要がなくなるまでは還付しないこととされ（通則法59条、地税法17条の3）、還付を受けるべき者につき未納の租税があるときは還付金等をこれに充当する（通則法57条1項、地税法17条の2)。還付又は充当される際には、後記(4)のとおり還付加算金が加算される。

なお、金銭による還付の例外として、相続税の物納財産による過誤納額の還付をする場合がある（相続税法43条3項)。

(3) 還付請求権者

還付金の請求権者については、各税法の規定で定められている。多くの場合には、その基礎となる租税の納税者が還付請求権者と一致するが、源泉徴収額の確定申告書の提出による還付金や課税済酒類等の移出による還付金のように、租税の納付者と一致しない場合がある。誤納金についてはその納付者が還付請求権者となるが、過納金については、納税者についてその還付請求権が生じるものと解される。実務においても、第三者納付又は保証人等から徴収した租税については、過納金の場合と誤納金の場合とでは、その還付すべき者を異にし、前者の場合には納税者、後者の場合には納付者を還付請求権者とする取扱いがされている（通則基通56－4参照)。

ただし、第二次納税義務者と主たる納税者の双方が納付した租税の還付については、明文の規定があり、まず第二次納税義務者が納付した額につき過誤納が生じたものとされる（通則令22条1項、地税令6条の13第1項)。そして、第二次納税義務者に対する還付又は充当をしたときは、税務署長等は納税者に対してもその旨の通知をしなければならない（通則令22条2項、地税令6条の13第2項)。

(4) 還付加算金

還付金等には、法律の定めるところにより、年率7.3%の割合の還付加算金を付して還付又は充当がされる。これは、租税を滞納した場合に延滞税等が課されることとのバランスなどを考慮して加算されるものである。

還付加算金は、不当利得制度において返還すべき利益に付される利息が善意の受益者の場合と悪意の受益者の場合とで異なるように（民法703条、704条参照)、還付金又は過誤納金が生じた原因の相異によって、還付加算金を付加する期間に差異をつけ（通則法58条1項、地税法17条の4第1項）、また、還付金等につき民事執行法による差押え又は仮差押えがあった場合には、還付加算金の除算期間（前者については差押命令の送達があった日から7日間、後者についてはその仮差押期間）を設けている（通則法58条2項、地税法17条の4第2項2号・3号）。

なお、地方税については、過誤納金があることを納税者等に通知した日から30日以内に還付請求がされないときは、その還付請求の遅延した期間は還付加算金が付されない（地税法17条の4第2項1号）。

（注）　還付加算金の割合の特例（租特法95条）　還付加算金の割合は、平成12年1月1日以降、特例基準割合（51頁（注2）イ参照）が年7.3%未満である場合には、その年中においては、当該特例基準割合とされている。

①　還付金の場合の始期

還付金に係る還付加算金の始期については、各税法に特別の定めがあるときはその定めるところにより、その他の場合には納付の日と法定納期限のいずれか遅い日の翌日とされる（通則法58条1項1号）。

なお、個別の税法において定めている還付加算金の始期の主要なものは、次のとおりである。

イ　予納税額の還付金及び中間納付額の還付金に係る還付加算金

その納付の日（納期限より早いときは納期限）の翌日から加算される（ただし、確定申告が期限後にされたときは、その遅延した期間は除算される。所得税法139条3項、法人税法79条3項）。

なお、還付する予納税額等に対応する納付された延滞税の還付金については、還付加算金を付さない（所得税法139条2項・5項、法人税法79条2項・5項）。

また、予定納税額の還付金をその年分の未納の所得税に充当する場合又は中間納付額の還付金をその事業年度の法人税に充当する場合には、還付加算金は付さないものとし、その充当された部分についての延滞税を免除する（所得税法138条4項、法人税法79条4項）。

ロ　源泉徴収所得税額等の還付金に係る還付加算金　期限内申告に

より発生した還付金のときはその申告期限の翌日（期限後申告によるときは申告の日の翌日）から加算する（所得税法138条3項）。

なお、その年分の未納の国税に充当する場合には、その額に対応する還付加算金は付さないし、源泉徴収所得税額のうち納付されていないものがあるときはその部分につき納付があるまでは還付しない（所得税法138条2項・4項）。

ハ　純損失の繰戻しによる還付金に係る還付加算金　　還付請求がされた日（申告期限前にされたときは申告期限）の翌日から3か月を経過した日から加算する（所得税法142条3項、法人税法80条8項）。

②　過誤納金の場合の始期

イ　過誤納金の発生原因が税務官庁側にあるとみられる場合には、受益の当初（納付の日又は租税の法定納期限の翌日）から還付加算金を付する。この種の場合として、①更正・決定又は賦課決定により課された租税の過納金、②納税義務の成立と同時に特別の手続を要しないで納付すべき税額が確定する国税で納税の告知がされたものの過納金、③これらに類するもの（予定納税所得税の過納金、自動車重量税法12条1項の通知に係るものの過納金、登録免許税法26条1項の通知に係るものの過納金、第二次納税義務者が納付した租税の過納金－通則令24条1項）がある（通則法58条1項1号、地税法17条の4第1項1号）。

ロ　過納金の発生原因が納税者の側にあるとみられる場合には、税務官庁が過納の事実の確認及び事務処理のための日数等を考慮して、還付加算金の始期は、おおむね次のように定められている。

(イ)　更正の請求に基づく更正により生じた過納金については、更正の請求があった日の翌日から起算して3か月を経過する日又はその更正があった日の翌日から起算して1か月を経過する日のいずれか早い日（通則法58条1項2号、地税法17条の4第1項2号）

(ロ)　その他の事由により生じた過誤納金（通則法58条1項3号、通則令24条2項、地税法17条の4第1項4号、地税令6条の15第1項）については、その過誤納の区分に応じ、次のように定められている。

① 納税申告書の提出により確定した租税(利子税、延滞税を含む。)の減額更正により生じた過納金については、その更正の日の翌日から起算して1か月を経過する日

② 源泉徴収等による租税（強制徴収分を除く。）に係る過誤納金については、税務署長がその過誤納の事実を確認した日の翌日から起算して1か月を経過する日

③ 自動車重量税法第16条第1項の規定により請求することができる過誤納金については、自動車重量税法第16条第3項の規定による証明書又は書面の提出があった日の翌日から起算して1か月を経過する日

④ 登録免許税法第31条第2項により還付請求ができる登録免許税に係る過誤納金については、その請求があった日（請求がないときは登録免許税法31条1項の通知があった日）から起算して1か月を経過する日

③ 端数計算

還付加算金の額を計算する場合において、その計算の基礎となる還付金等の額に1万円（地方税の場合は1,000円）未満の端数があるときは、その端数金額を切り捨てて計算し、還付金等の全額が1万円（地方税の場合は1,000円）未満であるときは、その全額を切り捨てる（通則法120条4項、地税法20条の4の2第7項・2項・5項)。したがって、後者の場合には、還付加算金が付されない結果となる。

また、算出された還付加算金の額に100円未満の端数があるときは、その端数金額を切り捨てる(通則法120条3項、地税法20条の4第7項・5項)。

(5) 還付金等の消滅時効

イ 還付金等の還付請求権は、その請求をすることができる日から5年を経過したときは、時効により絶対的に消滅する（通則法74条1項、地税法18条の3第1項)。これを過誤納金についてみると、その還付を請求することができるのは、過誤納金が生じた時（例えば、誤納の場合には納付した時、減額更正の場合には更正通知書が送達された時）であるから、その翌日が時効の起算日になる。また、還

付金についても、還付を請求することができるときから時効が進行するから、例えば、所得税の確定申告により発生する還付金については、その申告書を提出することができる日が起算日となるので、損失申告により発生する還付金については翌年２月16日が、それ以外の還付金については、翌年１月１日が起算日になる。

ロ　租税の還付金等に係る請求権の消滅時効の完成猶予と更新については、民法の規定が準用されている（通則法74条２項、72条３項、地税法18条の３第２項、18条３項。なお、91頁(2)参照）。

ハ　租税の還付金等に係る請求権の時効については、援用を要せず、また、時効完成後における放棄もできない（通則法74条２項、72条２項、地税法18条の３第２項、18条２項）。

(6)　不服申立て又は抗告訴訟との関係

イ　還付金等の還付又は充当に関する処分については、地方税の場合には不服申立てができる旨の規定がある（地税法19条９号、地税規則１条の７第４号）が、国税の場合にはそのような規定がない。国税の実務上は、充当については不服申立てができるものとして充当通知書に教示文言を記載しているが、国の債務の履行行為としての還付についてはそのような教示をしていない。

なお、法人税の欠損金の繰戻しによる還付金（法人税法80条）、課税済物品を輸出した場合のたばこ税の還付金（たばこ税法15条）、輸入品に対する内国消費税の還付金（輸入品に対する内国消費税の徴収等に関する法律15条、16条、17条）等は、税務署長等の調査結果等に基づいて還付されるものであり、その額の決定が処分であることは疑いがないところ、この地方税の規定はこれと同旨の場合を対象としているとみることもできる。

ロ　還付に関する行為が、抗告訴訟の対象となる行政処分に当たるかどうかについては、見解が分かれている。

否定説は、還付金・過誤納金の発生には行政庁による特別の確定行為を必要としないし、還付額が過少であったからといって還付請求権に何らの影響を及ぼすものではなく、抗告訴訟によらないで給付訴訟の提起ができるとする（広島地判昭和53.2.14判時901号66頁、広島高判昭和54.2.26判時933号48頁）。

肯定説は、行政庁としての一応の判断をもって具体的な還付金、還付加算金を算出してその支払いを決定するもので、不服申立ての対象ともしていることを理由とする（広島地判昭和53.1.19判時901号61頁、広島高判昭和54.2.26判時933号48頁）。

還付は、納税者の権利義務その他法律上の地位を形成し、あるいはこれに具体的変動を及ぼし、又はその範囲を具体的に確定する等の効果を生ぜしめるものではなく、国の債務の履行にすぎないから、否定説が相当であり、納税者としては、不足分の支払を求める訴えを提起できるとするのが妥当であるといえよう。

ハ　充当についても、処分性を否定する見解（田中二郎・租税法474頁、東京高判平成4.10.26判時1462号91頁）と肯定する見解（三木義一・判例評論421号29頁、札幌高判昭和59.8.9判時1144号77頁）とに分かれていたが、最判平成5.10.8月報40巻8号2020頁、最判平成6.4.19判時1513号94頁は、充当は公権力の主体である税務署長等が一方的に行う行為であって、それによって国民の法律上の地位に直接影響を及ぼすものであるとして、肯定説をとった。

なお、上記最高裁判決によれば、不服申立てを経ない給付訴訟はできないことになろう。

2　納税証明書

納税証明書は、金融機関が融資をする場合や公営住宅の入居申請をする場合等において、納税に関する事項を通じて納税者の資力・信用などを判定する有力な資料として利用されることが多い。租税についての納税証明の制度（通則法123条、地税法20条の10）は、担保権と租税との優先劣後関係が、いわゆる予測可能性の理論――担保権を設定しようとする者が、その時において租税があることを知りうるときは、その担保権は租税に劣後するが、予測できない租税には優先するとの考え方――を基本として調整されているところから、その予測手段の法制化という意味において、重要な制度であるといえよう。

⑴ 納税証明の請求

イ　使用目的との関係　　納税証明書は、その使用目的が租税と競合する債権に係る担保権の設定に関するものである場合、当該証明書が法令の規定に基づき国又は地方公共団体に提出すべきものである場合その他その使用目的につき相当の理由がある場合に限り、税務署長等（徴税機関の長）に対してその発行を請求することができる（通則令41条6項。地税法20条の10では、「地方団体の徴収金と競合する債権に係る担保権の設定その他の目的」と定めているが、実質的には国税の場合と差異がない。）。

ロ　請求できる者　　納税証明書の請求は、その請求者の租税に関するものに限られ、他人の租税について納税証明書を請求することはできない（通則法123条1項、地税法20条の10）。したがって、例えば金融機関が融資に当たって納税証明書を必要とする場合には、融資先（納税者）からその交付を請求させるか、あるいはその者から委任状を徴したうえで、受任者としてその交付を請求する必要がある。

ハ　請求の手続　　納税証明書の交付の請求は、国税の場合には、一定の事項を記載した書面（通則規則8号書式参照）によってしなければならない（通則令41条4項）。地方税の場合には、条例等の定めるところによる。

ニ　手数料の納付　　納税証明書の交付を請求する者は、手数料を納付しなければならない（通則法123条2項）。この手数料は、国税の場合には、原則として1税目、1年度の納税証明書1枚ごとに400円（オンライン請求の場合は370円）とされているが、被災者の復旧資金借入れ、生活保護受給申請等の場合には手数料の納付を要しない（通則令42条）。なお、地方税の場合には、手数料の額は条例の定めるところによる。

⑵ 証明事項

納税証明は、どんな事項についても請求できるわけではなく、一定の事項に限定されている。すなわち、①確定した税額並びにその納付した税額及び未納の税額（これらの額がないことを含む。)、②法定納期限等、③保全差押金額等、④滞納処分を受けたことがないこと及び⑤所得金額などであり、証明を受けることができる期間は、原則として最近3年間以内のものである（その詳細については、通則令41条1項・2項、地税令6条の21参照)。

（注）　納税証明書の種類は次のとおりである（通則規則9号書式)。

その1 ……… 確定税額、納付税額、未納税額

その2 ……… 所得金額

その3 ……… (○○）税について未納がないことの証明

その3の2…… 申告所得税、消費税及び地方消費税について未納のないことの証明

その3の3…… 法人税、消費税及び地方消費税について未納のないことの証明

その4 ……… 滞納処分を受けたことのない証明

3　徴収の所轄庁と引継ぎ、嘱託等

租税債権の帰属主体が国又は地方公共団体であることはいうまでもないが、現実に徴収の任に当たるのは、それぞれの機関である。そして、その機関については、いわゆる管轄（所轄庁）がある。国税の場合には、その徴収処分の際における納税地（各税法の規定による。金子・租税法991頁参照）を所轄する税務署長が徴収することを原則とする（通則法43条1項本文。税関長による徴収について同項ただし書、納税地に異動があった場合の所轄庁の特例について同条2項参照）が、①徴収の引継ぎ及び②滞納処分の引継ぎの制度がある。また、地方税についても、地方団体の長が――条例の定めるところにより――その権限の一部を支庁、地方事務所等の長に委任することができ（地税法3条の2。なお、市町村の廃置分合等に伴う権限の承継について地税法8条の2以下参照)、また、個人の道府県民税の賦課徴収を市町村が市町村民税と併せて行う場合があり（地税法41条1項)、このほか、Ⓐ賦課徴収の委任、Ⓑ徴収の引継ぎ及びⒸ徴収の嘱託の制度がある。なお、一部事務組合（地方自治法284条1項）や広域連合（地方自治法291条の2）による滞納整

理組織を設立し、徴収を行っている例もある。

⑴ 国税の徴収の引継ぎ等

イ　国税局長への徴収の引継ぎ　　国税局長は、必要があると認めるときは、その管内の税務署長から徴収の引継ぎを受けることができる（通則法43条3項。納税者への通知について同条5項参照）。この徴収の引継ぎとは、その対象となった国税の徴収（滞納処分を含む。）に関する権限を引き継ぐことを意味する。

ロ　税務署長（税関長）への徴収の引継ぎ　　税務署長又は税関長は、必要があると認めるときは、その徴収する国税について、他の税務署長又は税関長に徴収の引継ぎをすることができる（通則法43条4項）。上記イが税務署から国税局への徴収の引継ぎであるのに対し、税務署間における徴収の引継ぎの制度である。

ハ　会社更生手続等の開始に伴う徴収の引継ぎ　　株式会社、協同組織金融機関又は相互会社について会社更生手続又は企業担保権の実行手続の開始があった場合には、更生手続又は企業担保権の実行手続が係属する地方裁判所の所在地を管轄する国税局長、税務署長等（実務上は、国税局長の例が多い。）に対して、徴収の引継ぎ（上記イ参照）をすることができる（通則法44条1項。納税者への通知について同条2項参照）。

ニ　滞納処分の引継ぎ　　税務署長等は、差押えの対象となる財産又は差押財産がその管轄区域外にあるとき等特定の場合に、その財産の所在地を所轄する税務署長等に対して、滞納処分の引継ぎをすることができる（徴収法182条2項、183条2項・3項。納税者への通知について182条4項、183条5項参照）。この滞納処分の引継ぎとは、滞納処分ができる国税につき、その執行の対象となった財産の滞納処分に関する権限を引き継ぐことを意味する。

⑵ 保険料等の国税局への徴収の引継ぎ

平成22年から日本年金機構が設置され、保険料等の徴収等の事務を所掌しているが、保険料の滞納者のうち悪質な者については、厚生労働大臣を通じて財務大臣へ滞納処分その他の処分の権限の委任がなされる（厚生年金保険法100条の5、国民年金法109条の5、健康保険法204条の2ほか)。この権限の委任は国税局へ行われるが、滞納処分その他の処分の権限の委任であるから、上記(1)のニの滞納処分の引継ぎと同様であろう。

(3) 地方税の賦課徴収の委任等

イ　賦課徴収の委任　　道府県は、道府県税の納税者の住所等が賦課徴収を著しく困難とする地域にあるとき等特定の場合に、その賦課徴収を市町村に委任することができる（地税法20条の3)。

ロ　徴収の引継ぎ　　市町村長から道府県知事に対して滞納に関する報告をした個人の道府県税については、道府県の徴税吏員に対する徴収の引継ぎの制度がある（地税法48条)。

ハ　徴収の嘱託　　地方税の納税者の住所、財産等がその地方団体外にある場合には、その住所、財産等の所在地の地方団体の徴税吏員に対して、徴収を嘱託することができる（地税法20条の4)。

（注）　公課の市町村等に対する徴収の請求　　公課の徴収に当たり、滞納者又はその財産が他の市町村にあるときは、公課の徴収者からその市町村等に対して、公課の徴収の請求をすることができる場合がある（国民健康保険法78条等)。

4　納税管理人

納税者は、一定の事情がある場合には、租税に関する事項を処理させるため、納税管理人を定めなければならない（通則法117条、地税法29条、300条等)。

なお、法律には納税管理人を「定めなければならない場合」を規定しているが、これ以外の場合において、納税者が租税に関する事項を処理させるために、任意に代理人を定めることは差し支えない。

(1) 選　　任

法律の規定により納税管理人を選任すべき場合及び納税管理人の資格要件は、次のとおりである。

イ　国税の場合　　①個人である納税者が、本邦内に住所及び居所のいずれをも有しない場合又は有しないこととなる場合、②外国法人である納税者が本邦内に事務所及び事業所のいずれをも有しない場合又は有しないこととなる場合、のいずれかに該当する場合には、本邦内に住所又は居所を有する者で、租税に関する事項の処理につき便宜を有するもののうちから、納税管理人を選任しなければならない（通則法117条1項）。

ロ　地方税の場合　　納税者が、納税義務を負う地方団体の区域内に住所、居所、事務所又は事業所等を有しない場合又は有しなくなった場合には、租税に関する事項を処理させるため、当該地方団体の条例で定める地域内に居住する者（国税のように、「租税に関する事項の処理につき便宜を有するもの」という条件がない。）のうちから、納税管理人を定めなければならない（地税法29条、300条等）。

なお、個人に対する道府県民税の賦課徴収は市町村民税と併せて市町村が行うこととされている関係上、個人の市町村民税の納税管理人は、法律上当然に個人の道府県民税の納税管理人になる（地税法28条）。

(2)　申告（届出）

納税管理人を選任又は解任（地方税の場合には変更と規定しているが、同趣旨と考えてよい。）した場合には、税務署長等（徴税機関の長）に届け出なければならない（地方税の場合は、「申請して承認を受けなければならない」と規定されている。）（通則法117条2項、地税法29条等）。この届出は、国税の場合には一定の事項を記載した書面（通則令39条参照）により行うべきこととされているが、地方税の場合にはそのような規定がない。

なお、地方税の場合には、納税管理人に関する虚偽の申告又は不申告につき罰則（地税法30条、31条、301条、302条等）の適用があるが、国税の場合には罰則がない。

(3)　納税管理人の事務の範囲

納税管理人の事務の範囲である「租税に関する事項」は、国税と地方税とでは若干の相違がある。

イ　国税の場合　　同一人の租税に関する事項は、税目の種類を問わず、すべてその事務の範囲に属する。ただし、委任を特定の税目又は特定の租税に関する事項に限定することは差し支えないが、前述した届出に関する書面に、一部委任の旨が記載されていない限り、全部委任と解すべきであろう。

ロ　地方税の場合　　前述した個人の道府県民税の納税管理人を除き、税目の異なるごとに別々に納税管理人の申告をしなければならず､これらの者はその納税に関する一切の事項が事務の範囲とされ、国税の場合のように一部の委任は許されないものと解される。

5 供　　託

租税に関する法律の規定により、納税者その他の者に金銭その他の物件を交付し、又は引き渡すべき場合には、民法の弁済供託に関する規定を準用して供託することができる（通則法121条、地税法20条の8)。なお、このほか換価代金の配当に伴う供託がある（徴収法133条3項、134条、徴収令50条)。

⑴ 要　　件

弁済供託ができるのは､①弁済の提供をした場合において､債権者（納税者等）がその受領を拒んだとき、②債権者が弁済を受領することができないとき、③弁済者の過失なくして債権者を確知できないとき、のいずれかに該当する場合である（民法494条)。この受領不能及び債権者の確知不能とも、それが事実上のものであると法律上のものであるとを問わない。

⑵ 手続及び効果

弁済供託は、債務の履行地の供託所において、供託規則の定めに従って行う。供託についての債権者に対する通知（民法495条3項）は、供託所から供託通知書を送付することによって行われる（供託規則16条参照)。

弁済供託をしたときは、その供託に係る債務は消滅する（供託者は債務を免かれる。民法494条）反面、債権者（納税者等）は、供託物につき還付請求権を取得する（供託法8条1項)。

6 租税に関する相殺

租税と国又は地方公共団体に対する債権で金銭の給付を目的とするものとは、法律の別段の規定によらなければ、相殺することができないし、また、還付金等に係る債権と国又は地方公共団体に対する債務で金銭の給付を目的とするものについても、同様である（通則法122条、地税法20条の9）。これは、租税が大量現象であり、会計技術的にも問題が多いことにかえりみて、原則的に相殺を禁止したものであるとされている（志場・通則法精解1319頁以下参照。なお、現在のところ、相殺を認めた別段の規定はない。）。なお、還付金等の充当が、その性質としては相殺に類似していることは、前述したとおりである（75頁(1)参照）。

（注） 租税と国等に対する債権との相殺の可否については、行政裁判所は否定していた（行判大正13.4.25行録35輯242頁、行判大正15.6.3行録37輯467頁等）が、東京地判昭和30.10.18下民集6巻10号2158頁はこれを肯定した。しかし、その後の通則法の制定時は相殺禁止の明文がおかれ、地税法にも同様の規定が設けられて現在に至っている。

租税債権と私債権との相殺を禁止する理由について、行政裁判所は、納税者の側から「相殺ヲ主張シ得ベキ法律上何等ノ規定ナキヲ以テ……」相殺できないとし、また、人民の側から国又は公共団体に対して有する権利と国又は地方公共団体が人民に対して有する権利とは対等の価値ある権利として認められないことから相殺は認められないとする見解もある（美濃部達吉・公法判例大系上巻35頁）。

前記東京地裁判決は、「該債権（低廉公売に係る不法行為を理由とする損害賠償債権）を国税との相殺を禁ずる規定が国税徴収法その他法令に存在しない以上、該債権を自動債権として国税と対等額で相殺することはできると解するのを相当とする」として、現に滞納中の国税との相殺を認め、超過部分についての損害賠償請求を認容した事案である（この判例評釈として、平峯隆・税法学63号14頁、菊井康郎・租税判例百選154頁参照）。

現行法における相殺禁止の理由としては、「第1に、国の会計に不正が介入することを防止するためには歳入と歳出の混同を防止しなければならないが、相殺を認めるとその限度でこの原則が崩れること、第2に、納税者が国に対してもっている反対債権の存否を租税行政庁に判断させることが実際問題として困難であること」の二つにあるとされている（金子・租税法869頁）。実務的にみて、上記の第2の点が、その重要な存在理由と思われる。

7　滞納処分に関する罪

(1)　概　　説

イ　滞納処分に関連する罰則については前述した（13頁8参照）が、徴収法又は地税法は、滞納処分の実効性を保障するために、滞納処分の免脱に関する罪と滞納処分に関する検査拒否等の罪を規定している。なお、租税法にはこれらの租税刑罰に関する一般的な規定は存しないから、刑法総則の規定が適用されると解すべきであろう（刑法8条参照）。

ロ　徴収職員がこれらの犯罪行為ありと認めたときは、任意に収集した証拠等を添え、検察官又は司法警察員に対し、書面又は口頭により告発しなければならない（刑事訴訟法239条2項、241条1項）。なお、公訴時効は、当該犯罪行為が終った時から3年を経過することによって完成する（刑事訴訟法250条2項6号）。

(2)　罰　　則

①　滞納処分免脱の罪

滞納処分免脱の罪の構成要件及び刑罰は、次のとおりである。すなわち、①納税者が滞納処分の執行を免かれる目的でその財産を隠蔽し（仮装売買等により財産の発見を困難にする行為等）、損壊し（財産的価値を害する行為）、国等の不利益に処分し（贈与等）、又はその財産に係る負担を偽って増加する行為（虚偽の地上権の設定等）をしたときは、3年以下の懲役若しくは250万円以下の罰金に処し、又はこれらを併科する。②納税者の財産を占有する第三者が納税者に滞納処分の執行を免かれさせる目的でこれらの行為をしたときも、同様の刑が科される。また、③情を知って上記①及び②の行為につき納税者又はその財産を占有する第三者の相手方となった者は、2年以下の懲役若しくは150万円以下の罰金に処し、又はこれらを併科する（徴収法187条、地税法50条1項から3項等）。

（注） 刑法との関係　最決昭和29.4.28最刑集8巻4号596頁は、刑法96条の2に規定する強制執行妨害罪にいう「強制執行」の中に滞納処分は含まれないとしたが、平成23年6月に公布された改正刑法に係る法制審議会の議論において、刑法96条の2の「強制執行」に滞納処分が含まれるとの解釈に変更されている。

② 質問・検査の拒否等の罪

①権限に基づく徴収職員の質問（徴収法141条）に対して答弁をせず、又は偽りの陳述をした者、②徴収職員の権限（徴収法141条）に基づく帳簿若しくは書類の検査を拒み、妨げ、若しくは忌避し、又はその帳簿若しくは書類で偽りの記載をしたものを提示した者は、1年以下の懲役又は50万円以下の罰金に処する（徴収法188条、地税法50条4項等）。

③ 両罰規定

法人の代表者（人格のない社団等の管理人を含む。）又は法人若しくは人の代理人、使用人その他の従業者が、その法人又は人の業務又は財産に関して上記①及び②の違法行為をしたときは、その行為者を罰するほか、その法人又は人に対し、①及び②の罰金刑を科する（徴収法189条1項、地税法50条5項等）。

第5章

納税の緩和制度

第1節　納期限の延長と延納

1　納期限の延長

租税の納付については、それぞれ納期限が定められており、納税者側に期限の利益を与えるとともに、租税官庁側にはその経過に伴い督促以下の強制的実現手続を可能とさせる。

納期限の延長は、文字どおり租税の履行期限である納期限そのものを延長するもので、延納、納税の猶予その他の納税緩和制度が納期限を変更せずに、履行の緩和を認めるのと対比することができる。納期限の延長には、①一般的な「期限の延長」としての納期限の延長、②酒税等の納期限の延長、③法人税等の確定申告書の提出期限の延長に伴う納期限の延長がある（関税法に基づく課税貨物引取りに係る消費税の納期限の延長について消費税法51条参照）。

⑴　一般的な「期限の延長」としての納期限の延長

災害その他やむを得ない理由により租税の納付が不可能な場合に認められ、その理由のやんだ日から2か月以内に限り（地方税の場合は、条例の定める期間）、納期限の延長がされる（101頁**4**参照）。この場合には延滞税（又は延滞金）が免除される（通則法63条2項、地税法20条の9の5第1項）。

⑵　酒税等の納期限の延長

酒税等（消費税を除く。）は、課税物件の売買代金から納付されることを前提としているが、売買代金の回収が必ずしも早急に行われるとは限らない。そのため、酒税等については、①申告書を提出期限内に提出し、②納期限内に納期限の延長の申請書を提出し、かつ、③担保を提供した場合に、納期限の延長を認めている（酒税法30条の6、揮発油税法13条、石油ガス税法20条、石油石炭税法18条）。延長の期間は、揮発油税及び石油石炭税については、2か月又は3か月以内で、その他のものは1か月（酒の販売代金の回収遅延の場合は2か月）以内である。

この納期限の延長は、法定納期限自体が延長されるのであるから、その間は、延滞税は課されず、徴収権の消滅時効も進行しない。

(3) 法人税等の確定申告書の提出期限の延長に伴う納期限の延長

イ　法人税について、①災害その他やむを得ない理由により決算が確定できないため、確定申告書を法定の期限までに提出できないと認められる場合及び②法人が会計監査人の監査を受けなければならないことその他これに類する理由により、決算が確定しないため、確定申告書を法定期限までに提出できない場合には、それぞれ、法人の申請により、申告期限を延長することができる（法人税法75条、75条の2）。

ロ　延長される期間は、①の場合は、税務署長が指定した期日まで、②の場合は原則として1か月（特別の事情があるときは税務署長が指定する日数）である。この申告書の提出期限の延長の適用を受けている法人について、当該事業年度終了の日の翌日から2か月を経過した日前に災害その他やむを得ない理由が生じたときは、その事業年度に限り、この延長の適用がないものとみなして、一般的な「期限の延長」の適用が認められている（法人税法75条の2第7項）。

ハ　しかし、この申告期限の延長の特例の規定の適用を受ける法人は、その適用に係る事業年度の所得に対する法人税の額に対して、当該事業年度終了の日の翌日以後2か月（本来の納期限）を経過した日から延長した提出期限までの間、利子税が課される（法人税法75条7項、75条の2第6項）。この利子税の額は、原則として、年7.3%の割合であるが、特例がある（租特法66条の3、93条）。

ニ　法人住民税・法人事業税についても、上記の法人税と同様に、確定申告書の提出期限の延長に伴って納期限が延長される（地税法53条、65条、72条の25、72条の45、321条の8、327条）。

2 延　納

延納は、租税の履行期限を繰り延べるもので、実質的には納期限の延長に類似し、延納期間内は税務署長等から督促を受けることもないし、延滞税も課されない。しかし、前記1の納期限の延長とは異なり、納期限そのものを延長するものではないので、その期間については、私債権の約定利息に相当する利子税（地方税については延滞金）が課され、延納期間中は徴収権の消滅時効が進行しない（通則法73条4項、地税法18条の2第4項）。

延納には、①課税物件の換価性等から見て早急な金銭納付を困難とする場合に認められている長期の延納と②資金調達の便宜上認められている短期の延納とがある。

また、農業経営を継続する相続人等で農地を承継した者、中小企業の経営を承継する相続人等で当該中小企業の非上場株式を承継した者、特定森林経営計画区域内の特例施業対象山林を承継した林業経営相続人等、認定医療法人等の持分を承継した相続人等、特定の美術品等を承継した相続人及び青色申告者からその事業用資産を承継した相続人等には、当該財産に係る相続税等の納税猶予が認められている（租特法70条の4、70条の6、70条の6の6、70条の6の7、70条の6の8、70条の6の10、70条の7、70条の7の2、70条の7の9、70条の7の12）が、この納税猶予は、通則法の規定の適用上は延納とみなされている（租特法70条の4第32項、70条の6第37項等）。

⑴　相続税の延納

相続税額が10万円を超え、その税額を金銭で一時に納付することが困難な事由がある場合には、納税者の申請により、担保を提供させて（延納税額が100万円未満で、かつ、延納期間が3年以下の場合を除く。）、年賦延納を許可することができる（相続税法38条1項・4項）。延納期間は、原則として5年以内であるが、相続財産に占める不動産、立木等の割合が10分の5以上であるときは、不動産等に対応する税額については15年以内、その他の税額については10年以内である。ただし、延納税額が50万円（15年以内の延納を許可することができる場合には、150万円）未満であるときは、延納期間は、延納税額を10万円で除して得た数に相当する年数を超えることができない。

この延納は、期限内申告により納付すべき税額に限られず、期限後申告、更正等により納付すべき税額についても認められることは、⑵の贈与税の延納と同様であり、(3)以下の延納と異なる。

延納した相続税額に対する利子税は、分納税額の延納期限までの月数に応じて計算され、その割合は、相続財産の構成内容により年1.2%から年6.6%までとなっている（相続税法52条、租特法70条の8から11）。なお、租特法93条がその割合の特例を規定している（51頁（注2）ロ参照）。

(2) 贈与税の延納

贈与税額が10万円を超え、かつ、その税額を金銭で一時に納付することを困難とする事由がある場合には、納税者の申請により、その納付を困難とする金額を限度として、担保を提供させて（延納税額が100万円未満で、かつ、延納期間が3年以下の場合を除く。）、5年以内の年賦延納を許可することができる（相続税法38条3項・4項）。この延納は、期限内申告により納付すべき税額に限られないことは、(1)の相続税の延納の場合と同様である。

延納した贈与税額に対する利子税は、分納税額の延納期限までの月数に応じて計算され、年6.6%の割合で課される（相続税法52条）。

延納に係る利子税の割合は、相続財産に占める不動産の割合に応じて次の表のとおりである。なお、平成12年1月1日以降、延納特例基準割合が年7.3%未満である場合の延納利子税割合の特例が設けられている（51頁（注2）ロ参照）。

区分			延納期間（最高）	延納利子税割合（年割合）
相続税	不動産等の割合が75%以上の場合	①動産等に係る延納相続税額	10年	5.4%
		②不動産等に係る延納相続税額（③を除く。）	20年	3.6%
		③計画伐採立木の割合が20%以上の場合の計画伐採立木に係る延納相続税額	20年	1.2%
	不動産等の割合が50%以上75%未満の場合	④動産等に係る延納相続税額	10年	5.4%
		⑤不動産等に係る延納相続税額（⑥を除く。）	15年	3.6%
		⑥計画伐採立木の割合が20%以上の場合の計画伐採立木に係る延納相続税額	20年	1.2%

区　分			延納期間（最高）	延納利子税割合（年割合）
	不動産等の割合が50%未満の場合	⑦一般の延納相続税額（⑧、⑨及び⑩を除く。）	5年	6.0%
		⑧立木の割合が30%を超える場合の立木に係る延納相続税額（⑩を除く。）	5年	4.8%
		⑨特別緑地保全地区等内の土地に係る延納相続税額	5年	4.2%
		⑩計画伐採立木の割合が20%以上の場合の計画伐採立木に係る延納相続税額	5年	1.2%
贈与税		延納贈与税額	5年	6.6%

(3)　延払条件付譲渡に係る所得税の延納

山林所得又は譲渡所得の基因となる資産の延払条件付譲渡があった場合において、①期限内申告があったこと、②延払条件付譲渡に係る税額が所得税額の2分の1を超えていること、③延払条件付譲渡に係る税額が30万円を超えていること、のすべての要件を満たすときは、納税者の申請により、担保を提供させて（延納税額が100万円未満で、かつ、延納期間が3年以下の場合を除く。）、延払条件付譲渡に係る税額の全部又は一部につき、5年以内の延納を許可することができる（所得税法132条）。

この延納税額の利子税は、延納期間の日数に応じ、年7.3%の割合（なお、租特法93条がこの割合の特例を規定している（51頁（注2）ロ参照）。）で課される（所得税法136条）。

(4)　確定申告に係る所得税の延納

第3期分の所得税額（延払条件付譲渡に係る延納の申請書を提出する場合には、当該所得税額からその延払条件付譲渡に係る延納税額を控除した金額）の2分の1以上の金額を納期限内に納付し、かつ、その納期限までに延納届出書を提出したときは、その残額についてその年の5月31日まで延納が認められる（所得税法131条）。この延納は、前記(1)から(3)のものと異なり許可を要しない。また、担保の提供も必要でない。

この延納税額の利子税は、通常のとおり、延納期間の日数に応じ、年

7.3%の割合（なお、租特法93条がこの割合の特例を規定している（51頁（注2）ロ参照）。）で課される（所得税法131条3項）。

（注） 法人税の延納等の廃止　かつては、中間申告又は確定申告に係る法人税について3か月間の延納制度があったが、中間申告に係るものは昭和57年度から、また、確定申告に係るものは昭和59年度から、いずれも廃止された。また、住民税の法人税割又は法人事業税の徴収猶予も、昭和59年度から廃止された。

第2節　納税の猶予

第1款　概　説

1 意　義

納税の猶予は、納税者が災害その他の事由又は賦課の遅延に基づき、租税債務の履行が困難となった場合において、その納税者からの申請により、その履行を緩和する制度である（通則法46条、地税法15条。なお、更生法169条の規定に基づく猶予がある。）。

なお、地税法では、国税の納税の猶予に相当するものを、徴収猶予あるいは徴収の猶予という用語で規定している（地税法15条以下参照）。

2 種　類

納税の猶予には、①通則法又は地税法の規定によるものと、②更生法の規定によるものとがある。

⑴　租税法上の納税の猶予

租税法上の納税の猶予は、①災害により損失を受けた場合の猶予、②災害・廃業等により納付困難な場合の猶予、③課税が遅延した場合の猶予に区分することができる。これらの猶予の異同は、次表のとおりである。

猶予の種類 区分	①災害により損失を受けた場合の猶予	②災害・廃業等により納付困難な場合の猶予	③課税が遅延した場合の猶予
適用条項	通則法第46条第1項 （地税法には該当規定なし）	1　通則法第46条第2項 2　地税法第15条第1項	1　通則法第46条第3項 2　地税法第15条第2項
要　件	1　災害により損失を受けたこと。 2　特定の国税（通則法46条1項各号、通則令14条） 3　災害のやんだ日から2か月以内の申請	1　災害その他の事実があること。 2　1の事実に基づく納付困難 3　申請（期限なし） 4　①の猶予の適用を受ける場合を除く	1　課税遅延があったこと。 2　納付困難の理由があること。 3　原則として納期限内の申請

猶予の種類 区分	①災害により損失を受けた場合の猶予	②災害・廃業等により納付困難な場合の猶予	③課税が遅延した場合の猶予
担　保	必要なし	原則として担保徴取（通則法46条5項、地税法16条）	同左
金額等	規定なし	1　要件の2の金額を限度とする。（要件1と関係あり） 2　分割納付できる（通則法46条4項）。	1　要件の2の金額を限度とする。（要件1と関係なし） 2　同左
猶予期間	1　財産の損失の程度に応じた期間（納期限から最長1年以内） 2　延長の規定なし	1　納付能力に応じた期間（猶予の始期から最長1年以内） 2　延長は、1と合わせて2年以内（通則法46条7項、地税法15条4項）	1　納付能力に応じた期間（納期限から最長1年以内） 2　同左
効果等	1　督促、滞納処分（交付要求を除く。）の制限（通則法48条1項） 2　差押えの解除（通則法48条2項） 3　天然果実、第三債務者等から給付を受けたものの換価・充当（通則法48条3項・4項） 4　時効の不進行（通則法73条4項） 5　納付委託（通則法55条1項1号） 6　還付金等の不充当（通則令23条1項ただし書） 7　延滞税は、原則として全額免除（通則法63条1項）	1　同左（通則法48条1項、地税法15条の2の3第1項） 2　同左（通則法48条2項、地税法15条の2の3第2項） 3　同左（通則法48条3項・4項、地税法15条の2の3第3項・4項） 4　同左（通則法73条4項、地税法18条の2第4項） 5　同左（通則法55条1項1号、地税法16条の2第1項1号） 6　一部の地方税は左記と同じ（地税令6条の14第1項）。その他の地方税については規定なし 7　要件1の事実により全額免除と半額免除に区別（通則法63条1項、地税法15条の9第1項）。また、非免除部分について裁量免除できる（通則法63条3項、地税法15条の9第2項）。	1 2 3　同左 4 5 6　規定なし 7　原則として半額免除（通則法63条1項、地税法15条の9第1項）。また、非免除部分についての裁量免除は同左

⑵　更生法による納税の猶予

更生法によれば、更生計画において、租税の請求権につき納税の猶予等の定めをすることができる（更生法169条1項）。この更生法に基づく納税の猶予等は、通則法の規定による納税の猶予とは異なり、災害等の事由とか納付困難とかの要件その他についての特別の規制がなく、猶予期間が3年以内であれば税務署長等の意見を聞くだけで、また、3年超の期間の場合には税務署長等の同意を得て、更生計画に定めることができる。

同意の基準について、実務上は、上記⑴の通則法の納税の猶予に準ずるのが原則であるとされているが、会社の更生という更生法の目的に照らして考えれば、他の租税公課及び担保権付債権等に対する弁済計画と比較して特に不利益な扱いとなっていなければ、ある程度通則法の納税の猶予とは異なった運用も考慮されるべきであろう。

3　手　　続

⑴　猶予（又は猶予期間の延長）の申請

納税の猶予を受けようとするときは、納税者は、その申請をしなければならない（通則法46条1項から3項、地税法15条1項・2項）。

猶予の申請は、国税の場合には、一定の事項を記載した申請書（様式1参照）を提出してしなければならない。申請書の記載事項や添付書類は、猶予の種類ごとに定められている（通則法46条の2、通則令15条1項、15条の2参照）。提出時期等は、猶予の種類により若干の差異がある。）。地方税の場合には、条例等の定めるところによる。

また、災害・廃業等により納付困難な場合の猶予及び課税が遅延した場合の猶予のときは、猶予期間の延長が認められている（通則法46条7項、地税法15条4項）が、その延長についても、申請が要件とされている。この申請も、国税の場合には、一定の事項を記載した申請書（様式2参照）と一定の添付書類を提出して行う必要がある（通則法46条の2第4項、通則令15条の2第5項・第6項）。

⑵　担保の提供

災害・廃業等により納付困難な場合の猶予又は課税が遅延した場合の

猶予をするときは、税務署長等は、特別な事情等がない限り、猶予金額に相当する担保を徴さなければならない（通則法46条5項、地税法16条）。なお、災害により損失を受けた場合の納税の猶予については担保徴取を要しない。

税務署長等が、担保の必要を認めて、猶予を申請した者に対して担保の提供を命じた場合に、その者が担保を提供しなければ、税務署長等は、その猶予を許可しないことになる。その意味では、担保の提供は、猶予の一種の要件的なものである。しかし、担保の徴取義務があるのは税務署長等であって、猶予申請者に対して直接の担保提供義務を課していない現行法（通則法46条5項）のもとでは、仮に税務署長等が徴取すべき担保を徴取しないで猶予を許可しても、その猶予自体は有効と解すべきであり、その点からみれば、担保の提供は厳格な意味における猶予の要件ではない。

⑶ 猶予の許可と税務署長等の裁量の範囲

納税者から納税の猶予の申請があった場合において、猶予の要件をすべて具備しているときは、税務署長等は猶予を許可しなければならない。法律上は、「猶予することができる」とされているが、猶予の要件に該当すれば、特に猶予を不適当とする事情（例えば、納税の猶予の取消事由がある場合や担保の徴取に応じないといった事情）がない限り、猶予しなければならないと解すべきである。

⑷ 猶予（又は猶予期間の延長）の許可等の通知

税務署長等は、納税の猶予又はその猶予の期間の延長の申請があった場合において、納税の猶予をし、又はその猶予の期間を延長したときは、その旨、猶予金額、猶予期間その他必要な事項を納税者に通知しなければならない（通則法47条1項、地税法15条の2の2第1項）。

また、それらの申請があった場合において、納税の猶予をしないとき又は猶予の延長を認めないときは、その旨を納税者に通知しなければならない（通則法47条2項、地税法15条の2の2第2項）。

第2款　災害により損失を受けた場合の納税の猶予の要件等

1　要　件

災害により損失を受けた場合の納税の猶予の要件は、①災害により納税者がその財産につき相当な損失を受けたこと、②その損失を受けた日以後1年以内に納付すべき特定の国税があること、③納税者が災害のやんだ日から2か月以内に納税の猶予の申請をしたこと、である（通則法46条1項）。

⑴　災害の意義

災害とは、納税者について、震災、風水害、落雷、地すべり、冷害その他の自然現象の異変による災害、火災、ガス爆発、交通事故その他の人為による異常な災害、病虫害、鳥獣害その他の生物による異常な災害等をいう。その災害に伴う損失に基づく租税の納付困難の有無は、この款の猶予の要件とは関係がない。

⑵　猶予が受けられる国税

この款の納税の猶予を受けられる国税は、次に掲げる国税で、災害による損失を受けた日以後1年以内に納付すべき国税である（通則法46条1項）。なお、地税法には、これに相当する規定がないことから、条例等の定めによることとなる。

①　申告納税方式による消費税等（消費税を除く。また、保税地域からの引取りに係るものにあっては、石油石炭税法17条3項の規定により納付すべき石油石炭税に限る。）、航空機燃料税、電源開発促進税及び印紙税（通則令14条1項3号に掲げるものを除く。）並びに源泉徴収等による国税……災害のやんだ日の属する月の末日までに納税義務の成立したもので、その納期限（納税の告知がされていない源泉徴収等による国税については、その法定納期限）が損失を受けた日以後に到来するもののうち、猶予の申請の日以前に納付すべき税額が確定したもの。

②　申告所得税（予定納税額を除く。）、法人税（中間納付額を除く。）、相続税等①の国税以外の国税（通則令14条1項1号に掲げる自動車

重量税及び同項4号に掲げる登録免許税を除く。）……災害のやんだ日までに納税義務の成立したものでその納期限が損失を受けた日以後に到来するもののうち、猶予の申請の日以前に納付すべき税額が確定したもの。

③ 災害のやんだ日以前に課税期間が経過した消費税……その納期限がその損失を受けた日以後に到来するもののうち、申請の日以前に納付すべき税額の確定したもの

④ 所得税の予定納税額及び法人税、消費税の中間納付額（更正、決定又は修正申告による中間納付額を含む。）……災害のあった日の属する年分の予定納税額又は事業年度分の中間納付額で、その納期限が損失を受けた日以後に到来するものに限る（通則法46条1項3号、通則令14条2項）。

⑶ 猶予の申請

この款の納税の猶予の申請は、災害のやんだ日から2か月以内に、一定の事項を記載した書面を税務署長（又は国税局長）に提出して行う。

イ 申請書の記載事項　猶予の申請書には、①納付すべき国税の年度、税目、納期限及び金額、②納付すべき国税の金額のうち猶予を受けようとする金額、③財産の種類ごとの損失の程度その他の被害の状況、④猶予を受けようとする期間を記載する（通則令15条の2第1項）。

ロ 被災明細書の添付　上記の申請書の記載事項のうち、③の財産の種類ごとの損失の程度その他の被害の状況については、実務上、猶予の申請書の記載に代えて被災明細書を添付させる取扱いがされている。なお、被災の状況の判明に日時を要するときは、とりあえず猶予の申請書だけを提出し、後日被災明細書を提出しても差し支えないとされている。

ハ 徴収高計算書等の添付　次に掲げる国税について、猶予を受けようとするときは、それぞれ次に掲げる書類を添付しなければならない（通則令15条4項・6項）。

① 納税の告知がされていない源泉徴収等による国税……所得税法第220条に規定する計算書又は国際観光旅客税法16条2項もしく

は17条2項に規定する計算書

② 免許等を受ける場合に納付する登録免許税……登録免許税の課税の基因となる登録、特許、免許、許可等がされたことを明らかにする書類

2　担保との関係

他の納税の猶予の場合には、後述するとおり、担保を徴取するのが原則であるが、この款の納税の猶予の場合には、担保を徴取する必要がない。

3　猶予の金額と期間

(1)　猶予金額

この款の納税の猶予の金額については、他の納税の猶予とは異なり、法律上の制限はない。したがって、猶予を申請した金額――実際上は対象国税の全額の場合がほとんどであろう――がそのまま認められることになろう。

(2)　猶予期間

この款の納税の猶予の申請があった場合には、税務署長（又は国税局長）は、その申請をした納税者の財産のうちその申請の基因となった災害により被害のあった財産の損失の状況及び当該財産の種類を勘案して、その猶予を受けようとする国税の納期限（納税の告知がされていない源泉徴収等による国税については、その法定納期限）から1年以内の期間の納税の猶予をすることができる（通則法46条1項、通則令13条1項）。ただし、所得税の予定納税額又は法人税及び地方法人税の中間納付額（更正、決定又は修正申告に係る中間納付額を含む。）については、その年分又は事業年度分の確定申告書の提出期限までの期間内に限られる（通則令13条2項）。

猶予期間は、実務上、納税者の全財産の損失の状況に応ずる基準や財産の種類ごとの被災状況に応ずる一定の基準によって判定される（例えば、被災額が全財産の50%を超えるときは1年、20%から50%のときは8か月、住宅の床上浸水のときは4か月、田・畑の50%以上の流出等の

ときは1年とされている。)。

⑶ 猶予期間の延長

この款の納税の猶予の場合には、他の納税の猶予とは異なり、猶予期間の延長をすることができない。もっとも、その猶予期間内に猶予税額の全部又は一部を納付することができないときは、災害・廃業等により納付困難な場合の納税の猶予(本節3款参照)を受けうる。

⑷ 分割納付との関係

この款以外の納税の猶予の場合には、その猶予金額を納税の猶予の申請をした納税者の財産状況等からみて合理的かつ妥当な金額に分割し、その分割した金額ごとに猶予期間を定めることができるが、この款の納税の猶予の場合には、そのような制度はない。しかし、納税者が、猶予期間内に任意に分割納付をすることは妨げられない。

第3款 災害・廃業等により納付困難な場合の納税の猶予の要件等

1 要件

災害・廃業等により納付困難な場合の納税の猶予の要件は、①災害・廃業その他の特定の事実(通則法46条2項各号又は地税法15条1項各号の事実(猶予該当事実)。なお、納税者の責に帰することができないやむを得ない理由により生じたものに限られる。)があること、②その猶予該当事実に基づき、租税を一時に納付できないと認められること、③納税者が納税の猶予の申請をしたこと、④災害により損失を受けた場合の納税の猶予(本節2款参照)を受けている場合でないこと、である(通則法46条2項、地税法15条1項)。

⑴ 災害・廃業その他の特定の事実

この款の納税の猶予の要件である猶予該当事実には、次に掲げる五つがある。

① 納税者がその財産につき、震災、風水害、落雷、火災その他の災害を受け、又は盗難にかかったこと。この災害の意義については、災害により損失を受けた場合の納税の猶予の場合(144頁⑴参照)

と同様である。

② 納税者又はその者と生計を一にする親族が病気にかかり、又は負傷したこと。この「生計を一にする」の意義については、後述する(3巻125頁イ参照)。

③ 納税者が、その事業を廃止又は休止したこと。これは、法令の規定又は業績の著しい悪化等のやむを得ない理由によるものに限られ、自ら好んでする休廃業は含まれないと解されている。

④ 納税者がその事業につき著しい損失を受けたこと。基本的には、猶予期間の始期の前日以前1年間（調査期間）の税引前純損失の額が調査期間の直前の1年間（基準期間）の税引前純利益の額の2分の1を超えていると認められる場合（基準期間において税引前純損失が生じている場合は、調査期間の税引前純損失の額が基準期間の税引前純損失の額を超えているとき）がこれに該当する、との実務取扱いがされているが、納税者の事業の状況に応じ、柔軟に判断するのが相当な場合もあると思われる。

⑤ 前記①から④までに類する事実があったこと。これには、次のようなものがある（延滞税又は延滞金の免除との関係から、①又は②に類するものと③又は④に類するものとに区分する必要がある。)。

イ ①又は②に類するもの

(イ) 詐欺、横領等により財産を喪失したこと。

(ロ) 交通事故の損害賠償（使用者責任による場合を含む。）をしたこと。

(ハ) 公害の損害賠償をしたこと。

(ニ) 納税者の取引先等である債務者について、やむを得ない理由が生じたため、その者に対する売掛債権等が回収困難（従来に比べて決済に要する期間が著しく長期化したと認められる場合を含む。）となったこと。このやむを得ない理由としては、その債務者について、①居所不明又は無財産になったこと、②事業の不振又は失敗により休廃業に至ったこと、③企業担保権の実行手続の開始決定があったこと、④破産手続開始の決定があったこと、⑤特別清算の開始決定があったこと、⑥法律の定める整理手続にはよらないが、債権者集会の協議による債権整理の決定があったこと、⑦手形交換所において取引の停止処分を受けたこと、⑧災害、盗難、詐欺、横領により財産の大部分の喪失があったこと、⑨会社更生手続の開始決定があったこと、⑩再生手続の開始決定があったこと、等がある。

(ホ) 納税者と生計を一にする親族以外の者で納税者の親族その他納税者と特殊の関係（親族に類する関係）にある者が、病気にかかり、又は負傷したこと。この親族以外の者の例としては、四親等の姻族等があろう。また、事実上婚姻関係と同様の事情にある者は、前掲②の親族ではなく、上記の「特殊の関係にある者」に該当すると考えられる（立法論としては、税法における他の立法例にならい、配偶者に含める方がよいと思われる。）。

ロ ③又は④に類するもの

(イ) 納税者の経営する事業に労働争議があり、事業を継続できなかったこと。

(ロ) 事業は継続していたが、交通、運輸若しくは通信機関の労働争議又は道路工事若しくは区画整理等による通行路の変更等により、売上減少等の影響を受けたこと。

(ハ) 下請企業である納税者が親会社からの発注の減少等の影響を受けたことその他納税者が市場の悪化等その責めに帰すことができないやむを得ない事由により、従前に比べ事業の操業度の低下又は売上の減少等の影響を受けたこと。

(ニ) 納税者がやむを得ない理由により著しい損失（事業に関するものを除く。）を受けたこと。

(2) 納付困難の調査（現在納付能力調査）

この款の納税の猶予は、租税を一時に納付できないと認められる場合にされるが、その納付困難かどうかの調査は、実務上は、「現在納付能力調査」により納税者の現況における納付可能な資金の額を算定し、それと租税の額とを比較して判定する。

現在納付能力調査は、①第1に、現金、当座預金等直ちに納税に充てうる資金、いわば当座資金の額がいくらか、②第2に、その資金をそのまま納税に充てると事業又は生活に支障を生じるおそれがある場合には、その支障を生じさせないための資金、いわばつなぎ資金はいくらか、を調査し、③これらの結果、当座資金からつなぎ資金を差し引いて、現在納付可能な額を判定するものである。なお、この調査に当たっては、帳簿書類による調査等正確な調査にこだわる必要はなく、納税者からの聴取りによる調査の活用も考慮することが望ましい。

①　当座資金の調査

この調査は、調査日現在における現金、預貯金、手形割引可能額、当座借越契約による借入可能額や不要な資産で直ちに換価できるものを換価することによって得られる資金を調査するものである。なお、借入れが可能かどうかについては、金融機関からのものだけでなく、滞納者の特殊関係者等からの過去の借入実績も考慮すべきであるが、反面、単純に将来の借入れが可能であるから当座資金に含めるというわけではなく、手持資金があるのと同視しうる程度の借入可能額が当座資金に当たることに注意する必要がある。

②　つなぎ資金の調査

この調査は、調査日からおおむね1か月以内の最も資金が窮屈になる日までの期間における総資金の収支を見込み、総支出見込金額から総収入見込金額を差し引いた額を基礎として推定する（総収入見込金額が総支出見込金額を超える場合には、つなぎ資金は不要となる。）。この場合において、支出見込金額のうちに、事業の継続又は生活の維持のため真に必要とするもの以外のものがあるときは、これを除外する。実際上は、事業又は生活のため必要な支出見込額をどの程度認めるかが、つなぎ資金の計算期間をどのようにするかともからんで、問題となる（例えば、災害による猶予の場合、その災害の復旧費の支出見込額をどの程度つなぎ資金として認めるか等が、後述する猶予金額の計算（後記**3**参照）とも関連して、問題となる。）。

なお、通常の事業の場合には、大体1月単位で集金及び支払を行う日を特定している例が多いが、そのときは、資金が最も窮屈になる日は、次の集金日の直前となろう。

(3) 猶予該当事実と納付困難との因果関係

この款の納税の猶予の著しい特徴は、災害・廃業等の事実と納付困難との間に因果関係がなければならないことである。実務上は、納付困難な金額のうち、猶予該当事実と因果関係のある金額はいくらか——猶予金額はいくらか——という形で問題とされるが、これについては後述する（153頁(1)参照）。

(4) 猶予の申請

この款の納税の猶予の申請については、他の納税の猶予とは異なり、申請期限の制限がない。

猶予の申請に当たっては、国税の場合には、一定の事項を記載した申請書と猶予該当事実を証するに足りる書類や財産目録等を提出しなければならない（通則法46条の2第2項、通則令15条の2第2項・3項。地方税の場合には、条例等の定めるところによる。）。また、納税の告知のされていない源泉徴収等による国税等特定の国税については、申請書に徴収高計算書等の添付を要するが、この点は災害により損失を受けた場合の納税の猶予と同様である（145頁ハ参照）。

(5) 災害による損失を受けた場合の納税の猶予との関係

第2款で述べた災害により損失を受けた場合の納税の猶予を現に受けている場合には、この款の納税の猶予を受けることはできない（通則法46条2項）。なお、納税者が第2款の猶予を受けられる場合において、第2款の猶予ではなく、この款の猶予を申請した場合には、第2款の猶予を申請するよう指導することになろう。

また、第2款の猶予の猶予期間内に納付できなかった国税については、その災害の事実に基づいてこの款の猶予の規定の適用がある（通則法46条2項柱書後段）。したがって、一つの災害の事実に基づいて、第2款の猶予とこの款の猶予との2回の猶予を受けられることになる。なお、この款の猶予の申請を第2款の猶予期間中にすることがあっても、この款の猶予期間の始期は第2款の猶予期限後とすることになろう。また、猶予期間も、それぞれの猶予ごとに考えることになる。

2　担保の徴取

この款の納税の猶予をする場合には、税務署長等（徴税機関の長）は、その猶予金額に相当する担保を徴さなければならない。ただし、その猶予金額が100万円以下である場合、その猶予期間が3か月以内である場合又は担保を徴することができない特別の事情がある場合は、この限りでない（通則法46条5項。地方税の場合は、猶予金額、猶予期間その他の事情を勘案して担保を徴する必要がない場合として当該地方団体の条例で定めている場合は、担保の徴取が不要とされている（地税法16条1項ただし書）。）。

なお、この担保の種類、徴取手続等は後述のとおりである（3巻21頁2参照）。

①　担保を徴することができない特別の事情

担保を徴取できない特別の事情とは、①通則法第50条各号又は地税法第16条第1項各号（担保の種類）に掲げる担保を有していないこと（通則法第50条各号又は地税法第16条第1項各号に掲げる財産があっても、その見積価額が猶予に係る租税に先立つ抵当権等によって担保される債権その他の債権の合計額を超える見込みがないときが含まれる。）、②担保として財産を提供することにより、事業の継続又は生活の維持に著しい支障を与えると認められること等をいう。

②　差押財産との関係

担保を徴取する場合において、その猶予に係る租税につき既に差し押さえた財産があるときは、その担保の額は、その猶予金額からその差押財産の価額を控除した額を限度とすることとされている（通則法46条6項、地税法16条2項）。この「限度」の意味については、厳格にその文言どおり解すべきではなく、猶予金額から差押財産の価額を控除した額を基準として担保を徴取する趣旨のものと理解すべきである。いわば、差押財産をもって担保に代えるわけである。

③　納付委託との関係

納付委託があった場合において、担保提供の必要がないと認められるときは、その限度において、猶予税額につき担保の提供があったものとすることができる（通則法55条4項、地税法16条の2第4項）。これも、納付委託をもって担保に代える措置といえる。

3 猶予の金額と期間

(1) 猶予金額とその調査

この款の納税の猶予の金額は、猶予該当事実に基づき、租税を一時に納付することができないと認められるときの、その納付困難な金額を限度とする。

納付困難な金額の調査（現在納付能力調査）は前述したとおりである（149頁(2)参照）が、これが猶予該当事実と因果関係を有するかどうか、その金額はいくらかということの判定は、困難な場合が少なくない（因果関係は、広く見れば際限なしに広がっていくので、どの程度のものまで因果関係を認めるかが問題である。）。実際上は、猶予該当事実に基づく支出又は損失を猶予該当支出等とし、猶予該当支出等の合計額（この額が現在納付能力調査により判定した納付困難な金額を下回る場合には、その納付困難な金額）を限度として納税の猶予をする金額と判定する。この猶予該当支出等の調査要領は、以下のとおりである。

イ　猶予該当支出等は、猶予該当事実ごとに、原則として、それらの事実が生じた日から調査日までの期間における次の範囲のものを認めるほか、それらの事実があったことにより、事業の全部又は一部の休廃止を余儀なくされた場合には、その休廃止に伴い減少したと認められる利益の額に相当する金額についても猶予該当支出等とする取扱いがされている。

(イ)　災害・盗難の場合　①災害等の事実によって直接失われた流動資産（現金や商品の焼失等）、②災害等の事実がなかった状態に復帰させるために支出した資金（災害の復旧費等）、③災害等の事実に伴って出費を余儀なくされるもの（半焼した建物の取り壊し費用、消防費等）のほか、④災害等の事実が調査日から1年以上前であっても、それに伴う支出の金額が借入金によって調達されているときは、調査日前1年以内における返済額についても含める取扱いがされている。

(ロ)　病気・負傷の場合　　病気又は負傷により要する医療費及び病気又は負傷があったことにより支出を余儀なくされる費用（入院のための交通費等）である。なお、病気又は負傷が調査日から1年以上前の場合において、その支出を借入金で支払ったときは、上記(イ)の④と同様に取扱うこととしている。

(ハ)　休廃業の場合　　①在庫品の投売り等原価を割って売却したことによる損失、②機械、設備等を廃棄又は処分したことによる損失、③回収困難となった売掛金等、④従業員の解雇又は一時帰休のために支払った退職金又は一時手当、⑤転業のための改造費等がある。

(ニ)　事業上の損失の場合　　調査期間の税引前純損失の額のうち、基準期間の税引前純利益の額の2分の1（基準期間において税引前純損失が生じている場合には、その額）を超える額に相当する金額である。

ロ　猶予該当事実に基づいて、調査日までに受領した火災保険金、農業共済金、盗難の損害賠償金、医療保険の給付金、休業補償金等がある場合は、その受領した金額を猶予該当支出等から控除する。調査日までにその補填されるべきものを受領していないときは、後記の見込納付能力調査（157頁(4)参照）の納付可能資金として計算する実務が行われているが、前述した現在納付能力調査（149頁(2)参照）のつなぎ資金の計算に組み入れるべき場合もあろう。

ハ　猶予該当事実があった後に、不急・不要の出費があり、それがなければ納税できるような場合には、いくら猶予該当支出等に相当するような損失又は支出があっても、納付困難となったことが猶予該当事実に基づくとはいえないから、本来、納税の猶予の要件には該当しないことになる。しかし、実務においては、猶予該当支出等と相反する使途の支出（例えば、事業とは関係ない多額な投資、資産の購入等）が明白であって、かつ、猶予該当支出等の範囲内の金額につき猶予することが徴収上著しい支障があると認められる場合以外は、猶予該当支出等と相反する使途の支出について考慮しないこととして取扱っている（納税の猶予等の取扱要領5の(2)のイの(ホ)）。

(2) 猶予期間とその延長

この款の納税の猶予の期間は、原則的には1年以内である（通則法46条2項、地税法15条1項）。しかし、税務署長等（徴税機関の長）は、その猶予期間内にその猶予金額を納付することができないやむを得ない理由があると認めるときは、納税者の申請に基づき、その期間を延長することができるが、その最長の期間は、当初の猶予期間と併せて2年を超えることができない（通則法46条7項、地税法15条4項）。

なお、具体的な猶予期間及びその延長期間は、後記の見込納付能力調査（157頁(4)参照）により判定することになる。

① 猶予期間の始期

この款の納税の猶予については、他の納税の猶予とは異なり、猶予期間の始期に関する規定がない。そこで、原則的には猶予の申請どおりの始期とすることになるが、その日が猶予該当事実が生じた日より前であるなど、その日を始期とすることが不適当と認めるときは、別の日を始期とすることも妨げない。

なお、災害等の事実があった日に遡って猶予を認めることが、延滞税免除との関係から納税者にとって有利になるときは、その日を猶予期間の始期としても差し支えない。

② 猶予期間延長の申請

猶予期間の延長は、納税者からの申請を要件として行われる。この申請は、国税の場合には、一定の事項を記載した申請書及び一定の添付書類を提出することによってしなければならない（通則法46条の2第4項、通則令15条の2第6項。地方税の場合については、条例等の定めるところによる。）。

③ 猶予期間の延長を認めるやむを得ない理由があると認めるとき

猶予期間内に猶予金額を納付できない「やむを得ない理由があると認めるとき」とは、おおむね、①納税の猶予をした時において予見できなかった事実（納税者の責めに帰することができない理由により生じた事実に限る。）の発生により予定していた入金がなかったため、猶予金額を猶予期間内に納付できなかった場合、②納税の猶予をした時において予見できなかった事実（納税者の責めに帰することができない理由により生じた事実に限る。）の発生により、臨時の支出（事業の継続又は生活の維持のため必要不可欠なものに限る。）を行ったため、猶予金額を猶予期間内に納付できなかった場合、③納税の猶予をした時において、猶予に係る国税の完納までに要する期間が1年を超えると見込まれた場合であって、納税者の資力がその猶予をした時に見込んだ状態でおおむね推移していると認められる場合をいうとされている。なお､実務上は、必要に応じて、猶予期間内における収入・支出の状況を調査して判定される（167頁**4**の事後調査参照）。

④　完納の見込みがない場合と猶予期間

この款の納税の猶予の申請があった場合において、原則的な猶予期間である1年以内に猶予金額を完納できる見込みがないときは、一応1年の猶予をし、その猶予期間の延長については、1年の猶予期間経過のときに検討することになる。この場合、当初から2年の猶予をすることはできない。このような立法の趣旨は、将来の見込みを判定することの困難性と不確実さからでたものと考えられる。

問題になるのは、当初から延長期間を含めた2年内に猶予金額を完納できないと見込まれる場合に、一応猶予をするのか、それとも猶予期間内に納付できない以上は猶予すべきでないと考えるのか、である。納税者に納税の猶予の申請を認めた趣旨を重視し、かつ、2年後の将来の見通しの困難性と不確実さとを考えれば、例外的な場合を除いて、一応猶予を認めるのが妥当であろう。

⑶　分割納付

この款の納税の猶予をする場合には、税務署長等は、その猶予金額を納税の猶予の申請者の財産状況その他の事情からみて合理的かつ妥当なものに分割し、その分割金額ごとに納付期限を定めることができる（通則法46条4項、地税法15条3項。なお、この地税法の規定の文言は通則法とは若干異なるが、同趣旨のものと解すべきであろう。）。

この分割納付の場合には、猶予対象の租税が分納額ごとの債権に区分され、それぞれ分納額ごとに猶予期限があることになると解することもできる。したがって、分納期限を経過すれば、その未納部分の租税については担保の処分ができる（分納期限未到来の部分については、猶予の取消しをしない限り処分できないが、分納期限経過分については取消しの必要はなく、猶予期限経過として処分できる。）し、また、消滅時効も進行をはじめることになると解することもできる。しかし、このように解すると、延滞税の計算（及びその免除額の計算）も分納額ごとにする必要があること、二以上の租税を併せて猶予した場合には、そのどれを最初に納付するものとして分納額を定めるかも明確にする必要があること等の問題が生ずる。実務上は、猶予対象の租税を分納額ごとの債権に区分することなく、猶予の対象租税全額について猶予期間を定めた上で、その期間内に分割納付させることとしている。なお、分割納付の各納付期限ごとの納付金額をその納付期限までに納付しないときは、猶予が取り消される場合がある（通則法49条1項2号参照）。

⑷ 猶予の期間及び分納金額の調査（見込納付能力調査）

この款の納税の猶予の猶予期間（及びその延長期間）あるいはその期間中の分割納付金額を定めるに当たっては、納税者の事業の継続又は生活の維持に著しい支障を与えることなく、租税優先の原則のもとに、納付できると認められる最短の期間に納付させるという考え方に立って定めるべきであろう。実務上は、「見込納付能力調査」により判定されている。

この見込納付能力調査は、将来の一定期間中の収入と支出との見込額を調査し、納付可能な資金を調査・判定するものである。その場合、支出面については、事業の継続又は生活の維持に必要な支出以外のものは考慮しないことになる（もっとも、例えば、事業拡張資金も、早期完納の結果につながるものであれば、是認される場合もあろう。）。

なお、見込納付能力調査の方法としては、①前年又は前期の所得金額を基にして、これに所要の調整を加えて計算する方法、②最近の販売実績等を基にして、これに所要の調整を加えて計算する方法、③納税者の提出する見込損益計算書に基づいて計算する方法のほか、④直前1年間における各月の収支状況を基礎として、今後の収入見込額から支出見込額を控除し、一定期間内の各月の納付可能資金を算定する略式調査が行われている。これらの調査方法のいずれによるかは、納付すべき税額、猶予期間、納税者の事業の態様、規模、経理状況等に応じて、最も適する方法を選択することになるが、場合によっては、これらの調査方法のいくつかの組み合わせによることも必要であろう。

①　前年又は前期の所得金額を基礎とする方法

この調査方法は、①申告書等に記載されている前年又は前期の所得金額を基礎とし、基礎とした所得金額の計算において、臨時的な収益又は費用の金額が含まれている場合には、これらを除外して経常的な所得金額を把握し、②基礎とした所得金額の計算において、資金の収支を伴わない収益又は費用の金額がある場合には、これらについて上記①により把握した金額につき収支計算上の調整を行い、③調査日後の一定期間（調査期間）において所得の増減が見込まれる場合には、上記②による調整後の金額に所得の見込増減率を乗じて調査期間における資金の総額を算定するための基礎となる金額を計算するほか、④調査期間中において、売掛債権及び買掛債務等の増減が見込まれる場合には、これらについて上記③により計算した金額につき収支状況の計算上の調整を行い、調査期間及び調査期間内の各月の支払に充てることができる資金の額を算定するものである。なお、季節により資金繰りに著しい変動がある場合には、従前の収支状況の実績等を基にその事情を加味した調整を行い、各月の支払に充てることができる資金の額を算定する必要がある。

この調査に当たって注意を要する事項は、次のとおりである。

イ　非課税所得、諸控除との関係　　基礎とする前年の所得金額の調査に当たっては、非課税所得及び免税所得も収入に加え、個人の所得に関する基礎控除、扶養控除等の諸控除は、収入からの控除額として考慮する必要がない。

ロ　臨時的な収支とその繰り返し　　臨時的な収益を控除するのは、通常の状態における資金状況を調査しようとするものであるから、譲渡所得や一時所得のような臨時的な所得の色彩の強いものであっても、それが毎年のように繰り返して所得となっているときは、その部分は、資金繰りの計算上は臨時的収益にならない。

② 最近の販売実績等を基礎とする方法

この調査方法は、帳簿書類の記帳が相当整備されている納税者について、調査日直前の数か月（3か月程度が適当か）の売上、仕入れ、営業費等を集計したものから、おおむね前記①と同様の方法による調整を行って将来の納付可能資金を算出するものである。

③ 見込損益計算書を基礎とする方法

この調査は、相当の経理能力をもち、かつ、帳簿書類を備えている納税者に対し、あらかじめ見込損益計算書その他の必要な資料の提出を求めて、過去の損益計算書と比較すること等によりその妥当性を検討し、これに資金収支計算上の立場から所要の調整を加え、これを基として、資金繰表により売上、仕入及び営業費等の各項目別に調査期間及び調査期間内の各月の納税に充てることができる資金の額を算定するものである。

④ 略式調査

この調査方法は、比較的少額の租税の滞納者等前記①から③までの調査方法によるまでもない者を対象として、聴取りを中心として行う実務取扱いとされているが、その精密度を高めるよう努力すれば、結果は、前記の諸調査と変わらないものになろう。なお、この調査方法の趣旨は、あくまでも簡易に行うことにあるので、聴取りによる金額が、過去の売上高、所得金額等からみて特に異常なものでなければ、その金額を基礎として差し支えないであろう。

第4款 課税が遅延した場合の納税の猶予の要件等

1 要　件

課税が遅延した場合の納税の猶予の要件は、①法定申告期限又は課税標準申告書の提出期限（その提出を要しない国税については、納税義務の成立の日）又は法定納期限（随時に課する地方税については、その地方税を課することができることとなった日）から1年を経過した日以後に納付すべき税額が確定したこと（源泉徴収等による国税については、法定納期限から1年を経過した日以後に納税告知書が送達されたこと）、②租税を一時に納付できない理由があると認められること、③納税者が、納税の猶予の申請を、原則として納期限内にした場合であること、である（通則法46条3項、地税法15条2項）。

⑴　課税の遅延

課税が1年以上遅延したものとして、次に掲げる国税及び地方税が法定されている（通則法46条3項各号等、地税法15条2項）。

① 申告納税方式による国税（その附帯税を含む。）……その法定申告期限から1年を経過した日以後に納付すべき税額が確定した場合におけるその確定した部分の税額

② 賦課課税方式による国税（その延滞税を含み、加算税及び過怠税を除く。）……その課税標準申告書の提出期限（その提出を要しない国税については、納税義務の成立の日）から1年を経過した日以後に納付すべき税額が確定した場合におけるその確定した部分の税額

③ 源泉徴収等による国税（その附帯税を含む。）……その法定納期限（通則法2条8号参照）から1年を経過した日以後に納税告知書の送達があった場合におけるその告知書に記載された納付すべき税額

④ 随時に課する地方税……その地方税を課することができることとなった日から1年を経過した後に、その納付し、又は納入すべき税額が確定した場合におけるその税額

⑤ 上記④以外の地方税……その法定納期限から1年を経過した後に、その納付し、又は納入すべき税額が確定した場合におけるその税額

⑵　納付困難な理由の存否の調査

租税を一時に納付できないかどうか――いわゆる納付困難――の調査については、前述した現在納付能力調査（149頁⑵参照）により行われる。なお、この款の猶予の要件に関する規定では、納付困難と認められるか

どうかではなく、納付困難な「理由があると認められる」かどうかが問題とされているが、その納付困難な「理由がある」とは、どんな理由でもあればよいということではなく、猶予を認めることを相当とするような理由があるという意味に解すべきである。

(3) 猶予の申請

この款の納税の猶予の申請は、その猶予を受けようとする租税の納期限内にしなければならない（通則法46条3項、地税法15条2項）。しかし、国税の場合には、税務署長等がやむを得ない理由があると認めるときは、納期限後にされた申請でもよいこととされている（通則法46条3項）。地方税の場合には、このような例外を認める規定はない（実務もそのようである。なお、浅田・理論と実務594頁は、この通則法の類推適用を是認する趣旨か。）。

なお、猶予の申請に当たっては、国税の場合は、一定の事項を記載した申請書を提出しなければならない（通則法46条の2第3項、通則令15条の2第4項・5項。地方税の場合については142頁(1)参照）。

2 担保の徴取

（152頁**2**参照）

3 猶予の金額と期間

(1) 猶予の金額

この款の納税の猶予の金額は、納期限までに納付することができない理由があると認められる場合の、その納付できないと認められる金額を限度とする。

(2) 猶予期間とその延長

この款の納税の猶予の猶予期間及びその延長については、猶予期間について「納期限から1年」と始期の定めがあるほかは、災害・廃業等により納付困難な場合の納税の猶予の場合（155頁(2)参照）と同様である。

(3) 分割納付

（156頁(3)参照）

⑷　猶予期間及び分納金額の調査

（157頁⑷参照）

第5款　納税の猶予の効果

1　概　　説

納税の猶予の効果としては、いわば派生的な効果まで含めると、①督促及び滞納処分が制限されること（通則法48条1項。ただし、猶予対象租税につき差し押さえた財産から生ずる天然果実及び差し押さえた債権等の第三債務者等からの給付物については換価等をすることができる（通則法48条3項・4項））、②猶予対象租税に還付金等を充当することが制限される場合があること（通則令23条1項ただし書）、③差押えの解除ができる場合があること（通則法48条2項）、④猶予期間中は、租税債権の消滅時効が進行しないこと（通則法73条4項、地税法18条の2第4項）、⑤納付委託ができること（通則法55条1項1号、地税法16条の2第1項1号）、⑥延滞税（又は延滞金）の全部又は一部の免除ができること（通則法63条1項・3項、地税法15条の9第1項・2項）をあげることができる。

なお、上記の効果のうち、過誤納金等の充当の制限、延滞税の免除のように、猶予の種類によってその効果を異にするものがある（141頁の表参照）。

2　督促及び滞納処分の制限

猶予の期間中は、猶予税額についての新たな督促及び滞納処分はできないが、交付要求は差し支えないこととされている（通則法48条1項、地税法15条の2の3第1項）。参加差押えができるかどうかについては、法文上は必ずしも明らかでないが、消極に解すべきであろう。なお、差押換えの請求に伴う新たな滞納処分は、上記にかかわらず、行うことができる（徴収法50条5項、51条3項後段）。

3 過誤納金等の充当とその制限

納税者に返還すべき過誤納金等（還付金等及び還付加算金）を猶予した租税へ充当すること（通則法57条、地税法17条の2）については、猶予の理由によって差異がある。

イ 災害により損失を受けた場合の納税の猶予を受けている租税（144頁(2)参照）については、原則として猶予の期限が到来していなければ充当適状にならない（通則令23条1項ただし書）から、猶予期間中は、その猶予税額への充当はできないと解される。

ロ 災害・廃業等により納付困難な場合の納税の猶予（本節3款参照）については、地方税の場合には、災害を原因として猶予を受けたものに限って、その猶予の期限が到来しなければ充当適状にならない（地税令6条の14第1項4号）。したがって、その地方税の猶予期間中は、充当ができないと解される。ところが、災害以外の理由により猶予した場合には、このような充当適状に関する特別の規定がないので、猶予期間中の充当についても、一般の場合と同様に処理される。

ハ 課税が遅延した場合の納税の猶予（本節4款参照）を受けている租税と充当との関係については、その猶予によって充当が制限されることはない。

4 差押えの解除

納税の猶予をしても、その前にされた滞納処分には影響を及ぼさないが、猶予した租税についてした差押財産がある場合において、納税者からの申請があったときは、税務署長等（徴税機関の長）は、その差押えを解除することができる（通則法48条2項、地税法15条の2の3第2項）。

この税務署長等による差押解除は、その合理的な裁量により行われるもので、法定された基準はない。実際上は、①他に担保財産又は差押財産があるような場合で、解除の申請があった財産の差押えを解除しても猶予税額の保全が十分であるとき、②差押えを継続することにより、納税者の事業の継続又は生活の維持に支障を生ずるおそれがある場合、③

猶予金額が担保徴取不要の金額以下となった場合、等が考えられる。

5　天然果実、第三債務者等からの給付物の換価等

猶予した租税についてすでに差し押さえた財産がある場合において、その差押財産のうちに、天然果実を生ずるもの又は有価証券、債権若しくは無体財産権等があるときは、①その天然果実を収取し、又は第三債務者等（第三債務者及びそれに準ずる者）から給付を受けることができるし、また、②その収取又は給付に係る財産が金銭であるときは、直ちに猶予した租税に充てることができ、③収取又は給付に係る財産が金銭以外のものであるときは、それを差押え・換価して、その換価代金を猶予した租税に充てることができる（通則法48条3項・4項、地税法15条の2第3項・4項）。

第6款　納税の猶予の取消し

1　概　説

納税の猶予を受けた者が、一定の要件に該当する場合には、税務署長等（徴税機関の長）は、その猶予の取消し又は猶予期間の短縮をすることができる（地税法15条の3では、猶予期間の短縮に関する明文はないが、猶予の一部取消しにより、期間の短縮が行われている。）。そして、これらの場合には、税務署長等の一方的な認定だけによるのではなく、原則として、あらかじめ、納税者の弁明を聞くこととされている（通則法49条、地税法15条の3）。

納税の猶予の取消しは、将来に向かってその効力を生じ、取り消した時以降納税の猶予の効果が失われることになる。

なお、税務署長等は、納税の猶予の取消し又は猶予期間の短縮をしたときは、その旨を納税者に通知しなければならない（通則法49条3項、地税法15条の3第3項。**様式3**参照）。

2 要　件

納税の猶予の取消し又は猶予期間の短縮をすることができるのは、次の6つのうちのいずれかに該当する場合である（通則法49条1項、地税法15条の3第1項）。

イ　繰上請求（繰上徴収）の客観的要件事実（3巻19頁①参照）の一に該当する事実がある場合において、猶予税額を猶予期間内に完納することができないと認められるとき　これは、繰上請求自体をした場合ではないことに注意する必要がある。

ロ　分割納付金額ごとに猶予期限を定めた場合において、その猶予期限までに分割納付金額を納付しないとき　この分割納付は、法律の規定に基づくものであって、事実上の分納を含まない。

ハ　猶予に係る担保の変更等に関する税務署長等（徴税機関の長）の命令に応じないとき　担保の変更等の命令については後述する（3巻24頁(4)参照）が、それは、当然のことながら「担保がある場合」を前提として命令が発せられる（通則法51条1項、地税法16条3項）。そこで、問題になるのが、猶予の当初から「担保」を徴取していない場合である。例えば、担保に代わる差押財産の価額が下落した場合にどうなるのかであるが、結論的には、次のへの猶予の継続が不適当な場合として処理することになろう（結果面からみれば、担保の提供を命じ、それに応ずれば猶予を継続するのが妥当と思われるが、担保の変更等の命令は猶予の場合だけではないから、その拡張解釈には疑問があること等の問題があり、立法的に解決を図るべきであろう。）。

ニ　新たにその猶予に係る国税以外の国税を滞納したとき（税務署長等がやむを得ない理由があると認めるときを除く。）。　「税務署長等がやむを得ない理由があると認めるとき」の例としては、猶予をした時において予見できなかった納税者の責によらない事実の発生等により、納付できなかったという事情が該当し、かつ、猶予を継続しても徴収上の支障がないと認められる場合には、猶予を取り消さないこととされている。

ホ　偽りその他不正な手段によりその猶予又はその猶予の期間の延長の申請がされ、その申請に基づきその猶予をし、又はその猶予期間の延長をしたことが判明したとき　「偽りその他不正な手段」の例としては、納税の猶予若しくは猶予期間の延長の申請書又はその添付書類につき、①猶予該当事実がないにもかかわらず、故意に猶予該当事実がある旨を記載したことや②故意に所有する資産を記載せず、又は存在しない負債を記載すること、③故意に事実より少ない収入金額又は事実より多い支出金額を記載したことなどが該当する。

へ　上記のほか、納税者の財産の状況その他の事情の変化により、猶予を継続することが適当でないと認められるとき　この例としては、業況の好転等により納付困難な金額がなくなる程度に資力が増加した場合、反対に、猶予金額の徴収の見込みがなくなる程度に資力を喪失した場合などがある。

3　弁明聴取

税務署長等（徴税機関の長）は、納税の猶予の取消し又は猶予期間の短縮をする場合には、前記**2**のイに該当する場合を除き、あらかじめ、その猶予を受けた者の弁明を聞かなければならない。ただし、その者が正当な理由がなくその弁明をしないときは、この限りではない（通則法49条2項、地税法15条の3第2項）。

⑴　弁明を聞く必要のない場合

猶予の取消し（又は猶予期間の短縮）の要件に該当する場合で、前記**2**のイに該当する場合には、弁明を聞くことなく猶予の取消し等ができる。他の取消しの要件に該当する場合でも、前記**2**のイに該当するのであれば、弁明を聞く必要がない。

⑵　弁明の機会の付与

猶予の取消し等をする場合に「弁明を聞かなければならない」とは、弁明を聞くことを絶対的に要求する趣旨ではなく、弁明の機会を与えれば足りると解される。弁明の機会を与えたにもかかわらず、正当な理由がなく弁明をしないときは、現実に弁明を聞かなくても猶予の取消し等をすることができる。

上記の「正当な理由がなく弁明をしないとき」とは、災害、病気による入院その他の本人の責めに帰することができないと認められる理由がないにもかかわらず弁明をしない場合をいう。これに関連して問題になるのは、実務的な弁明の手続としては、期限を定めて弁明の機会を与え、その期限までに弁明がなければ、この正当な理由の有無に関する特別の調査をすることなく、取消し等が行われる点である。後日になって、正当な理由により弁明できなかったことが判明（立証責任は納税者）した場合に、どのように処理するかの問題が残る（弁明の手続について、立法的に整備する必要があろう。)。

4 猶予期間中の納付資力の変化の調査（事後調査）

納税の猶予をした場合において、その猶予期間が長期にわたるときは、事情の変更等により、先に調査した見込納付能力が変わることが多いと思われる。そこで、猶予期間の適当な時期に、経過した猶予期間中の状況を調査して、猶予の継続、変更、取消し等についての検討を必要とする。これは、実務上「事後調査」により判定する。

この事後調査は、既に経過した猶予期間の資金収支の実績と、先に調査した見込納付能力調査の見込額とを比較対照して、その期間の収支が見込額と実績額との間に差異があるかどうかを調査する。このほか、必要に応じて財産の移動状況についても調査する。なお、例えば猶予期間を短縮しようとするときは、見込納付能力調査も行う必要が生じる。

第3節　徴収の猶予

1　意　義

徴収の猶予は、納税者から一定の行政処分等をすることの請求又は申請があった場合において、税務署長等（徴税機関の長）が相当の理由があると認めるときに、その処分等がされるまでの間、暫定的に、租税の全部又は一部の徴収を猶予するものである。この徴収の猶予は、他の猶予とは異なり、具体的な要件の定めがなく、その意味で税務署長等の裁量により行われるが、これは暫定的な猶予という性格によるものと考えられる。

なお、地方税の場合には、国税の納税の猶予に相当するものその他の猶予を含めて徴収の猶予（又は徴収猶予）との用語が広く使用されている。

2　種　類

徴収の猶予には、おおむね次のものがある。

① 更正の請求があった場合において、相当の理由があると認めるときの徴収の猶予（通則法23条5項ただし書、地税法20条の9の3第5項ただし書）。

② 所得税法第112条第1項の予定納税額の減額の承認申請書の提出があった場合において、相当の理由があると認めるときの徴収の猶予（所得税法118条、166条）。

③ 延払条件付譲渡に係る所得税の延納の申請書の提出があった場合において、相当の理由があると認めるときの徴収の猶予（所得税法133条5項、166条）。

④ 相続税又は贈与税の延納の申請書の提出があった場合において、相当の理由があると認めるときの徴収の猶予（相続税法40条1項）。

⑤ 相続税の物納の申請書の提出があった場合において、相当の理由があると認めるときの徴収の猶予（相続税法42条32項）。

⑥ 不服申立てがあった場合において、必要があると認めるときの徴

収の猶予（234頁(1)参照）。

3 効 果

徴収の猶予の効果については、明文の規定がなく、その猶予の本質をどう理解するかとも関連して、疑問となる点が少なくない。基本的には納税の猶予の効果（162頁5款参照）に準ずるのが妥当であろうが、具体的には若干の差異を認めるべきである。すなわち、猶予期間中の新たな督促及び滞納処分（交付要求を除く。）は制限されても、過誤納金等の充当の制限はなく、差押解除に関する規定（通則法48条2項、地税法15条の2第2項）も類推適用がないと考えるべきであろう。天然果実の収取及び第三債務者等からの給付については、納税の猶予の場合に準ずるべきであろうが、不服申立てに伴う徴収の猶予の場合には換価の制限（232頁(1)参照）がある。納付委託は、徴収の猶予とは関係がないが、猶予期間中の延滞税（延滞金）の免除及び消滅時効の不進行については、納税の猶予の場合と同様、明文規定がある（通則法63条4項、73条4項、地税法15条の9第3項、18条の2第4項）。

4 取消し

(1) 不服申立てに伴う徴収の猶予の取消し

この猶予は、繰上請求の客観的要件事実の一に該当する事実がある場合等一定の要件のもとに、一定の手続に従って取り消すことができる（通則法105条7項）が、その詳細については後述する（239頁(1)参照）。

(2) その他の徴収の猶予の取消し

不服申立てに伴う徴収の猶予以外の徴収の猶予の取消しについては、法律にはなんら規定がない。この点については、上記(1)の取消しの要件に関する規定（通則法105条7項）の類推適用があるとの考え方があり得るが、その猶予が暫定的な猶予であることから、また、取消しの結果は納税者の不利益となることから、明文規定がない限り、取消しができないものと解したい（立法的に解決すべき問題であろう。）。

第4節 換価の猶予

1 概 説

換価の猶予は、納税の猶予、徴収の猶予、滞納処分の停止とともに、納税緩和制度の一つであって、納税者に一定の事由がある場合に、納税者の財産の換価を猶予するものである（徴収法151条1項、151条の2第1項、地税法15条の5第1項、15条の6第1項）。納税の猶予がいわば租税の履行の猶予であるのに対して、換価の猶予は財産の換価処分の猶予である点に、その特色がある。

⑴ 換価の猶予と裁量

換価の猶予には、職権による換価の猶予と申請による換価の猶予があるが、職権による換価の猶予は、納税者の申請を要件とする納税の猶予及び申請による換価の猶予とは異なり、税務署長等（徴税機関の長）の職権により行われる。このことから、法律で「換価を猶予することができる」としている点についても、納税の猶予及び申請による換価の猶予の「できる」に比し（143頁⑶参照）、税務署長等の裁量範囲が広いと解される。税務署長等は、一般的に、法律に定められた手続・方法に従って滞納処分を進めていく義務があり、みだりにそれを怠ることは許されないが、この義務から解放される場合として換価の猶予が「できる」旨の規定がある、との理解が可能である。こう解すると、税務署長等の裁量の結果、職権による換価の猶予がされなくても、それに対する不服申立てはできないことになる（沿革的にもこう解されている。桃井・条解徴収法393頁参照）。

一方、申請による換価の猶予がされた場合には、その申請に対する応答行為として、換価の猶予の許可又は不許可の通知をする必要があり（徴収法152条4項）、不許可とした場合には、これに対する不服申立てができ、換価の猶予の要件を満たしているにもかかわらず不許可とした場合には、その不許可処分が取り消されることになる。したがって、申請による換価の猶予は、条文上「換価を猶予することができる」とされていても、税務署長の裁量の範囲は狭く、いわゆる羈束裁量であるということになる。

なお、実務上は、納税者から納付困難を理由とする分納の申立てがあった場合、換価の猶予ができるか否かを検討し、申請による換価の猶予ができるのであれば、換価の猶予の申請を促すのが適切であろう。

⑵ 猶予（又は猶予期間延長）の通知

税務署長等は、換価の猶予をし、又はその猶予期間を延長したときは、その旨、猶予金額、猶予期間その他必要な事項を納税者に通知しなければならない（徴収法152条3項・4項、地税法15条の5の2第3項、15条の6の2第3項。様式5参照）。

⑶ 更生法による換価の猶予

更生法では、更生計画において換価の猶予に関する定めをすることができる（更生法169条1項）が、その要件、効果等に関する規定はない。実務上は、徴収法に基づく換価の猶予に準じて処理されるが、更生法の目的に照らして、徴収法の換価の猶予とは若干の差異は是認されてよいと考えられる（142頁**2**⑵参照）。

（注） 延滞税については、更生計画上に表現された金額の免除がされることとなる（更生法169条）。

2 要　　件

職権による換価の猶予の要件は、①その財産を直ちに換価することにより滞納者の事業の継続又は生活の維持を困難にするおそれがあるか、その財産の換価を猶予することが直ちに換価することに比して滞納租税及び近い将来において納付すべき租税の徴収上有利であるか、のいずれかに該当すると認められること、②滞納者が納税につき誠実な意思を有すると認められること、③納付すべき租税について納税の猶予又は申請による換価の猶予を受けている場合でないこと、の三つである（徴収法151条1項、地税法15条の5第1項）。

申請による換価の猶予の要件は、①納付すべき租税を一時に納付することにより滞納者の事業の継続又は生活の維持を困難にするおそれがあると認められること、②滞納者が納税につき誠実な意思を有すると認められること、③滞納者から納付すべき租税の納期限から６か月以内に換価の猶予の申請書（様式４参照）が提出されていること、④納付すべき租税について納税の猶予を受けている場合でないこと、⑤原則として、換価の猶予の申請に係る租税以外の租税の滞納がないこと、⑥原則として換価の猶予の申請に係る租税の額に相当する担保の提供があること、の六つである（徴収法151条の2、地税法15条の6、15条の6の2）。

⑴　事業の継続又は生活の維持の困難

事業の継続を困難にするおそれがあるときとは、不要不急の資産を処分する等事業経営の合理化を行っても、差押財産を直ちに換価すること又は滞納租税を一時に納付することにより事業の継続を困難にするおそれがあるときをいう（徴収法基通151－3）。また、生活の維持を困難にするおそれがあるときとは、差押財産を直ちに換価すること又は滞納租税を一時に納付することにより滞納者及びその扶養親族の必要最低限の生活費程度の収入が期待できなくなるおそれがあるときをいう（徴収法基通151－4）。

⑵　租税の徴収上有利である場合

租税の徴収上有利である場合とは、次のような場合である（徴収法基通151－5）。

①　滞納者の財産のうち滞納処分ができるすべての財産につき滞納処分を執行したとしても、その徴収可能な金額が徴収しようとする租税に不足すると認められる場合であって、換価処分を執行しないこととした場合には、その猶予期間内に新たな滞納を生ずることなく、その猶予すべき租税の全額を徴収することができると認められる場合。

②　換価すべき財産の性質、形状、用途、所在等との関係で、その換価に相当の期間を要すると認められる場合であって、換価をしないことが、その猶予すべき租税及び猶予期間中に納付すべきこととなる租税を徴収する上で有利と認められる場合。

③　換価をすれば滞納中の租税を直ちに徴収できるような場合であっても、最近において納付すべき租税との合計額について考慮したと

きには、換価をしない方が、それらを徴収する上で有利であると認められる場合。

(3) 納税についての誠意

納税について誠実な意思を有するかどうかは、過去における納税状況、猶予の履行状況等を考慮して判定する。過去にほ脱の行為又は滞納の事実等があっても、それにこだわらず現在の状況で判定すべきである（徴収法基通151－2参照）。

(4) 納税の猶予との関係

納税の猶予の規定の適用を受けているものは、換価の猶予をすることはできない（徴収法151条1項、151条の2第1項、地税法15条の5第1項、15条の6第1項）が、これは、現に納税の猶予を受けている租税を除外する趣旨と解される（地税法の表現は徴収法の表現と異なるが、同じ趣旨と解される。）。したがって、納税の猶予の要件に該当していても、その猶予を受けていない限り、換価の猶予を受けることができる。

3 担保の徴取

前述した納税の猶予の場合（152頁**2**参照）と同様である（徴収法152条3項・4項、地税法16条）。

4 猶予の期間と金額

(1) 猶予の金額

換価の猶予の金額については、その限度に関する規定がない。解釈上は、猶予の要件との関連においてその限度を定めるべきであろう。すなわち、①事業の継続又は生活の維持を困難にするおそれがあるため猶予するときは、そのおそれを生じないで徴収できる租税を除いた金額であるし、②徴収上有利であるとして猶予をするときは、その有利と判定される金額である。

なお、実務上は、更に納付困難な金額に限って猶予するという別の面からの規制があり、具体的には、納税の猶予の場合と同様、現在納付能力調査（149頁(2)参照）により、納付困難な金額を判定する。

⑵　猶予期間とその延長

換価の猶予の期間は、①原則的には1年以内であること（徴収法151条1項、151条の2第1項、地税法15条の5第1項、15条の6第1項）、②その猶予期間内に猶予金額を納付できないやむを得ない理由があると認めるときは、猶予期間を延長できること、③その延長の最長期間は、当初の猶予期間と併せて2年を超えることができないこと（徴収法152条3項・4項、地税法15条の5第2項、15条の6第3項）は、いずれも納税の猶予の場合と同様である（155頁⑵参照）。しかし、職権による換価の猶予の場合は、猶予期間の延長が申請を要件としない点に大きな差異がある。

⑶　分割納付

前述した納税の猶予の場合（156頁⑶参照）と同様である（徴収法152条1項、地税法15条の5第2項、15条の6第3項）。

⑷　猶予の期間及び分納金額の調査

（157頁⑷参照）

5　効　　果

換価の猶予の効果としては、①差押財産の換価処分が制限されること、②差押えを猶予し、又は差押えの解除ができる場合があることのほか、③差押財産に関する天然果実、第三債務者等からの給付物の換価等ができることは、納税の猶予の場合（164頁**5**参照）と同様であり（徴収法152条3項・4項、地税法15条の5の3第2項、15条の6の2第2項）、また、④猶予期間中は、租税債権の消滅時効が進行しないこと（通則法73条4項、地税法18条の2第4項）、⑤納付委託ができること（通則法55条1項1号、地税法16条の2第1項1号）、⑥延滞税（又は延滞金）の免除ができること（通則法63条1項・3項、地税法15条の9第1項・2項）も納税の猶予の場合と同様である。

⑴　換価処分の制限

換価の猶予をした場合には、差押財産の換価処分をすることができないが、差押えについては、次の⑵の場合を除き、新たな差押えをすることができる。ただし、実務上は、徴取した担保（担保とみなされる差押えを含む。）の著しい減少により保全措置が不十分となった場合又は滞納者から差押換えの請求があった場合など徴収上特に必要があると認められる場合を除き、原則として行わない取扱いとなっている。猶予の性質上当然の措置といえよう。なお、過誤納金等の充当も制限されない。

⑵ 差押えの猶予と解除

換価の猶予をする場合において、必要があると認めるときは、税務署長等（徴税機関の長）は、差押えにより滞納者の事業の継続又は生活の維持を困難にするおそれがある財産について、その差押えを猶予し、又は既にしている差押えを解除することができる（徴収法152条2項、地税法15条の5の3第1項、15条の6の3第1項）。

6 取消し

換価の猶予を受けた者が、一定の要件に該当する場合には、税務署長等（徴税機関の長）は、その猶予の取消し又は猶予期間の短縮をすることができる（徴収法152条3項・4項、地税法15条の5の3第2項、15条の6の3第2項。なお、地方税の場合には、猶予期間の短縮に関する明文はないが、猶予の一部取消しとして可能と考えられる。）。

この猶予の取消しについては、納税者の弁明を聞く必要がない点を除けば、納税の猶予の場合（164頁6款参照）とほぼ同様である。

第5節　滞納処分の停止

1　概　　説

滞納処分の停止は、一定の要件に該当する場合に、強制徴収の手続を停止するものである（徴収法153条、地税法15条の7）。これは、納税の猶予、徴収の猶予及び換価の猶予と並んで納税緩和制度の一つであるが、それらの猶予とは異なり、徴収手続の停止であって、しかも後述するとおり納税義務の消滅につながっているところから、より徹底した緩和措置といえる。なお、滞納処分を執行することができる財産がないときの滞納処分の停止及び納税者の所在及び滞納処分ができる財産がともに不明であるときの滞納処分の停止は、滞納処分をするために努力しても、実効性がないか、実効性が極めて低い状況において滞納処分をするための努力を継続することは行政効率を阻害するので、滞納処分の停止をすることができるとしたものとも考えられる。

⑴　職権による停止と裁量

滞納処分の停止は、税務署長等（徴税機関の長）の職権により行われる。納税者からの申請は要件でないばかりでなく、たとえ停止の要件に該当する場合であっても、その停止をするかどうかは税務署長等の裁量に委ねられていると解される。この点は、職権による換価の猶予について前述したところと同様である（170頁⑴参照）。

（注）　現行の滞納処分と同旨の規定であった旧徴収法第12条の滞納処分の執行停止についてではあるが、長崎地判昭和30.7.14行裁集6巻7号1671頁は、停止をするかどうかは税務署長等の自由裁量であるとする。これに対して、釧路地判昭和36.4.18行裁集12巻4号832頁は、自由裁量ではなく、停止の事由があるときは停止をしなければならないとする。後者は、同条の規定が無益な差押えの禁止と同趣旨に出たものであることをその理由とするもののようであるが、疑問である。自由裁量であってもそれには限界があり、その裁量の範囲を著しく逸脱すれば違法になる、と解することで十分と思われる。

⑵ 停止の通知

滞納処分の停止をした場合には、税務署長等は、その旨を滞納者に通知しなければならない（徴収法153条2項、地税法15条の7第2項）。

なお、滞納者の所在不明の場合には、滞納処分の停止の通知について公示送達を要しないとされている（平成30年版国税徴収法基本通達逐条解説1205頁）が、これは、通知の実効と手数とを考慮したものであろう。

⑶ 停止の金額

滞納処分の停止は、滞納者の特別な状況に着目して行われるものであるから、その者の租税の全部についてされるべきものである。もっとも、取立て又は公売に長期間を要する財産がある場合には、その徴収見込額に相当する租税を除いて、他の部分の租税について滞納処分の停止をすることができる（徴収法基通153－8参照）。

2 要　件

滞納処分の停止の要件は、次の三つのうちのいずれかに該当することである（徴収法153条1項、地税法15条の7第1項）。

① 滞納処分を執行することができる財産がないとき……これには、財産があっても、滞納処分費及び租税に優先する債権を考慮に入れると、租税に充てるべき金額がない場合も含まれる。

② 滞納処分を執行することによって滞納者の生活を著しく窮迫させるおそれがあるとき……これは、滞納処分を執行すると生活保護法の適用を受けなければ生活を維持できない程度の状態になるおそれがある場合である。

なお、生活の維持ということとの関係から、滞納者が法人の場合には、これに該当することはない。

③ 滞納者の所在及び滞納処分ができる財産がともに不明であるとき……滞納者の所在又は財産の一方だけが不明のときは、これに該当しない。また、滞納者の所在が不明であるとは、相当の調査（近隣、同業者、親族等からの聴取及び官公署等の調査）をしてもなお所在が

判明しない場合をいい、滞納処分ができる財産が不明であるとは、滞納処分ができる財産の有無について調査を尽くしてもなおその財産の存在が判明しないだけでなく、第二次納税義務の賦課、詐害行為取消権や債権者代位権の行使、名義変更訴訟の提起等あらゆる徴収方途を講ずることができない状況をいうことに留意する必要がある。

3　効　果

滞納処分の停止の効果としては、①滞納処分の禁止、②納税義務の消滅、③延滞税（延滞金）の免除（通則法63条1項、地税法15条の9第1項）がある。滞納処分の停止は、強制的な徴収措置を停止するものであるから、納税者が自発的に停止に係る租税を納付することは妨げられないし、また、過誤納金等の充当もできるとされている（徴収法基通153－11参照）。

⑴　滞納処分の禁止と差押解除

滞納処分の停止をした場合には、停止に係る租税について、新たに差押えその他の滞納処分をすることができない。また、生活の窮迫を理由とする停止をした場合において、差押財産があるときは、その差押えを解除しなければならない（徴収法153条3項、地税法15条の7第3項）。なお、優先債権等との関係から租税の徴収見込みがないことを理由として停止をした場合において、その財産を差し押さえているときも、その差押えを解除することになる（徴収法48条2項）。

交付要求又は参加差押えは、自らは強制的徴収をしないという停止の趣旨に反しないから許されるとされている（徴収法基通153－10参照）。

⑵　納税義務の消滅

イ　停止後3年経過による納税義務の消滅　　滞納処分の停止をした場合において、その停止が3年間継続したときは、その3年の期間を経過した時に、その停止に係る租税の納税義務が消滅する（徴収法153条4項、地税法15条の7第4項）。

なお、滞納処分の停止には消滅時効の完成猶予及び更新の効力がないため、滞納処分の停止後3年の期間経過前に5年間の徴収権の消滅時効（通則法72条）が完成した場合は、その時に納税義務が消滅する。

ロ　停止に伴う納税義務の即時消滅　　滞納処分を執行できる財産がないことを理由として停止をした場合において、①その租税が限定承認に係るものであるとき、②その他その租税を徴収できないことが明らかであるとき（解散法人の租税、更生法204条の規定により免責された租税等の場合が考えられる。）は、上記イの3年経過後の消滅ではなく、直ちに、停止に係る租税の納税義務を消滅させることができる（徴収法153条5項、地税法15条の7第5項）。

ハ　停止中の時効進行による納税義務の消滅　　滞納処分の停止中であっても、停止に係る租税の消滅時効が進行するから、時効の完成により納税義務が消滅する場合がある。

4 取消し

滞納処分の停止をした後3年以内に、その停止に係る納税者につき、前述した停止の要件（177頁**2**参照）のいずれにも該当する事実がないと認めるときは、税務署長等（徴税機関の長）は、その停止を取り消さなければならない（徴収法154条1項、地税法15条の8第1項）。この場合、注意しなければならない点は、例えば、納税者の所在及び財産の不明を理由として停止をしていた場合に、その所在が判明したためその要件に該当しないこととなっても、直ちに取消しができるわけではなく、他の要件のいずれにも該当しない場合に、はじめて取消しができることである。

なお、滞納処分の停止を取り消した場合には、税務署長等は、その旨を納税者に通知しなければならない（徴収法154条2項、地税法15条の8第2項）。この通知は、取消しに伴う滞納処分の再開のための要件と解される。

（注）　納税義務の消滅と停止の取消しとの関係　　滞納処分の停止後3年以内に取消しの要件に該当する場合であっても、その取消し前に、停止に係る租税の納税義務が消滅しているときは、もはや停止の取消しはできない。

第6節　その他の緩和制度

1　源泉徴収の猶予

源泉所得税の納税者が災害を受けた場合には、災害時以降の支払いに係る給与等についての源泉徴収を一定期間猶予する（災害減免法3条2項から5項）。したがって、租税債権者が租税の徴収を緩和するのとは異なり、徴収義務者が、猶予期間中の支払いに係る給与について源泉徴収をしないという措置である。このほか、年末調整の不足額に係る徴収の猶予ができる（所得税法192条2項）。

2　修正申告に係る事業税等の徴収猶予

二以上の都道府県又は市町村において事務所又は事業所を有する法人が事業税等の修正申告をし、又は更正を受けた場合には、その修正申告等に係る納付すべき地方税が一定額に満たないとき等一定の要件に該当すれば、修正申告書等を提出した日又は更正に係る納期限後に最初に到来する納期限まで、徴収を猶予される（地税法15条の4、地税令6条の9の2）。これは、納税事務の簡素化を図るための措置である。

3　不服申立てに伴う徴収の猶予等

不服申立てに伴う租税徴収の緩和措置としては、①徴収の猶予、②滞納処分の続行停止、③差押えの猶予及び④行政不服審査法による執行停止がある（通則法105条、地税法19条の7第2項、行審法25条、61条）。これらの詳細については、後述する（233頁**2**参照）。

4　租税特別措置法による納税猶予

(1)　農地に係る納税猶予

租税特別措置法による農地等に係る納税の猶予としては、贈与税の納税猶予（租特法70条の4）と相続税の納税猶予（租特法70条の6）とがある。

いずれも農業後継者の負担を緩和しようとする政策目的によるもので

ある。つまり贈与税の納税猶予は、農業を営む個人がその農業の用に供している農地等を推定相続人の1人に贈与した場合の贈与税について、担保を提供することにより、原則として贈与者の死亡の日まで納税を猶予したうえ贈与税は免除をし、相続時において相続税の課税をするものである（租特法70条の4、70条の5）。また、相続税の納税猶予は、農業相続人が農業を営んでいた被相続人から農地等の相続（遺贈を含む。）を受けた場合、一定の価額に対応する相続税について、担保を提供することにより、相続税の納税を猶予し、次の相続が開始した場合には、納税猶予税額を免除するものである（租特法70条の6）。

(2) 非上場株式等に係る納税猶予

租税特別措置法による非上場株式に係る納税猶予は、農地等の納税猶予の場合と同様、贈与税の納税猶予（租特法70条の7）と相続税の納税猶予（租特法70条の8）がある。この非上場株式等に係る納税猶予制度は、中小企業経営承継円滑化法を基本法とする中小企業承継税制の一環として創設されたものであり、中小企業の承継者の税負担を軽減しようとする政策目的によるものである。

すなわち、非上場株式に係る納税猶予は、中小企業経営承継円滑化法の中小企業で認定を受けた会社を承継する相続人が、当該会社の代表者（被相続人）から相続等によりその会社の非上場株式を取得した場合に、その非上場株式に相当する相続税について一定の担保を提供したときは、相続人の死亡の日まで納税を猶予するものである。

また、非上場株式に係る贈与税の納税猶予は、中小企業の承継者が当該企業の代表者からその企業の非上場株式の贈与を受けた場合に、その贈与税について一定の担保を提供したときは、贈与者（代表者）の死亡するまで納税を猶予し、その死亡に係る相続税のうち、当該非上場株式に相当する相続税について、さらに、受贈者の死亡の日まで納税を猶予するものである。

(3) 青色申告者から承継した事業用資産に係る納税猶予

青色申告者から承継した事業用資産に係る納税猶予は、農地等の納税猶予の場合と同様、贈与税の納税猶予（租特法70条の6の8）と相続税の納税猶予（租特法70条の6の10）がある。この青色申告者から承継した事業用資産に係る納税猶予は、非上場株式等に係る納税猶予と同様、中小企業経営承継円滑化法の認定を受けた者が、個人の事業用資産を贈与又は相続等により取得した場合において、その事業用資産に係る贈与税・相続税について、一定の要件のもと、その納税を猶予し、後継者の死亡等により、納税が猶予されている贈与税・相続税の納付が免除される制度である。

5　地税法による徴収猶予

地税法に関する猶予制度で「徴収の猶予」あるいは「徴収猶予」と呼称されているもののうち総則に規定されているものの内容は、通則法第46条第2項に定める納税の猶予と全く同様である（通則法46条1項の「災害による納税の猶予」の定めはない。）。

なお、地税法には上記のほか、法人の道府県民税及び事業税について、租税条約に基づく申立てが行われた場合の徴収猶予（地税法55条の2以下及び72条の39の2以下）、不動産取得税について住宅用土地として減額申請が行われた場合の徴収猶予（地税法73条の25）、特別土地保有税について納税義務の免除に係る期間の徴収の猶予（地税法601条4項）及び宅地開発税の納税義務者が公共用地等を無償で市町村に譲渡する場合の徴収の猶予（地税法703条の3第4項）がある。

6　納付委託（納入委託）

実質的な滞納処分の猶予の効果をもつものとして、納付委託（納入委託）があるが、これについては前述した（72頁**8**参照）。

第6章

財産の評価

第1節　概　　説

1　評価をする場合

差押財産は、租税債権者の立場及び納税者その他の利害関係人の立場からしても、高価有利に換価（狭義）することの必要性から、その最低売却価額としての見積価額を定めることが制度化されている（徴収法98条、109条2項）。この見積価額は、換価時における時価（差押財産を直ちに売却する場合に想定される現在価値であり、財産の所在する場所の環境や市場性、収益性、費用性その他の財産の価格形成要因を適切に反映した価額）を基礎として定めるが、この時価を算定するために、財産の評価をすることになる。

この他にも、徴収関係実務においては、差押え、担保の徴取、第二次納税義務の賦課、保全差押えの執行、延滞税（延滞金）の充足免除など財産の評価をする場合がある。これらの場合の評価も、換価財産の場合と同様に時価による評価方法に変わりはないが、評価をする目的により、合理的と認められる方法であれば足りると解される（東京地判平成8.10.1判タ953号139頁。また、例えば、概算により財産の価額を算定する場合もある。二次義務提要24参照）。

2　評価事務の準則

狭義の換価（売却）の原則的な方法は公売であるが、公売財産の評価事務を適正に行うため、その評価方法を定めたものとして、評価通達がある（なお、市場性減価について徴収法基通98－2(2)の（注）参照）。

ところで、不動産鑑定士等が不動産の鑑定評価を行うに当たって、その拠り所となる合理的な基準として、「不動産鑑定評価基準」（以下「鑑定基準」という。）がある。評価通達は、この鑑定基準が定める評価方法の種類及び呼称を取り入れ、その内容についても鑑定基準と平仄を合わせるよう配意している。以下では、評価通達を基として、評価実務を概観する。

3　評価事務の手順

評価事務の基本的な手順を示せば、①評価計画の策定（適切な作業日程、作業手順、分担等を定める。)、②評価対象財産の確認、③評価関係資料の収集及び整理、④評価関係資料の検討、⑤評価方法の適用、⑥基準価格の算定、⑦公売の特殊性に伴う調整、⑧見積価額の評定、ということになる。

なお、換価財産の評価を鑑定人に依頼した場合又は評価が比較的簡単なものである場合には、上記の手順を簡略化することになる。

⑴　換価財産の確認

換価財産の評価に当たっては、差押調書等により明示された差押財産について、その物的確認と権利の態様の確認を行う。物的確認は、換価財産を実地に確認して、その存否及びその内容を物的に照合することであり、例えば、土地については、所在、地番、地目、地積、形状、境界、定着物の有無等を確認資料（後記⑵のイの㈠参照）と実地に照合し、確認する。

権利の態様の確認は、物的に確認された換価財産について、その権利関係（例えば、借地権、借家権等の利用権）を確認することにより、評価に影響を及ぼす権利の存否及びその内容を照合することである。この権利の態様の確認に当たっては、不動産登記簿等に登記されている権利についてはもちろん、公簿に表れていないものについても、現実の利用関係を調査することにより、その実態の把握に努めることが重要である。

⑵　評価関係資料

イ　評価関係資料は、評価における判断に合理性と理論性を与え、評価額を客観的なものとするための重要な基礎であって、これには次のようなものがある。

㈠　確認資料　　これは、換価財産の物的確認及び権利の態様の確認に必要な資料であり、例えば、不動産に関する確認資料としては、不動産登記事項証明書、土地又は建物の図面（土地所在図、地積測量図、建物図面等)、写真、売買契約書、権利の設定に関する契約書等がある。

なお、確認資料の収集及び整理は、他の評価資料とは異なり、換価財産の確認の前に行うことになる。

(ロ)　事例資料　　これは、評価方法の適用に必要とされる現実の取引価格に関する資料であり、例えば、取引事例比較法の適用に必要な取引事例、収益還元法の適用に必要な収益事例、原価法の適用に必要な建設事例等がある。

(ハ)　要因資料　　これは、(イ)及び(ロ)以外で評価に関係のある資料であり、例えば、不動産については、地域要因に係る資料（取引慣行、土地利用に関する規制等）と個別的要因に係る資料（不動産の形状等その個別的特性に関する資料）とがある。

ロ　収集・整理した評価関係資料は、評価の作業に活用する前に、再度、その適格性について検討を加える。この場合にあっては、特に、収集した評価資料の性格が偏向的なものでなく、信頼するに足るものであるかどうかについて検討する必要がある。

(3)　評価方法の適用等

イ　換価財産の種類によって最も適切な評価方法（本章2節参照）を基として評価し、基準価格（公売の特殊性を考慮する前の換価財産の価格をいい、いわゆる時価である。）を算出する。

各種の評価方法に最も適する財産を例示すれば、次のとおりである。これは、原則的な評価方法を示したものであって、例えば、建物は原則として原価法により評価することになるが、マンション、建売住宅のように適当な取引事例価格を容易に知り得るときは、取引事例比較法により評価することになる。

①　取引事例比較法に適する財産　　土地、区分所有建物、借地権、有価証券、動産、電話加入権、自動車

②　原価法に適する財産　　建物、船舶、機械、埋立地、造成地

③　収益還元法に適する財産　　賃貸用不動産、特許権等の無体財産権

なお、換価財産の評価に当たっては、いずれの評価方法を採用する場合であっても、必要に応じ、他の評価方法も参酌し妥当な価格

を求めるよう努めるとともに、広く精通者の意見を聴取するほか、財産評価基本通達（昭和39年4月25日付け直資56ほか「相続税財産評価に関する基本通達」をいう。なお、この通達の題名は、平成3年12月18日付け課評2－4ほか「相続税財産評価に関する基本通達の一部改正について」により、「財産評価基本通達」に改められている。）による評価額、従来実施した公売による入札価額又は落札価額等をも参考にし、妥当な価格の算定に万全を期することが大切である。

ロ　公売に当たっては、財産の所有者が任意に処分する場合よりも、換価財産であるところからくる不利な要素（因縁付の財産であること、売却条件が一方的に決定されること、換価処分が一方的に取り消される危険があること等）によって市場が限定されるので、見積価額が低廉の傾向を生ずるのが通常である。換価財産の見積価額の評定に当たっては、この不利な要素、すなわち「公売の特殊性」を参酌して妥当な価格を見込まなければならない。この場合において、どの程度の参酌をするかについては、換価財産の種類、数量、性状等によってそれぞれ相違するので、一律の調整割合によることなく、既往の公売事例等を参酌して、具体的事情に適合した妥当な調整を行って評価する。この場合における公売の特殊性に伴う調整の限度は、時価のおおむね30％程度の範囲内にとどめるものとされている（徴収法基通98－3－⑵参照）。通常は、10％から20％の範囲内で調整をしており、その後の事情の変化によっては、公売の特殊性を最大限に活用することとしているようである。

ハ　最後に、基準価格（上記イ）から、原則として公売の特殊性に伴う調整額（上記ロ）を控除して、見積価額を評定する。

4　鑑定人による評価額の活用

税務署長等（徴税機関の長）は、換価財産の見積価額を決定する場合において、必要と認めるときは、鑑定人に評価を委託し、その評価額を参考とすることができる（徴収法98条2項）。

イ　鑑定人に対する評価の依頼　　換価財産の評価依頼は、換価財産の価額が高額で評価に慎重性を要求される場合又は財産の評価が特に困難な場合に行われている。評価依頼をするのは、不動産については、原則として不動産鑑定士であり、その他の財産については、当該財産の製造業者、販売業者、仲介業者、鑑定家、研究機関の職員等のうち適当と認められる者等である。

ロ　評価依頼に当たっての留意事項　　評価依頼をするに当たっては、時価（市場性減価を適切に反映させた価額。徴収法基通98－2－(2)）を評価させることとし、公売の特殊性を考慮に入れた評価の依頼は行わない。公売の特殊性は、公売の経験を有する徴収職員の判断によることが、事柄の性質上最も望ましいからである。また、評価依頼は、1物件につき1人とし、複数の者に対する評価依頼は、原則として行わない取扱いがされている（評価通達第2章第3節2の(2)参照）。

ハ　鑑定評価額の活用　　不動産につき不動産鑑定士から鑑定評価書を徴した場合で、その内容が財産評価基本通達による評価額等の署内資料を参考として念査した結果、妥当であると認められるときは、その鑑定評価額を見積価額の評定における基準価格とする実務取扱いがされている（評価通達第2章第3節2の(3)参照）。

なお、これは、不動産以外の財産についても同様である。

5　精通者の意見聴取

換価財産の評価に当たっては、必要に応じ、評価に関する各種の事項について評価を依頼した鑑定人以外の精通者の意見を聴取し、評価に慎重を期することが大切である。この場合の精通者とは、例えば、不動産については、信託銀行の貸付担当者等評価に相当の技術を有する者、不動産の仲介を業とする者で組織する協会の役員等信用のある者をいい、動産については、当該動産の製造業者、販売業者、鑑定家等をいう（評価通達第2章第3節2の(4)）。

第2節 評価の方法

1 取引事例比較法

取引事例比較法とは、評価対象財産と同種同等の取引事例との比較を行い、換価財産の基準価格を求める方法である。これを不動産についてみると、①まず多数の取引事例を収集して適切な事例の選択を行い、②当該事例に係る取引価格について、正常な取引事情の下であったならば成立したであろう価格に適正な補正（事情補正）を行い、また、③取引事例に係る時点の価格を、公売する時の価格に修正（時点修正）する。さらに、④不動産はその存する地域の地域的特性（地域要因）により一定の価格水準が形成され、⑤当該地域内にある不動産の価格は、それぞれの不動産が有している特性（個別的要因）により異なるところから、これらの要因を検討のうえ、求められた価格を比較考量して基準価格を求めることになる。

これらの諸点に関する留意事項は次のとおりである。なお、不動産以外の財産についても、これに準ずることになる。

⑴ 取引事例の収集

取引事例比較法による評価に当たり重要な点は、換価財産になるべく近い状況の取引事例を収集することである。そして、この取引事例の収集に当たっては、①その取引が正常なものと認められるものであること又は正常なものに補正（事情補正）ができるものであること、②時点修正ができるものであること、③個別的要因の比較が可能なものであること、④取引事例が評価対象財産の存する近隣地域又は類似地域に存するものであること、のすべての要件を備えているものを選択することが望ましい。

上記④については、近隣地域（換価財産と社会的、経済的及び行政的要因に同一性が認められ、価格の形成に関して同じ影響を与えるような地域）に適当な取引事例がない場合に、類似地域（換価財産に係るその地域的特性と類似する地域的特性を持つ他の地域）の取引事例を選択する。そして、近隣地域と類似地域の範囲は、地域を区分する基礎となる不動産の用途の共通性との関連で、把握するという理解が必要である。

具体的には、不動産の場合、この地域は、都市計画法に基づき分類した区域で捉えるのが適切である（すなわち、都市計画法に基づき分類した区域内にある取引事例を収集する。）。この都市計画法により分類した地域については、この地域内に存すればすべて近隣地域にあるという考え方ではなく、少なくとも類似地域には存するといえるであろうとの考え方に基づく。すなわち、A市1丁目、2丁目が同一の住居地域と指定されていても、1丁目と2丁目は近隣地域ではなく類似地域であると認定すべき場合があるということに留意を要する。

（注）　都市計画法に基づき分類した区域は、次のとおりである。

⑴　市街化区域（既に市街地を形成している区域及びおおむね10年以内に優先的かつ計画的に市街化を図るべき区域）　これには、①第一種低層住居専用地域（低層住宅の良好な住環境を守るための地域）、②第二種低層住居専用地域（主に低層住宅の良好な住環境を守るための地域）、③第一種中高層住居専用地域（中高層住宅の良好な住環境を守るための地域）、④第二種中高層住居専用地域（主に中高層住宅の良好な住環境を守るための地域）⑤第一種住居地域（住居の環境を保護するための地域）、⑥第二種住居地域（主に住居の環境を保護するための地域）、⑦準住居地域（道路の沿道等において、自動車関連施設などと、住居が調和した環境を保護するための地域）、⑧田園住居地域（農地や農業関連施設などと調和した低層住宅の良好な住環境を守るための地域）、⑨近隣商業地域（近隣の住民が日用品の買い物をする店舗等の業務の利便の増進を図る地域）、⑤商業地域、⑥準工業地域（主として環境の悪化をもたらすおそれのない工業の利便を増進するための地域）、⑦工業地域、⑧工業専用地域及び⑨その他の地域がある。

⑵　市街化調整区域（市街化を抑制すべき地域）

⑶　上記以外の都市計画区域

⑷　都市計画区域の定めのない区域

⑵　事情補正

不動産の取引価格は、当事者間において個別的に形成される場合が多く、現実に成立した取引には特殊な事情が含まれる場合がある。そこで、評価の基となる取引事例がどのような条件の下で成立したものであるかを調査し、特殊な事情があると認められるときは、その事情を参酌して、正常な取引事情の下で成立したであろうと認められる価格に補正する必要が生ずる。この「特殊な事情」とは、買手又は売手の知識不足による取引、買い急ぎ、売り急ぎ等特別の動機に基づく取引、知人、親せき間等人的関係による恩恵的取引、割賦払いによる取引等がある。

取引事例に含まれるこのような特殊な事情を補正し、正常な取引価格に修正するに当たっては、精通者の意見、取引当事者の申立て、標準地の公示価格又は基準地の標準価格と当該地域の取引価格との格差割合等を参考として行うことになる。

なお、正常な価格に補正することのできない取引事例は、評価の資料として採用することはできない。

(3) 時点修正

不動産の価格は、時の経過に伴う効用の変動等価格形成要因の変動により推移するものであるから、取引事例に係る取引時点と公売時点とが異なる場合において、その間に価格水準の変動があると認められるときは、取引事例価格を公売時点の価格に修正する必要がある。

この時点修正を行うに当たっては、取引時点と換価時点間の価格水準の変動率を求め、この変動率を取引事例価格に乗じて公売時点における公売財産の価格を求めることになる。

なお、この変動率を求めるに当たっては、標準地の公示価格又は基準地の標準価格の変動率、全国市街地価格指数、物価指数、財産評価基本通達による評価額又は固定資産税評価額の変動率等を参考とする。

(4) 地域要因と個別的要因の比較

イ　不動産の価格については、その不動産の存する地域の地域的特性（地域要因）により一定の価格水準が形成され、また、当該地域内にある土地の価格は、それぞれの土地が個別に有している特性（個別的要因）により異なるものである。したがって、取引事例価格から換価財産の価格を求めるに当たっては、地域要因の格差を求めるとともに、個別的要因の格差も求める必要がある。ただし、取引事例が換価財産の近隣地域のものである場合には、地域要因の比較をする必要がない。

ロ　すなわち、換価財産の存する地域と異なる地域に存する取引事例（いわゆる類似地域のもの）を基として換価財産の価格を求める場合には、それぞれの存する地域格差を比較して（地域要因の比較をして）、取引事例価格から換価財産の存する地域の価格に修正する必要が生ずる。この地域要因の比較をした後に、個別的要因の比較を行うことになる。

ハ　個別的要因の比較を行う方法としては、①取引事例と換価財産のそれぞれの個別要因を直接比較して求める方法（直接法）と、②それぞれを当該地域の標準的使用にあてられている土地と比較して、双方の較差を求める方法（間接法）とが考えられる。しかし、直接法は、取引事例と換価財産とが同一・地域（近隣地域）に存在する場合にのみ有効な方法であることに留意する必要がある。そして、取引事例とその地域の標準的土地とを比較して取引事例の個別的要因を求める場合を「標準化補正」と呼び、換価財産と換価財産の属する近隣地域にある標準的な土地との比較を「個別的要因の比較」と呼んでいる。

例えば、道路の幅員で考えてみると、取引事例地に接する道路が4mで、換価財産に接する道路も4mである場合、――同一地域（近隣地域）の場合は両者に格差が生じないが――両者の存する地域が異なり（類似地域である場合）、取引事例地の存する地域の標準的街路幅は6mであり、換価財産の属する地域のそれは4mであるときには、道路幅は同じでも、その中味は取引事例は一般に比べて「劣る」ことになるはずである。これを直接法によれば、標準的な土地との比較をしないから、同一地域の場合と同様、両者に格差は生じないこととなる。

ニ　地域要因及び個別的要因は、用途地域ごとに異なるが、例えば、住宅地域による地域要因は、①日照、温度等の気象の状態、②街路の幅員、構造等の状態、③都心との距離、交通施設の状態、④上下水道等、供給処理施設の状態、⑤変電所、汚水処理場等危険施設又は嫌悪施設の有無等があり、また、個別的要因としては、①地積、形状、②交通施設との距離、③供給処理施設の状態、④接面道路の系統、構造及び道路との関係、⑤周囲の状態等が挙げられる。これらの格差率については、当該不動産の存する地域の一般的、標準的な使用を標準として換価財産の最有効使用の状態との格差率を判定することとなるのであるが、国土交通省が作成した土地価格比準表に定められた格差率が参考となる。

なお、この格差率は、その最高値（上限値又は下限値）を定めているものであるから、評価担当者が換価財産及び取引事例の現況を確認した結果に基づき、その範囲内で最も妥当な格差率を求める必要がある。

2 原価法

原価法とは、換価財産を公売時点に新たに再調達することを想定した場合において必要とされる適正な原価の総額（再調達原価）を求め、この再調達原価につき減価償却を行って当該換価財産の試算価格を求める方法である。

(1) 再調達原価の求め方

イ　再調達原価は、通常、建設請負により請負者が発注者に対して直ちに使用可能な状態で引き渡す場合の、発注者が請負者に対して支払う標準的な建設費に、発注者が直接負担すべき付帯費用を加算して求める。これを一般の住宅でみると、直接工事費（基礎、屋根、左官、電気、ガス等の工事費）、間接工事費（現場経費等）及び請負者の適正かつ標準的な利潤ということになる。

ロ　再調達原価を求める方法には、①対象不動産の全体又は屋根、壁、柱、床等構成部分別に使用資材の種別等を調査のうえ直接工事費を積算し、これに間接工事費、付帯費用及び請負者の適正な利潤を加えて再調達原価を求める方法（直接法）と、②対象不動産の近隣地域又は同一需給圏内の類似地域に存し、対象不動産と類似する不動産につき、直接工事費、間接工事費等を明確に把握したうえ、これらを適正に補正するとともに、必要に応じ時点修正をし、かつ、地域要因の比較及び個別的要因の比較を行って再調達原価を求める方法（間接法）がある。

ハ　実務的には、上記の方法を選択するほか、換価財産の種類及び構造を基に、建設に要する標準的な費用を建設業者等の精通者の意見を聴取したうえ、この価格又は所要の調整を行った価格をもって再調達原価としても差し支えないこととされている（評価通達第2章第2節3の⑴のハ。これは、建築資材の変化又は工法の進歩等により再調達原価を求めることが困難な場合に、客観的な再調達原価を求める方法として考えられたものである。)。

⑵　減価修正の方法

建物の減価の要因としては、㋑物理的要因（不動産の使用に伴う摩耗・破損、時の経過及び自然的作用による老朽化等)、㋺機能的要因（建物と敷地の不適応、旧式化、設備の不足又はその能率の低下等)、㋩経済的要因（近隣地域の衰退、付近の環境との不適合）がある。これらの減価額の算定方法としては、次のものがあるが、原則として①の方法によることとし、必要に応じて②も併用することとされている。

①　耐用年数に基づく方法

これには、定額法及び定率法があり、いずれの方法を用いるかは、換価財産の実情に即して決定する。なお、これらの方法による場合の耐用年数は、法定耐用年数によることとされている。

イ　定額法　　発生する減価は、不動産の耐用年数期間を通じて毎年一定額であるという前提に基づく方法である。平均的に減価する財産（例えば、建物）について適切な方法である。

ロ　定率法　　発生する減価は、元本価格（毎年減価している年分ごとの価格）に対して一定の割合であるという前提に基づく方法である。経過年数当初において著しく減価する財産（例えば、機械類）について適切な方法である。

② **観察減価法**

観察減価法は、耐用年数に基づく方法のように残価率などを直接に用いることなく、換価財産の各構成部分について、減価の要因である物理的要因、機能的要因及び経済的要因による実態を調査して、減価額を直接求める方法である。この観察減価法にあっては、特に外部からでは発見しにくい減価要因を見落すことのないよう十分に注意する必要がある。

3 収益還元法

収益還元法は、対象不動産が将来生み出すであろう純収益の現在価値の総和を求めるものであり、対象不動産に帰属する純収益を適正な還元利回りで還元してその試算価格を求める。したがって、対象不動産が将来どの程度の期間にどれだけの純収益を生み出すかということ及び適正な還元利回りを的確に把握することが重要となる。

⑴ **純収益の算定**

イ　純収益とは、ある不動産に帰属する適正な収益をいい、年間を単位とする総収益から総費用を差し引いて求める。例えば、賃貸用不動産にあっては、賃貸収入から維持管理費、公租公課、損害保険料、その他諸経費を差し引いて求めることになる。この賃貸収入には、実際に支払われる賃料ばかりでなく、権利金、敷金等の運用益も加算する必要があるし、共益費等の名目で受領している金員の内に賃料に相当する部分が含まれている場合には、これも算入する必要がある。また、維持管理費は、管理人の給料、毎年継続的に必要とされる修繕費等である。

ロ　純収益を求める方法には、次のものがある。

(イ)　直接還元法　　一期間の純収益を還元利回りで還元して収益価格を求める方法である。

(ロ)　DCF法　　収益資産を持ち続けたとき、それが生み出すキャッシュ・フローの割引現在価値を価格とするものである。

ハ　なお、建物及びその敷地の純収益から建物（又は敷地）に帰属する純収益を控除して、当該敷地（又は建物）の純収益を求めることができる。この場合の建物の純収益を求める手法は建物残余法、敷地の純収益を求める手法は土地残余法と呼ばれている。

⑵　還元利回りを求める方法

還元利回りは、純収益を還元して元本価格を求めるに当たり採用される利回りであり、純収益の元本価格に対する収益性を表す概念といえる。還元利回りの決定に当たっては、最も一般的と思われる投資の利回りを標準とし、その投資対象との関連において有する当該財産の個別性、すなわち、投資対象としての危険性、流動性、管理の困難性、資産としての安全性等を総合的に比較考量して求める。

⑶　純収益を還元する方法

収益還元の目的は、対象不動産が将来生みだすであろうと期待される純収益の額の評価時点における現価の総和を求めることにあるので、換価対象不動産について収益還元を行うに当たっては、純収益の内容、継続性等に即応した還元方法を選択する必要がある。

イ　純収益が永続的な土地の場合　　純収益を還元利回りで還元して、収益価格を求める。

ロ　純収益が有限な場合　　不動産の純収益に還元利回りと残存耐用年数を基礎とした複利年金現価率を乗じて収益価格を求める。

第3節　土地及び建物の評価

1 土　地

(1) 土地の類型

土地の分類方法には、用途による分類と有形的利用又は権利関係による分類とがある。

用途による分類で示されるものが土地の種類であり、宅地（住宅地、商業地等）、農地、林地等に分類される。有形的利用又は権利関係による分類で示されるものが土地の類型であり、更地、建付地、貸付地等の分類がこれに当たる。評価通達における土地の分類は、次のとおりである（これを、同通達では「土地の類型」と題しているが、鑑定基準の考え方を変更しているのではなく、種類と類型を併せて「土地の類型」という用語を使用したにすぎない。）。

イ　宅地　　居住、商業活動、工業生産等の用に供される建物等の敷地の用に供されることが合理的と判断される土地をいい、更地、建付地、底地に分類され、また、底地の評価と密接な関連を有するものとして、借地権及び区分地上権がある。

ロ　農地　　農業生産活動のうち、耕作及び採草放牧の用に供されることが合理的と判断される土地をいう。

ハ　林地　　林業生産活動のうち、木竹の生育の用に供されることが合理的と判断される土地をいう。

ニ　見込地　　ある類型の土地から他の類型の土地へと転換しつつある土地をいう。

（注）土地の種別の分類方法につき、鑑定基準は、社会的、経済的、行政的にあるまとまりのある地域につき、その地域内の土地がある用途に供するのが妥当という判断をしたうえ、例えば、居住等の用に供されるのが合理的であれば宅地地域に分類し、その地域内にある土地は宅地と分類する。これに対して評価通達は、地域による判定をすることなく、評価対象財産が居住の用に供されることが合理的と判断されれば宅地と定義している。

このように、鑑定基準は客観主義、評価通達は現況主義をとっている。この結果、例えば、農地地域のなかに現に宅地として利用されている土地があり、それが宅地として利用する合理性がある場合には、鑑定基準では農地として評価するが、評価通達では宅地として評価することになる。

(2)　評価上の留意事項

イ　土地は、1平方メートルをもって評価単位とする。ただし、農地又は林地については、適宜の評価単位（例えば、1アール）によっても差し支えない。

ロ　土地の評価は、次により行う。

(イ)　土地は、原則として取引事例比較法により評価する。この場合において、取引事例が少ないときは、換価財産の存する近隣地域又は類似地域にある標準地の公示価格又は基準地の標準価格から合理的に比準して得た価格により評価する。

なお、鑑定基準では、土地の評価は取引事例比較法、原価法及び収益還元法の3方式を併用することとされており、評価通達に規定する上記の考え方と差異があるが、評価通達は「収益還元法又は原価法等の他の評価方法が適用できる場合は、必要に応じてこれらの評価方法により算出された価格も比較検討し、適正な評価額を求めることとする」（同通達3章1節2の(2)）と定めているから、両者の間に実質的な差異はないといえよう。

(ロ)　上記(イ)により得ない場合には、換価財産の属する地域の土地相場（指値）又は財産評価基本通達の定めにより求めた価格を参考として評価し、必要に応じ、原価法又は収益還元法による評価を行い、当該評価の妥当性を確認する。

(ハ)　上記(イ)・(ロ)により得ない場合には、原価法又は収益還元法により評価する。

(3)　宅地の評価

①　更地の評価

更地とは、建物等の定着物がなく、かつ、使用収益を制約する権利の付着していない宅地をいう。更地は、取引事例比較法により評価する。

②　**建付地の評価**

建付地とは、建物等の用に供されている敷地で、建物等及びその敷地が同一の所有者に属し、かつ、当該所有者により使用され、その敷地の使用収益を制約する権利の付着していない宅地をいう。この評価は、建物等の敷地として継続使用することが合理的である場合の、敷地の部分鑑定評価であるとされている。

ところで、土地と建物が同一所有者に属する場合において、土地のみを換価したときは、建物につき法定地上権が発生する（徴収法127条）ので、この場合の土地は、底地として評価することになる。したがって、土地と建物を一括換価する場合の土地部分の評価に当たっては、建付地として分類することになる。

建付地の評価に当たっては、土地上の建物が当該土地の最有効使用の状態にないと認められる場合には、最有効使用の状態にある建物が存在しているときに比較し、土地の価額が減価しているので、その部分を減額する必要がある（この建付減価については、①土地価額から減額しようとする考え方、②建物価額から減額しようとする考え方、③土地、建物一体としての価額から減額しようとする考え方があるが、評価通達では、鑑定基準の立場である①の考え方を採用している。）。この建付減価は、当該土地の最有効使用の状態との格差、更地化の難易の程度、建物等との関連性を考慮して定める。

③　**底地の評価**

底地とは、宅地について借地権の付着している場合の当該宅地をいう。底地については、通常、更地の価格を基として評価するが、具体的には、更地価格から借地権価格を控除する方法により行う（建物が底地の最有効使用の状態にないと認められるときは、さらに建付減価を行っても差し支えない。）。この場合には、必要に応じ、その底地の賃貸収入に基づく収益還元法による評価を行い、当該評価の妥当性を確認する必要がある。

なお、収益還元法による評価は、不動産市場が安定し、賃貸借等の事例や収益事例が多く、不動産の純収益と還元利回りとを的確に把握できる場合には有効であるが、不動産価格の高騰に見合う賃料の引上げが困難なため、不動産の収益性が低下しているような場合には、他の評価方法による評価額に比べて低額な評価額となる場合があるため、収益還元法のみでなく他の評価方法も併用することに留意する必要がある。

④　借地権の評価

イ　借地権の定義について、鑑定基準では借地借家法上の借地権のみがこれに当たるとしているが、評価通達では、法律上の借地権（法定地上権を含む。）のほか、すべての宅地の使用権をいうとし、さらに、使用権のない場合であっても現に換価財産上に建物等があり、立退等の費用を買受人が負担すると認められるときは、これらも借地権に準じて取り扱うことにしている。

　これは、公売という特殊な状況の中で買受人となる者に不測の損害を被らせることのないように配慮したものである。

ロ　借地権を取引事例比較法により評価する場合には、①借地権の法律上の対抗要件の具備の有無、②地代、借地期限その他の借地条件、③建物の種類、構造等を検討し、所要の調整を加える必要がある。一般的には、借地権の取引事例価格自体を直接把握できる場合は少なく、敷地と分離した建物だけの売買に付随して取引され、建物の取引価格に包含されていることが多い。この場合においては、当該取引事例の取引事情、契約の内容、建物自体の価格の把握が的確に行えるときは、その建物の取引価格から建物自体の価格を控除することにより、借地権の価格を求める。

ハ　上記のような適当な取引事例がない場合には、財産評価基本通達に定める借地権割合及び精通者の意見を基として評価する。この場合には、必要に応じ、当該土地の適正利潤に公租公課及び管理費用等の諸経費を加えた金額から、実際に支払われている地代を差し引いた金額を、還元利回りで除して求めた金額により、当該評価の妥当性を確認することが望ましい。

ニ　借地権の評価額は、法律上の対抗要件の具備の有無その他各種の条件によって異なる。例えば、①建物が存在する宅地の借地契約について期限が到来し、借地契約を更新するときは、更新料を支払うのが通常であるから、残存借地期間が少ないとき（おおむね5年未満）は、借地権価格から更新料相当額を控除するし、②借地上にある建物を売買する場合には、土地の所有者に対して名義書替料を支払う事例が多いから、その場合には、借地権価格から名義書替料相当額を控除する。また、③法律上の対抗要件を具備していない借地権については、当該借地権価格から、建物の所有者が借地契約をするに当たって土地所有者に支払うと見込まれる権利金等の額を控除する。

⑤ 特殊な宅地の評価

イ 私有道路 私有道路については、隣接宅地の価額を基とし、付近住民の日常生活との密接の度合い、公共的性格の強弱の程度に応じ、精通者の意見、財産評価基本通達の定め及び国土交通省において定める土地価格比準表等を参考として、適宜減額して評価する。評価通達は、換価財産が私有道路のみである場合において、その公共的性格が強く、かつ、付近住民がその私有道路を含めて土地を購入していることが明らかな場合、実質上地方公共団体に帰属していると認められる場合又は換価に付しても付近住民から買受人を求めることが困難な場合には、その価値がないものとして取り扱って差し支えないこととしている。

ロ 土地区画整理事業施行地内の宅地 土地区画整理事業施行地内の土地の評価に当たっては、評価対象財産を従前の宅地、仮換地、換地の内のいずれとするかということと、換地処分があった場合の清算金を評価上どのように考慮すべきかという問題がある。

評価対象財産については、①仮換地指定前であれば、従前の宅地以外には評価対象財産はないし、②仮換地の指定があれば、原則としてその仮換地が評価対象財産となり（工事進行の度合いにより仮換地による評価ができない場合等には従前の宅地により評価することもある。）、③換地処分後は、その換地が評価対象財産となる。

清算金については、仮換地を仮換地のままで評価し換価する場合に限りその調整を行うことになり、①清算金の交付が見込まれる場合において、施行者が買受人に清算金を交付する取扱いをしているときは、清算金相当額を見積価額に加算し、②清算金を施行者に支払わなければならない場合において、施行者が買受人に請求する取扱いをしているときは、清算金相当額を見積価額から控除する。

(4)　その他の土地の評価

農地及び林地は、土壌の状態、日照の良否等専門家でなければ分からない事項が多い。そこで、農地については農業委員会等の、林地については森林組合等の、それぞれの意見をも聴取し、換価財産の状況を的確に把握することが必要である。

宅地見込地の評価を取引事例比較法により行う場合には、宅地の取引事例ではなく、宅地見込地の取引事例を使用する。この場合において、宅地見込地の取引事例がない場合には、造成後の更地を想定した隣接宅地の価格を基として、その価格から通常の造成費相当額及び直接負担すべき通常の付帯費を控除し、その額を、当該宅地見込地の熟成度に応じて適宜修正して評価する。

2　建　物

建物は、次の類型に区分し、原則として原価法により評価する。ただし、例えば、マンション、建売住宅のように適当な取引事例価格を容易に知り得るときは、取引事例比較法により評価する。

(1)　自用の建物

自用の建物とは、所有者が使用している建物で、所有者による使用収益を制約する権利の付着していないものをいう。なお、賃貸借契約の締結されている建物であっても、当該契約に基づく賃借権の登記がなく、かつ、使用されていない建物（空家等）は、貸家には該当せず、自用の建物に準じて取り扱う。

自用の建物の評価は、原則として原価法により行う。ただし、例えば、マンション、建売住宅のように適当な取引事例価格を容易に知り得るときには、取引事例比較法により評価する。

原価法により評価する場合の減価償却は、原則として定額法による。また、建物のみを公売する場合は、その建物の買受人が法律上第三者に対抗できる借地権を取得するか否かにかかわらず、原則として土地利用権を考慮して評価する。ただし、この場合においては、土地利用権の態様(法定地上権、使用借権等)により建物の市場性が大きく異なることになる場合があることに留意する必要がある。さらに、建物に居住人がいる場合には、その居住人が法律上第三者に対抗できる借家権を有しているか否かにかかわらず、借家権価格を控除して評価し(この場合においては、例えば、居住内容(不法占拠、使用貸借等)等により、借家権の価格が異なることに留意する必要がある。)、収去を要求されている建物、明渡しを要求している建物又は買取請求権行使の目的となっている建物(借地借家法第5条、第13条)等、特殊、異例な事情のある建物については、それぞれの事情に応じ、借地権又は借家権の有無及びその程度又は買取請求権の内容等を判定し、所要の調整を行うことに留意する必要がある。

なお、残存使用可能年数が短期間で近い将来取り壊されることが見込まれる場合において、取壊し、廃材の除去、運搬等に必要な費用が建物の残存価額又は解体により発生する資材の価格を超えるときには、建物の残存価格はないものとして取り扱って差し支えない。

⑵ 貸　家

貸家とは、所有者以外の者が使用している建物又は登記のある賃借権の目的となっている建物をいう。

貸家の評価は、原価法により算出した評価額と収益還元法により算出した評価額とを比較検討して決定することになる。原価法による評価に当たっての減価償却の方法、建物だけを公売する場合の借家権価格の控除、収去を要求されている建物、明渡しを要求している建物又は買取請求権行使の目的となっている建物等、特殊、異例な事情のある建物等の評価における留意事項については、自用の建物の場合と同様である。

買受人に対抗できる借家権がある貸家の評価に当たっては、借家契約の内容、賃料、一時金の有無、占有状況等を総合勘案し、必要に応じて建物価格から、借家権価格を控除する。ただし、収益還元法の適用に当たっては、借家権による減価は行わない。

また、収益還元法の適用に当たっては、換価財産の純収益は、当該建物の賃貸収入及び敷金等の運用益から維持管理費、公租公課（固定資産税、都市計画税等）、損害保険料、減価償却費（賃貸用不動産の場合）等の諸経費を控除して算定し、還元利回り又は割引率は、建物の所在する地域、建物の種類、構造等により異なるものであるから、同種の財産における事例、精通者等の意見を参考に、公売財産の具体的事情に応じて決定する。

なお、純収益の算定において減価償却費を控除した場合は、還元利回り又は割引率についても、減価償却後の率を使用することに留意する。また、収益還元法により評価した建物の価格には、通常、当該建物に係る借地権価格が含まれていることに留意する。さらに、敷金債務は、原則として買受人が承継することになるから、敷金債務があるときには、当該敷金相当額を公売特殊性減価後に控除する。

（注）　令和2年4月1日から施行される「配偶者居住権」が付着している建物は、所有者以外の者が使用している建物として、貸家に分類される。そして、その建物の評価は、原価法により算出される建物の評価額から配偶者居住権の評価額を控除して行うのが適切であろう。なお、配偶者居住権は、登記していなければ第三者に対抗できないが、その場合でも、原価法により算出される建物の評価額から配偶者居住権の評価額を控除するのが適切であろう。また、配偶者居住権の権利者の死亡等により配偶者居住権が消滅した場合には、改めて評価をやり直す必要があることに留意する必要がある。

(3)　借 家 権

借家権とは、借地借家法（旧借家法を含む）が適用される建物の賃借権（建物が避暑等のために一時使用されている場合等、当該建物の明渡しにつき買受人がその費用の負担を要しないと認められるものを除く。）をいう。なお、使用権のないものであっても、当該建物の明渡しにつき買受人がその費用の負担を要すると認められるときは、借家権に準じて取り扱うこととされている。

借家権の評価は、財産評価基本通達が定める借家権割合及び精通者意見を参考として評価することとし、例外的に、適当な取引事例がある場合には、取引事例比較法により評価する。

（注）　令和2年4月1日から施行される「配偶者居住権」は、譲渡することができないから、差押え・換価の対象とならない。

⑷　区分所有建物

区分所有建物とは、1棟の建物に、構造上区分された数個の部分で独立して住居、店舗、事務所又は倉庫その他建物としての用途に供することができるものがあるときの、その各部分をいう（建物の区分所有等に関する法律1条）。区分所有建物は、原則として取引事例比較法により評価する。

第7章

行政争訟

第1節　不服申立て

第1款　概　　説

1　不服申立制度の意義

租税の徴収に関する処分等について不服がある者の救済は、最終的には司法裁判所の手にゆだねられるが、訴訟とは別個の手続として不服申立ての制度が設けられている。すなわち、訴訟制度は、国民の権利救済としては最も整備された形態ではあるが、①その手続が慎重であるだけに迅速な処理に欠ける面があり、また、手数と費用を考えれば、その手続による救済を求めることの困難な事件が存在すること、②行政庁が裁量を誤った不当な行為については、一般的には（裁量権の踰越や濫用のあった場合については、行訴法30条参照）、司法権の判断は及びえないと解されていること等を考えると、不服申立制度は、訴訟の前置的ないし補充的な救済手続として、その存在意義を有するといえる。なお、租税法律関係の特殊性（専門的・技術的なこと及び大量性・反覆性があること）から、租税に関する法律に基づく処分（酒税法第二章の規定による処分を除く。）で不服申立てをすることができるものの取消しを求める訴えは、原則として、審査請求についての裁決を経た後でなければできないこととされている（通則法115条1項、地税法19条の12）。

不服申立制度は、一面において国民の権利救済をはかるものであるが、他面において、行政の適正な運営を確保する手段としての意義をも有している（行審法1条1項）。

2　不服申立ての対象と適用法規

不服申立ての対象になるのは、①行政庁の処分その他公権力の行使に当たる行為及び②不作為である（行審法2条、3条）。

(1)　処分に対する不服申立て

国税に関する法律に基づく処分に対する不服申立てについては、通則法第8章第1節（不服審査）その他国税に関する法律に別段の定め（例えば、徴収法171条）があるものを除き、行審法（2章及び3章を除く。）の定めるところにより、不服申立てをすることができる（通則法80条1項）。また、地方税に関する処分に対する不服申立てについても、地税法第1章第13節第1款（不服審査）その他地税法に特別の定めがあるものを除くほか、行審法の定めるところにより、不服申立てをすることができる（地税法19条）。

租税の徴収に関する処分についても、前記により――通則法、地税法又は行審法の規定により――不服申立てをすることができるが、例えば、不服申立てに伴う差押解除の申立て（通則法105条3項等）の拒否等通則法第8章第1節又は行審法の規定に基づく処分その他不服申立てについてした処分については、不服申立てをすることができない（通則法76条、行審法7条1項12号）。

⑵ 事実行為に対する不服申立て

不服申立ての対象になる事実行為とは、公権力の行使に当たる事実上の行為で、人の収容、物の留置その他その内容が継続的性質を有する行為をいう。この場合の継続的か一時的かは相対的な差異にすぎないから、不服申立てによって救済を受けうる時間的余裕がある以上、継続的性質を有するものと解してよいとされている（田中二郎・行政法Ⅱ上219頁）。

租税の徴収に関するもので事実行為として不服申立ての対象になる例には、あまり適切なものがない。例えば、動産の差押えは徴収職員の占有により行われ、その占有は事実行為といえるが、この場合の不服申立ては、差押処分に対してすべきであり、占有という事実行為に対する不服申立ては無意味である。したがって、処分とは直接の関係がない事実行為がその例であるが、差押自動車の運行禁止のための措置（徴収法71条5項）等がこれに当たるといえよう。

なお、事実行為に関する不服申立てについては、行審法の規定が適用され、不服申立てに関する租税法の特別規定は適用がない。したがって、最上級行政庁に対する審査請求が原則で、上級行政庁がないとき等に限って処分庁に対する審査請求ができる（行審法4条）。この不服申立ての手続等は、処分に対する不服申立ての場合と同様である（**本節2款参照**）が、裁決については、異なる部分がある（行審法47条）。

(3)　不作為に対する不服申立て

不作為とは、法令に基づく申請に対して、行政庁が相当の期間が経過したにもにもかかわらず、何らの処分その他公権力の行使に当たる行為をしないことをいう(行審法3条)。租税の徴収に関する不作為としては、納税の猶予の申請があったにもかかわらず、その許否の決定をしない等の例があげられる。この不作為は、法令に基づき申請が認められている場合に限られ、申請が認められていない場合には、不服申立ての対象になる不作為は成立しない。

なお、不作為に対する不服申立てについては、行審法の規定が適用され、租税法の特別規定の適用はない。したがって、不作為庁に上級行政庁があるときは最上級行政庁に、上級行政庁がないときは不作為庁に対する審査請求をすることになる（行審法4条）。この不服申立ての手続等は、後述する（**本節2款参照**）処分に対する不服申立てとおおむね同様であるが、①申請に対して「相当期間」を経過して不作為の状態が続いている限り、いつでも不服申立てをすることができ、不服申立期間の制限がないこと、②不服申立書の記載事項が別に定められていること(行審法19条3項)、③決定・裁決に関する措置に特殊なものがあること（行審法49条）等の差異がある。

3　不服申立ての形態

行審法は、不服申立ての形態を、①審査請求（原則として、処分庁又は不作為庁以外の行政庁に対してするもの）、②再調査の請求（法律に再調査の請求をすることができる旨の定めがある場合に、処分庁に対してするもの）、③再審査請求（行審法6条参照）の三種に分類しているが、審査請求が不服申立ての基本である。

地税法は、不服申立ての形態につき特別の規定を設けていないから、行審法の規定に従うことになるが、国税の場合には、通則法に特別規定を設け、再調査の請求と審査請求を選択できることとしている。もっとも、国税の場合でも、事実行為及び不作為に対する不服申立てが行審法によることは前述した（前記**2**の(2)・(3)参照）。

租税の徴収に関する処分に対して再調査の請求及び審査請求ができる場合の概略は、次のとおりである。

(1) 国税の場合

① 再調査の請求

国税局長、税務署長又は税関長がした処分に不服がある者は、法定の期間内に、その処分をした国税局長等に対し、再調査の請求をすることができる（通則法75条1項）。国税局、税務署又は税関の職員がした処分は、それぞれその職員の所属する国税局長等の長がした処分とみなして、これらの長に対して再調査の請求をすることができ（通則法75条5項）、税務署長がした処分で、その処分に係る事項に関する調査が国税局の職員によってされた旨の記載がある書面により通知されたものについては、当該職員が所属する国税局長がしたものとみなして、当該国税局長に対して再調査の請求をすることができる（通則法75条2項）。

② 審査請求

審査請求には、再調査の請求の手続を経ないで、直接国税不服審判所長に対してされる第一次的（始審的）なものと、再調査の請求についての決定を経た後、第二次的に国税不服審判所長に対してされるものがある。なお、国税庁長官がした処分についての不服申立ては、国税庁長官に対する審査請求しかできず、その審査請求が第1審で、かつ、最終審である。

いったん再調査の請求を選択した場合には、再調査の請求についての決定を経なければ国税不服審判所長に対する審査請求はできないが、①再調査の請求後3か月を経ても再調査の請求についての決定がされない場合、②再調査の請求についての決定を経ないことについて正当な理由がある場合には、再調査の請求についての決定を経ないで国税不服審判所長に対する審査請求をすることができ（通則法75条4項）、また、③税務署長等に対して再調査の請求がされた場合において、当該税務署長等がその再調査の請求を審査請求ととして取り扱うことを適当と認めてその旨を再調査の請求人に対して通知し、かつ、当該再調査の請求人がこれに同意したときは、その同意があった日に、国税不服審判所長に対する審査請求がされたものとみなされる（通則法89条1項）。

国税不服審判所長に対する審査請求書等の書類の提出は、原則として、国税不服審判所の支部の首席国税審判官に提出することとされている（通則規則12条）。

⑵　地方税の場合

処分についての不服申立ての種類については、地税法においてはなんらの特例を設けず、すべて行審法の原則によることとなる。したがって、支庁等（地税法3条の2に規定する支庁、地方事務所、市の区の事務所又は税務に関する事務所）の長が行った処分についての不服申立ては、地方団体の長に対する審査請求として行うことになる。

なお、支庁等に所属する徴税吏員がした処分は、その所属する支庁等の長がした処分とみなし、その他の徴税吏員（本庁所属の徴税吏員）がした処分は、地方団体の長がした処分とみなされる（地税法19条の2）。

4　訴訟と不服申立ての前置

（250頁⑸参照）

第2款　処分に対する不服申立て

1　不服申立ての手続の概要

租税の徴収に関する処分に対する不服申立ては、①処分につき不服のある者が所定の事項を記載した不服申立書を提出して行うが、②その提出は、所定の期間内に、所定の行政庁に対してしなければならない。不服申立書の提出を受けた行政庁は、③それが不服申立ての要件を充足しているかどうかを審理し（要件審理・形式審査）、④その要件を充足しているものについて、内容の審理（本案審理・実質審査）をする。⑤その結果に応じて、却下、棄却、取消し等の決定・裁決をすることになる。

⑴ 不服申立てができる者

イ 直接の利害関係人　不服申立てができる者は、処分により、直接自己の権利又は利益を侵害された者に限られる。間接的な利害関係を有するだけでは不服申立人としての適格に欠けるが、この間接的か直接的かは必ずしも明確でない場合があり、事案に応じて判断するほかはない（最判昭和57.9.9最民集36巻9号1679頁参照）。

なお、不服申立てができる者は、処分を受けた者（処分の名宛人）に限らない。例えば、他人に対する滞納処分として自己の財産の差押えを受けた者も、不服申立てをすることができる。

（注） 債務不存在を理由とする第三債務者の不服申立ての可否　債権差押えについて、第三債務者からその債権が不存在であるとして不服申立てがされることがある。しかし、被差押債権が実体上不存在であることはその差押処分の違法等とは次元を異にする問題であり、仮にその債権が不存在であればその支払いを拒めば足りる――差押債権者が給付訴訟を提起したときに、その訴訟において解決すれば足りる――から、被差押債権の不存在を理由としては、不服申立ての利益がない（したがって、不服申立てはできない）と解されている（訴えの利益について同旨の判決が多い。大阪高判昭和37.6.18行裁集13巻6号1125頁等）。

ロ 不服申立手続の承継人　不服申立人につき、いわゆる包括承継があった場合、すなわち、①相続、②法人の合併・分割、③人格のない社団等の財産に属する権利義務の包括承継があった場合には、その承継人は、不服申立人の地位を承継する（行審法15条1項・2項、通則法106条1項・2項）。この場合には、地位を承継した相続人等は、その事実を証する書面を添えて、書面でその旨を審査庁に届け出なければならない（行審法15条3項、通則法106条3項）。

なお、不服申立ての目的である処分に係る権利を譲り受けた者は、審査庁の許可を得て、不服申立人の地位を承継することができる（行審法15条6項、通則法106条4項）。

⑵ 代理人、総代等による不服申立て

イ 代理人　不服申立ては、代理人によってもすることができ、代

理人は、各自、不服申立人のために、その不服申立てに関する一切の行為をすることができる。ただし、不服申立ての取下げは、特別の委任を受けた場合に限りすることができる（行審法12条、通則法107条2項）。

ロ　総代　　多数人が共同して不服申立てをしようとするときは、3人を超えない総代を互選することができ、また、審査庁（処分庁又は審査請求がされた行政庁（国税に関する処分についての審査請求の場合は、国税不服審判所長））に所属する職員で審理手続を行う者（審理員）は、必要があると認めるときは総代の互選を命ずることができる（行審法11条1項・2項、通則法108条1項・2項）。なお、総代の互選命令が履行されなかったときは、共同不服申立てを却下する実務取扱いがされている（不服審査基通108－5）。

総代は、各自、他の共同不服申立人のために、不服申立ての取下げを除く一切の行為をすることができる反面、共同不服申立人は、総代を通じてのみそれらの行為をすることができるにすぎない（行審法11条3項・4項、通則法108条3項・4項）。また、共同不服申立人に対する審査庁の通知その他の行為は、1人の総代に対してすれば足りる（行審法11条5項、通則法108条5項）。

ハ　代理人等の資格証明　　代理人又は総代の資格のほか、不服申立人が法人等である場合における代表者又は管理人（人格のない社団等の管理人）の資格は、書面で証明しなければならず、また、その資格を失ったときは、不服申立人は、書面でその旨を審査庁に届け出なければならない（行審法施行令3条、通則令31条の2、32条3項、37条の2）。

(3)　不服申立書の提出

イ　書面による不服申立て　　不服申立ては、口頭ですることができる旨の定めがある場合を除き、不服申立書（再調査の請求書について**様式7**参照）を提出してしなければならない（行審法19条1項）。審査請求書は、審査請求をすべき行政庁が処分庁等でない場合には、正副二通を提出しなければならない（行審法施行令4条1項）。国税に関する法律に基づく処分についての不服申立ての場合、再調査の請求の場合は再調査の請求書1通を、審査請求の場合は審査請求書の正本と副本（計2通）を提出しなければならない（通則令32条2項）。

ロ　不服申立書の記載事項　　不服申立書の記載事項については、国税に関する法律に基づく処分についての再調査の請求については通則法第81条に、審査請求については通則法第87条に、地方税の審査請求については行審法第19条第2項ないし第5項に、それぞれ定められている。

（注）　請求の趣旨及び理由　　不服申立書に記載する「請求の趣旨」は、請求の結論的なものを、例えば「○○○の差押処分を取消せ」のように記載する。「請求の理由」は、請求の趣旨に記載したことを請求する理由を記載する。なお、通則令第32条は、国税に関する法律に基づく処分について審査請求をしようとする者は審査請求の趣旨及び理由を計数的に説明する資料を添付するよう努めなければならない旨を規定している。

ハ　不服申立書の提出先及び提出期限　　不服申立書の提出先については前述した（210頁**3**参照）が、この提出先と提出期限については後述の教示制度がある（228頁**3**款参照）。また、不服申立ての期限については、後述する（224頁**2**参照）。

なお、審査請求は、処分庁の長を経由してすることもでき（行審法に基づく審査請求の場合は、審査請求をすべき行政庁が異なる場合に限られる。）、この場合には、処分庁から審査庁へ審査請求書（口頭による審査請求の場合は審査請求録取書）が送付される。）、提出期間の計算については、処分庁に審査請求書が提出された時に審査請求があったものとみなされる（行審法21条、通則法88条）。

⑷　不服申立ての要件審理（形式審査）と補正

不服申立てについては、それが不服申立ての要件を充足しているかどうかをまず調査する。例えば、不服申立書の記載事項、提出期限、不服申立人としての適格、代理人等の資格証明などの形式的審理がこれである。

この要件審理の段階において、不服申立てが不適法であって補正することができるものであるときは、審査庁は、相当の期間を定めて、その補正を求めなければならない（行審法23条、61条、通則法81条3項、91条1項）。国税の場合には、①その不備が軽微なものであれば、審査庁が職権で補正することができるし、また、②不服申立人は審査庁に出頭して補正事項を陳述し、それを録取（不服申立審理庁の職員による録取）した書面に押印する方法によって、補正することができる（通則法81条4項、91条2項）。

(5)　不服申立ての本案審理（実質審査）

イ　書面審理と不服申立人の意見陳述　　不服申立ての審理は、書面審理が原則であるが、必ずしもそれにこだわる必要はない。

不服申立人の申立てがあったときは、口頭で意見を述べる機会を与えなければならず、この場合において、審理員（国税の場合は、再調査審理庁又は担当審判官）の許可があるときは、不服申立人は補佐人とともに出頭することができる（行審法31条1項・3項、61条、通則法84条1項・3項、95条の2第1項・3項）。

ロ　職権審理　　不服申立ての審理は、職権審理を建前とし、審査庁は、不服申立人の主張しない事項をも含めて審理することができる（田中・租税法335頁）。そして、証拠書類の提出、鑑定、検証等に関する規定が設けられている（行審法32条から36条、61条、通則法83条6項、96条、97条）。

ハ　参加人　　不服申立ての利害関係人は、審理員（国税の場合は、国税不服審判所長等）の許可を得て、その不服申立てに参加することができ、また、審理員が必要と認めるときは、利害関係人に対して参加人としての参加を求めることができる（行審法13条1項・2項、通則法109条1項・2項）。

参加人には、その申立てにより口頭で意見を述べる機会が与えられ（行審法31条1項、通則法84条1項、95条の2第1項）、決定書・裁決書の謄本の送付を受ける（行審法51条4項、61条、通則法84条11項、101条4項）ほか、証拠書類等の提出（行審法32条1項、

61条、通則法84条6項、96条1項)、処分庁から提出された物件の閲覧(行審法38条1項、通則法97条の3第1項)等ができる。しかし、不服申立ての決定・裁決による効果を直接受けるものではない。

ニ　併合審理及び分離　　審理員(国税の場合は、国税不服審判所長等)は、必要があると認めるときは、数個の不服申立てを併合し、又は併合された数個の不服申立てを分離することができる(行審法36条、通則法104条1項)。

ホ　審査請求の場合の答弁書等の提出と閲覧請求

(イ)　審査請求の場合には、その審理庁は審査請求書の副本を処分庁に送付するとともに、相当の期間を定めて、弁明書(地方税の場合)又は答弁書(国税の場合)の提出を求める(行審法22条1項・2項、通則法93条1項)。ただし、相当の期間内に審査請求書の補正を求めたにもかかわらず審査請求人がその補正をしないとき又は審査請求が不適法であって補正することができないことが明らかなため、審査請求を却下するときは、これらの措置を要しない(行審法24条、93条1項)。

(ロ)　処分庁は、上記に応じて弁明書又は答弁書の正本と当該弁明書又は答弁書を送付すべき審査請求人及び参加人の数に相当する通数の副本を提出し、その副本は審査請求人及び参加人に送付されることになる(行審法29条5項、行審法施行令6条1項、通則法93条3項、通則令32条の3第1項)。

(ハ)　審査請求人は、上記の弁明書又は答弁書に対して、反論書を提出することができるが、審査請求審理庁がその提出期限を定めたときは、その期間内に提出しなければならない(行審法30条1項、通則法95条1項)。

(ニ)　審査請求人又は参加人は、審査庁に提出された上記の弁明書・答弁書のほか、処分庁から提出された書類その他の物件の閲覧を求めることができる。この場合において、審理員(国税不服審判所長に対する審査請求の場合は、担当審判官)は、第三者の利益を害するおそれがあると認めるときその他正当な理由があるときでなければ、その閲覧を拒むことができないが、閲覧の日時及び場所を指定することができる（行審法38条1項・3項、通則法97条の3第1項・3項）。

⑹　決定又は裁決

イ　決定・裁決の種類　　不服申立ての審理の結果、再調査の請求については決定が、審査請求については裁決が、それぞれ行われる。その内容としては、①却下、棄却、認容——取消し又は変更——の三つがある（行審法45条1項・2項、46条1項、58条、59条、通則法83条、92条、98条1項・2項・3項）。租税の徴収に関する処分について「変更」の決定・裁決をする場合としては、例えば、1年間の納税の猶予の申請をしたところ、納税の猶予期間を6か月とされたため不服申立てをした場合に、10か月間が相当とされる場合がある。

なお、決定・裁決では、不服申立人に不利益な変更はすることができない（行審法48条、59条3項、通則法83条3項ただし書、98条2項ただし書）。

ロ　標準審理期間　　審査庁となるべき行政庁は、不服申立てがその事務所に到達してから当該不服申立てについての決定又は裁決をするまでに通常要すべき標準的な期間を定めるよう努めるとともに、これを定めたときは、当該審査庁となるべき行政庁及び関係処分庁の事務所における備付けその他の適当な方法により公にしておかなければならない（行審法16条、61条、通則法77条の2）。

ハ　決定・裁決をすべき期間　　行審法に基づく審査請求の場合、審査庁は、行政不服審査会等から諮問に対する答申を受けたときは、遅滞なく、裁決をしなければならない。行審法に基づく再調査の請求の場合及び国税に関する法律に基づく処分についての不服申立ての場合には、裁決をすべき期間についての定めはない。通常は、審理期間の目安としての標準審理期間内に決定・裁決が行われるが、標準審理期間経過後の決定・裁決も有効である。

ニ　却下　　不服申立てが法定の期間経過後にされたものであるとき、その他法令に規定されている要件を欠く不適法なものであるとき（補正について前記(4)参照）は、不服申立ての決定・裁決において、却下する（行審法24条、45条1項、61条、通則法82条5項、83条1項、92条、98条1項）。

なお、この不適法な不服申立てであるかどうかについて調査・審理をした場合――不服申立ての利益の有無等についての調査を要した場合――でも、不適法なものは却下することになる。

ホ　棄却　　不服申立てが適法にされている場合において、その申立ての理由がないときは、その不服申立てを棄却する（行審法45条2項、58条2項、通則法83条2項、98条2項）。

ヘ　取消し　　不服申立てに理由があるときは、決定又は裁決で、不服申立てに係る処分の全部又は一部を取り消し、又はこれを変更する（行審法46条1項、59条1項、通則法83条3項、98条3項）。

ト　取消しをすべき場合における棄却　　行審法第45条第3項は、処分が違法又は不当ではあるが、これを取り消し、又は撤廃することにより公の利益に著しい障害を生ずる場合において、審査請求人の受ける損害の程度、その損害の賠償又は防止の程度及び方法その他一切の事情を考慮した上、処分を取り消し、又は撤廃することが公共の福祉に適合しないと認めるときは、審査庁は、裁決で、当該審査請求を棄却することができ、この場合には、審査庁は、裁決の主文で、当該処分が違法又は不当であることを宣言しなければならない旨規定している。租税の徴収に関する処分の場合、これとは別に、不動産等（動産・有価証券及び電話加入権以外の財産）についての公売公告から売却決定までの処分に欠陥があることを理由として、滞納処分に関する不服申立てがあった場合において、その処分は違法ではあるが、次に掲げる場合に該当するときは、その不服申立てを棄却することができ、この場合には、決定・裁決において、その処分が違法であること及び棄却する理由を明示しなければならず、また、その棄却は、損害賠償の請求を妨げるものではないこととされている（徴収法173条、地税法19条の10）。

①　その不服申立ての処分に続いて行われるべき後行処分が既に行

われている場合において、その不服申立ての処分の違法が軽微なものであり、その後行処分に影響を及ぼさせることが適当でないと認められるとき。

② 換価した財産が公共の用に供されている場合その他その不服申立ての処分を取り消すことにより、公の利益に著しい障害を生ずる場合で、その不服申立人の受ける損害の程度、その損害賠償の程度及び方法その他一切の事情を考慮してもなおその処分を取り消すことが公共の福祉に適合しないと認められるとき。

(注) 行審法の特別事情による棄却との関係　　行審法45条3項の規定は、前記徴収法及び地方税法の規定に比し、その範囲が若干広いといえるが、その広い部分は国税に関する法律に基づく処分には適用されない（通則法80条1項参照）。地方税の場合には、行審法の上記規定が適用される場合があり得ると解されるが、極めて稀な場合であろう。

チ　決定・裁決の手続

(イ) 不服申立てについての決定・裁決は、不服申立人（処分の相手方以外の者が不服申立人である場合における取消し又は変更の決定・裁決に当たっては、不服申立人及び処分の相手方）に対して、決定書・裁決書の謄本を送達することによりその効力を生ずる（行審法51条1項、61条、通則法84条10項、101条3項）。

(ロ) 再調査の決定書には、処分の全部を取り消す場合を除き、審査請求ができる旨（却下の決定である場合にあっては、当該却下の決定が違法な場合に限り審査請求をすることができる旨）並びに審査請求をすべき行政庁及び審査請求期間を記載して、教示しなければならない（行審法60条2項、通則法84条9項）。

(ハ) 決定書・裁決書の謄本を参加人に送付することは前述した（216頁(5)のハ参照）が、行審法に基づく再調査の請求の場合、決定書・裁決書の謄本は、処分庁にも送付される（行審法51条4項、61条）。通則法に基づく再調査の請求の場合は、審査庁と処分庁が同一であるため、再調査決定書が処分庁に送付されることはなく、審査請求の場合に、裁決書の謄本が処分庁に送付される（通則法101条4項）。また、国税の場合には、その処分についての訴訟が係属しているときは、再調査決定書・裁決書の謄本は、その訴訟が係属している裁判所にも送付される（通則法115条2項）。

リ　裁決の拘束力　　審査請求の裁決は、関係行政庁を拘束し、申請・請求に基づいてした処分が裁決で取り消され、又は申請・請求を却下・棄却した処分が裁決で取り消されたときは、その処分庁は、裁決の趣旨に従い、あらためて申請・請求に対する処分をしなければならない（行審法52条1項・2項、通則法102条1項・2項）。

法令に基づいて公示された処分が裁決で取り消され、又は変更されたときは、その処分庁は、その旨を公示しなければならず、また、法令の規定に基づいて処分の相手方以外の利害関係人に通知にされた処分が裁決で取り消され、又は変更されたときは、その処分庁は、その通知を受けた者（審査請求人及び参加人を除く。）に対して、その旨を通知しなければならない（行審法52条3項・4項、通則法102条3項・4項）。

（注）　決定又は裁決の取消し　　審査庁は、その決定・裁決に誤りがあっても、いわゆる不可変更力との関係から、自らそれを取消し、又は変更することはできないと解される（田中・租税法340頁）。もっとも、その誤りの内容が違算、書損その他これに類する明白なものであるときは、その決定・裁決の更正ができると解される（民訴法257条参照）。

(7)　国税不服審判所による審理

イ　国税不服審判所　　国税不服審判所は、国税に関する法律に基づく処分についての審査請求に対する裁決を行う機関である（通則法78条1項）。処分以外の事実行為、不作為（国税不服審判所自体の不作為を除く。）に対する審査請求の裁決は行わない。国税不服審判所は、従来国税局におかれていた協議団に代わって、国税庁の付属機関として、昭和45年5月1日に発足したものである。

国税不服審判所の長は、国税不服審判所長とし、国税庁長官が財務大臣の承認を受けて任命する（通則法78条2項）。国税不服審判所の事務の一部を取り扱わせるため、所要の地（おおむね各国税局の所在地）に支部がおかれ（通則法78条3項）、その首席国税審判官（地名を冠して、例えば「札幌国税不服審判所長」と呼ばれる。）は、その支部の事務を総括するほか（通則法78条4項）、国税不服審判所長の権限の一部の委任を受ける（通則法113条、通則令38条）。

ロ　国税審判官及び国税副審判官　　国税不服審判所には、国税審判官（その資格については、通則令31条参照）及び国税副審判官（国税審判官の職務の一部を行い、又は事務の整理を行う。）がおかれ（通則法79条）、処分庁から答弁書が提出されたときは（217頁(5)のホ参照）、国税不服審判所長は、審査請求の事件の調査及び審理を行わせるため、担当審判官1名及び参加審判官2名以上を指定する（通則法94条。審査請求人に対する担当審判官の氏名等の通知については、通則令33条参照）。

担当審判官は、証拠書類その他の物件の提出、閲覧に関する事項を処理する（通則法95条、96条参照）ほか、審理を行うため必要があるときは、審査請求人の申立てにより、又は職権で、次の質問その他の行為をすることができる。すなわち、①審査請求人、処分庁又は関係人その他の参考人（これらの者の範囲は広い。）に質問すること、②これらの者の帳簿書類その他の物件を検査すること、③これらの者の帳簿書類その他の物件につき、その所有者、所持者若しくは保管者に対し、その物件の提出を求め、又はこれらの者が提出した物件を留め置くこと、④鑑定人に鑑定させること、がこれである（通則法97条1項）。そして、国税審判官、国税副審判官その他の国税不服審判所の職員は、担当審判官の嘱託により、又はその命を受け、上記①の質問又は②の検査をすることができる（通則法97条2項）。また、担当審判官は、口頭意見陳述の申立てがあった場合には、口頭意見陳述の実施を行う（通則法97条の2）。

ハ　質問、検査等と審査請求人等の主張の不採用　　国税不服審判所の職員は、前記ロの質問・検査をする場合には、その身分証明書（通則規則7号書式参照）を携帯し、関係者の請求があったときはそれを呈示しなければならない(通則法97条3項)。担当審判官の質問・検査に対する不答弁等についての罰則があるが、その罰則は、審査請求人（その特殊関係人を含む。その範囲は通則令34条に規定されている。）及び処分庁に対しては適用されない（通則法129条)。

なお、審査請求人及び処分庁が、正当な理由がなく、質問、検査又は書類その他の物件の提出要求に応じないため、審査請求人又は処分庁の主張（その全部又は一部）についてその基礎を明らかにすることが著しく困難になった場合には、国税不服審判所長は、その部分の審査請求人又は処分庁の主張を採用しないことができる（通則法97条4項)。

ニ　担当審判官等の議決と裁決　　国税不服審判所長は、審査請求について棄却又は取消し・変更の裁決をする場合には、担当審判官及び参加審判官の議決に基づいてしなければならない（通則法98条4項)。そして、この担当審判官等の議決は、それらの者の過半数の意見による（通則令36条)。

ホ　裁決に関する国税庁長官の指示と国税審議会　　国税不服審判所長は、①国税庁長官が発した通達に示されている法令の解釈と異なる解釈により裁決をするとき、②他の国税に関する処分を行う際における法令の解釈の重要な先例となると認められる裁決をするときは、あらかじめその意見を国税庁長官に通知しなければならない(通則法99条1項)。この場合において、国税庁長官は、国税不服審判所長の意見が審査請求人の主張を認容するものであり、かつ、その意見を相当と認める場合を除き、国税不服審判所長と共同して当該意見について国税審議会に諮問しなければならず、国税不服審判所長は、国税審議会の議決に基づいてこれをしなければならない（通則法99条2項・3項)。

なお、国税審議会は、前記の国税庁長官から意見を求められた事項につき調査審議するため、国税庁の附属機関（財務省設置法21条）としておかれるもので、学識経験者のうちから財務大臣が任命した

20人以内の委員によって組織される（国税審議会令2条、3条）。

2　不服申立期間

不服申立てに当たって、最も注意しなければならないのは、申立期限の遵守である。すなわち、期限後にした不服申立ては、補正できない不適法なものとして、本案審理（実体審査）に入るまでもなく却下されるからである。この不服申立期限には、一般的な期限のほか、特定の滞納処分に関する期限の特例がある。

なお、不服申立期限等についての教示制度（及びそれが誤っていた場合の救済措置）については後述する（228頁3款参照）。

(1)　一般的な期限

①　原則的な期限

イ　再調査の請求及び第一次的（始審的）審査請求

再調査の請求及び第一次的（始審的）審査請求は、正当な理由がある場合を除き、処分があったことを知った日の翌日から起算して3か月以内にしなければならない（行審法18条1項、54条1項、通則法77条1項）。なお、国税の場合、処分に係る通知を受けた場合には、その受けた日の翌日が起算日とされている（通則法77条1項かっこ書）。地税法に基づく処分についての不服申立てに適用される行審法においては、処分に係る通知を受けたときの起算日に関する規定がないが、「処分があったことを知った日」は、原則的には現実に知った日を意味するものの、社会通念上了知し得べき状態になったときは「知った」ものと推定される（最判昭和27.11.20最民集6巻8号1083頁）ため、処分に係る通知を受けたときはその日に知ったと推定されることになり、したがって、実際上は、国税の場合とあまり差異がないといえよう（なお、出訴期間に関する「処分のあったことを知った日」についても、常に現実に知った日とするのは妥当でなく判例も種々これを緩和している、とされている。雄川一郎・行政争訟法189頁）。

ロ　第二次的（二審的）審査請求

国税の場合には、正当な理由がある場合を除き、再調査決定書の謄本の送達があった日の翌日から起算して1か月以内に審査請求をしなければならない（通則法77条2項)。地方税の場合は、再調査の請求ができる旨の定めがないため、不服申立ては、第一次的（始審的）審査請求によることとなる。

ハ　期間の計算

不服申立ての期間計算も、一般の場合と同様である（98頁**2**参照。なお、再調査の請求書又は審査請求書が郵便又は信書便により提出された場合の期間計算について行審法18条3項、61条、通則法77条4項、22条参照)。

②　原則的な期限までに再調査の請求又は審査請求をしなかった正当な理由

原則的な期限までに再調査の請求又は審査請求をしなかったことについて、正当な理由があるときは、正当な理由がある限りにおいて期限が延長される（行審法18条1項ただし書、54条1項ただし書、通則法77条1項ただし書）が、この「正当な理由」とは、誤って法定の期間より長い期間を不服申立期間として教示した場合において、その教示された期間内に不服申立てがされたとき、あるいは、不服申立人の責めに帰すべからざる事由により、不服申立期間内に不服申立てをすることが不可能と認められるような客観的な事情がある場合（具体的には、地震、台風、洪水、噴火などの天災に起因する場合や、火災、交通の途絶等の人為的障害に起因する場合等）のように、社会通念上、原則的な期限までに不服申立てができなかったことがやむを得ないと認められる、あるいは、原則的な期限までに不服申立てをしなかったことが致し方ないと認められる場合をいい、単に不服申立人の主観的な事情では正当な理由があるとはいえず、その責めに帰すべからざる事由により不可能と認められるような客観的な事情の存在が必要である（東京地判昭和53.2.16月報24巻5号1143頁参照)。

なお、国税の場合、災害等による期限の延長（通則法11条）が認められる場合もある。この災害等による不服申立期限の延長と正当な理由による不服申立期限の延長との関係は明確でないが、不服申立人の有利に解すべきであろう。

③　処分の安定のための期間制限

処分があったことを知った日の翌日から起算して3か月以内であっても、処分があった日の翌日から起算して1年を経過したときは、正当な理由があるときを除き、不服申立てをすることができない（行審法18条2項、54条2項、通則法77条3項）。この場合の「正当な理由」の範囲は明確でないが、処分の早期安定の要請との調和を図る立法趣旨から考えて相当厳格に解すべきであり、処分の安定性を犠牲にしてもなお不服申立てを許すほどの理由があるかどうかにより、決すべきであろう（不服申立期間の教示がないことは、この場合の正当な理由に当たらないとされている（最判昭和53.12.22税資103号877頁））。

⑵　滞納処分に関する期限の特例

①　特例の意義（特に違法性の承継との関係）

租税の徴収に関する手続としては、督促、差押え、換価、配当等の各処分が段階的に行われるが、前段階の処分の違法は後行の処分に承継されると解されている（8頁⑷参照）。これを不服申立ての関係からみると、例えば、督促に違法があれば、その後行処分である差押え自体に違法がなくても、先行の督促に違法があることを理由として、差押えの違法を主張できることになる。しかもこの場合には、その督促の違法について法定期間内に不服申立てをしていなくても、差押処分がされてからその法定期間内に不服申立てができることになる（この場合、理由は督促の違法であるが、不服申立ての対象となる処分は差押えであるから、不服申立期間は差押えがあった時を基準として計算される。）。

このように違法性の承継を無制限に認めると、極端な場合には、督促があってから数年後に行われた公売について、督促が違法であることを理由として、その公売の取消しを求めることも可能ということになる。このようなことでは、処分の安定性を害することが著しいだけでなく、そのような不安定な公売処分では買受人等の利害関係者の地位もまた不安定になる。そこで、このような違法性の承継を制限する趣旨をも含めて、滞納処分の早期安定のため、不服申立期限の特例が設けられている。

② 特例の内容

滞納処分のうち、次に掲げる処分に関し欠陥があることを理由とする第一次的な不服申立て（不服申立ての対象処分がどのようなものであれ、その理由が次に掲げる処分に欠陥があるとする不服申立て）は、それぞれ次に掲げる期限までにしなければならない（徴収法171条1項、地税法19条の4）。ただし、この期限の特例は滞納処分の早期安定を図る趣旨のものであるから、前記の一般的な期限（(1)参照。なお、災害等により延長された期限も含まれる。）が次の特例の期限よりも先に到来するときは、その先に到来する一般的な期限までに不服申立てをしなければならない（すなわち、一般的な期限か次の特例の期限か、いずれか早い方の期限までに不服申立てをしなければならない。）。この一般的な期限との関係について、国税の場合には明文がある（徴収法171条1項かっこ書）のに対し、地方税の場合にはそのような規定はない（地税法19条の4参照）が、同様に解すべきである（同旨大阪高判昭和53.12.20月報29巻12号2102頁。なお、大分地判昭和40.12.10行裁集16巻12号1909頁は、この点の解釈を誤ったものといえる。）。

① 督促（これに関する通知が到達しないことを含む。）……、差押えに係る通知を受けた日（その通知がないときは、その差押えがあつたことを知った日）を基準として、Ⓐ国税の場合には、その日から3か月を経過した日、Ⓑ地方税の場合にはその日の翌日から起算して（国税の場合に比し、起算日の定めがあるが、結果としては、通常は同一になる。通則法10条1項1号参照）3か月を経過した日

② 不動産等（動産・有価証券及び電話加入権以外の財産。徴収法104条の2第1項参照）についての差押え……その公売期日等（公売をする日又は随意契約により売却をする日。徴収法111条参照）

③ 不動産等（徴収法104条の2第1項参照）についての公売公告（又は随意契約による売却の通知。徴収法109条4項において準用する96条参照）から売却決定までの処分……換価財産の買受代金の納付期限（徴収法115条参照）

④ 換価代金等（徴収法129条1項参照）の配当……換価代金等の交

付期日（徴収法132条2項参照）

第3款　不服申立てに関する教示

1　概　　説

⑴　教示制度の意義

不服申立てに関する教示は、不服申立手続が権利救済の道を制度的に保障するものではあるものの、行審法が一般概括主義を採用したため、行政庁の行った行為が不服申立ての対象となるか、対象となるとしてどこに不服を申し立てればよいのか、いつまでに不服を申し立てなければならないのかが、必ずしも明瞭ではないので、その不明瞭性を補い、その救済制度を十分に活用できるようにするためのものである。

⑵　処分に当たっての教示

行政庁は、不服申立てをすることができる処分を書面でする場合には、処分の相手方に対し、①その処分につき不服申立てをすることができる旨、②不服申立てをすべき行政庁、③不服申立てをすることができる期間、を書面で教示しなければならない(行審法82条1項)。もっとも、この教示の有無等は、処分の効力自体には影響を及ぼさない。

⑶　利害関係人からの請求による教示

行政庁は、利害関係人から、①その処分が不服申立てをできる処分であるかどうか、②その処分が不服申立てをすることができるものである場合における不服申立てをすべき行政庁、③不服申立期間、につき教示を求められたときは、それらの事項につき教示をしなければならない(行審法82条2項)。この場合において、書面による教示を求められたときは、その教示を書面でしなければならない（行審法82条3項)。

2　教示がなかった場合及び教示を誤った場合の救済

⑴　教示をしなかった場合の救済

イ　行政庁が、前述したところにより教示すべきにもかかわらず教示をしなかった場合には、その処分について不服がある者は、その処分庁に対して「不服申立書」を提出することができる（行審法83条1項。なお、不服申立書の記載事項については同条2項が準用する同法19条参照）。

なお、処分庁以外の権限を有しない行政庁に誤って不服申立てをしたときは救済されないし、不服申立期間を徒過したときも救済されない（東京地判昭和45.5.27行裁集21巻5号836頁参照）。

ロ　不服申立書が提出された場合において、その処分が審査請求をすることができるものであるとき（再調査の請求をすることもできる処分であるときを除く。）は、その提出を受けた処分庁は、すみやかにその不服申立書を審査請求の審理をする行政庁（審査庁）に送付しなければならない（行審法83条3項）。そして、審査庁に不服申立書が送付されたときは、はじめからその審査庁に対して審査請求がされたものとみなされる（同条4項）。

ハ　上記により審査請求とみなされる場合を除き、イによる不服申立書が処分庁に提出されたときは、はじめからその処分庁に対して再調査の請求がされたものとみなされる（行審法83条5項）。

⑵　教示が誤っていた場合の救済

①　不服申立期間を誤った教示

処分庁が、誤って法定の期間よりも長い期間を不服申立期間として教示した場合において、その教示の期間内に不服申立てがされたときは、法定の期間が経過していたとしても、「正当な理由」があるとして、法定の期間内にされたものと取り扱われる（行審法18条1項ただし書、54条1項ただし書、通則法77条1項ただし書）。

②　不服申立先を誤った教示

処分庁が、誤って不服申立てをすべき行政庁でない行政庁を不服申立先として教示した場合において、その教示された行政庁に対して不服申立てがされたときは、その行政庁は、正当な不服申立先に対して、すみやかにその不服申立書を送付するとともに、その旨を不服申立人に通知しなければならない（行審法22条1項から3項、46条1項、通則法112条1項）。そして、正当な不服申立先に不服申立書が送付されたときは、はじめから正当な不服申立先に対して再調査の請求又は審査請求がされたものとみなされる（行審法18条4項、通則法112条5項）。

3　徴収に関する処分に当たっての教示

租税の徴収に関する処分を書面でする場合においても、前述（228頁(2)参照）したとおり教示をしなければならないが、それには明確でない面がある。

(1)　処分を書面でしない場合

行審法第82条第1項では「処分を書面でする場合」に教示すべきことを定めているから、処分自体を書面でしない場合、例えば口頭による滞納処分費の納入告知（徴収令51条ただし書）の場合には、教示の必要がない。

動産・有価証券の差押えも、その差押処分自体は書面によって行われるものではないから、教示の必要がないわけである。しかし、実務上は、その差押えに伴い滞納者に交付する差押調書謄本において教示する取扱いがされている。

(2)　処分の相手方でない者に書面を交付する場合

行審法第82条第1項では「処分の相手方」に教示すべき旨を規定しているから、それ以外の者に対しては教示の必要がない。例えば、差押財産上の担保権者に対する差押通知書がこの例である。

債権差押えの場合、差押手続の面からみれば第三債務者が処分の相手方とみられる（第三債務者に対する債権差押通知書の送達によって差押えの効力が生ずる。）が、債権の帰属という実質面からみれば滞納者が処分の相手方である。そこで実務上は、滞納者に対する差押調書謄本及び第三債務者に対する債権差押通知書のそれぞれに教示をする取扱いがされている。

（注）　第三債務者に対する教示と債務不存在を理由とする不服申立てとの関係　　債務不存在を理由とする不服申立てができないと解されていることは前述したとおりである（213頁（注））。実務上は、この場合を区別することなく、一般的に不服申立てに関する教示がされている

が、この教示があるからといって、債務不存在を理由とする不服申立ての利益が認められるわけではない。

(3) 不服申立ての対象にならない処分の場合

不服申立ての対象にならない処分については、教示の必要がないことはいうまでもない。例えば、差押解除の通知のように相手方の利益になる処分については、不服申立てができないから、教示の必要がない。

第三者からの差押換えの請求（徴収法50条1項）に対する拒否については、その旨の通知を受けた第三者は、その通知を受けた日から起算して7日を経過した日までに、差し押さえるべきことを請求した財産の換価をすべきことを申し立てることができ、税務署長は、その申立てがあつた日から2か月以内にその申立てに係る財産を差し押さえ、かつ、換価に付さないときは、第三者の権利の目的となっている財産の差押えを解除しなければならないこととされており、これによってその第三者の権利保護が図られていることから、差押換えの拒否に対する不服申立てはできないと解される（換価の申立てによる権利保護とは別に不服申立てによる権利救済を図る必要はない。）。したがって、この通知書においては教示をしないことになる。しかし、同じく差押換え拒否の通知書であっても、相続人からの差押換えの請求の場合には、換価の申立てによる権利保護の規定はないため、不服申立てができると解されることから、教示が行われる。

(4) その他の場合

イ　処分に直接関係のない単なる通知、例えば、公売の通知（徴収法96条1項）、公売保証金の国庫帰属の通知（徴収法108条3項。2巻260頁ロ参照）については、教示をする必要がない。

ロ　不特定多数の者に対する通知、例えば公売公告（徴収法95条）についても、教示の必要がない。

（注）　国税の場合の教示は、例えば「あなたがこの処分について不服があるときは、この通知を受けた日の翌日から起算して3月以内に、○○税務署長に対する再調査の請求と国税不服審判所長に対する審査請求のいずれかをすることができます」のように記載することとされている。

そして、滞納処分に関する不服申立期限の特例（226頁(2)参照）の適用があるときは、「ただし、国税徴収法第171条第1項の規定による期限が上記の期限より早く到来するときは、同項の期限までに不服申立てをしなければなりません」との文言を附記することとされている。

第4款　不服申立てと租税の徴収

1　概　　説

租税に関する処分に対する不服申立ては、その目的となった処分の効力に影響を及ぼさず、その処分の執行又は手続の続行を妨げないのが原則である（通則法105条1項本文、地税法19条の7第1項本文）。したがって、不服申立てにかかわらず、租税の徴収ができるのが原則であるが、いわば不服申立てに伴う効果として、①差押財産（特定参加差押不動産を含む。）の換価の制限、②特定の不服申立ての場合における差押財産の搬出の制限があり、また、③審査庁が必要と認めたときは、徴収の猶予等の措置（後記**2**参照）がとられる。

(1)　換価の制限

不服申立てがあった場合には、差押財産の滞納処分による換価は、①その財産の価額が著しく減少するおそれがあるとき又は②不服申立人（不服申立人が処分の相手方でないときは、不服申立人と処分の相手方との両者）から別段の申出があるときを除き、その不服申立てについての決定・裁決があるまでは、行うことができない（通則法105条1項ただし書、地税法19条の7第1項ただし書）。

イ　金銭債権の取立てとの関係　　不服申立て中の換価制限は、その立法の趣旨からみて、履行期の到来した金銭債権の取立てには適用がないと解される。第三債務者が履行期に履行することを妨げるべき理由がないことからも、こう解すべきである。

ロ　不服申立人等の別段の申出　　不服申立人等から別段の申出があった場合の換価については、国税の場合には、不服申立人が処分の相手方でないときは不服申立人と処分の相手方との両者からの申出を要する旨の規定があるが、地方税の場合には、単に不服申立人からの申出を規定するにとどまる（地税法19条の7第1項参照）。

ハ　再調査の請求についての決定から審査請求までの間の換価　再調査の請求についての決定があったときは、上記の換価制限は受けないことになる。したがって、その決定後の処分について審査請求ができる場合でも、現実に審査請求がされるまでは換価処分ができるわけであるが、実務上は、この審査請求ができる期間は原則として不服申立て中と同様に取り扱うこととされている（徴収法基通90－11参照）。

(2) 差押動産等の搬出の制限

滞納者の動産又は有価証券を占有する第三者に対して徴収法58条2項の規定に基づく引渡命令をした場合において、その命令を受けた第三者からその財産が滞納者の所有に属していないことを理由としてその引渡命令についての不服申立てがあったときは、その不服申立ての係属する間は、その財産の搬出をすることができない（徴収法172条、地税法19条の8）。

なお、徴収法58条2項の規定は、徴収職員に差し押さえた自動車、建設機械又は小型船舶を占有させる場合について準用される（徴収法71条4項）が、徴収法172条の文言からすれば、この差押動産等の搬出制限は、差し押さえた自動車、建設機械又は小型船舶については適用されないと解される。

2 徴収の猶予等の緩和措置

不服申立てに伴う租税徴収の緩和措置としては、①徴収の猶予、②滞納処分の続行の停止、③差押えの猶予（差押えをしないこと又は差押えの解除）、④行審法による執行停止がある（通則法105条、地税法19条の7第2項、行審法25条、61条）。注意しなければならないのは、後述するとおり、国税の場合と地方税の場合とでは、その緩和措置に若干の差異がある点である。

⑴　徴収の猶予と滞納処分の続行の停止

国税については、不服申立審理庁（再調査審理庁若しくは国税庁長官又は国税不服審判所長）が必要があると認めたときは、不服申立人の申立てにより、又は職権で、不服申立ての目的となった処分に係る国税（その全部又は一部）の徴収の猶予又は滞納処分の続行の停止がされる（通則法105条2項・4項）。なお、地方税については、この徴収の猶予及び滞納処分の続行の停止の規定はない。

①　意義及び効果

イ　徴収の猶予　　徴収の猶予は、国税の履行を猶予するものであるが、その効果に関する明文がなく、納税の猶予に準じて解すべきことは前述した（169頁**3**参照）。

ロ　滞納処分の続行の停止　　滞納処分の続行の停止は、文字どおり進行中の滞納処分の個々の手続の続行を停止するものである。しかし、不服申立て中は差押財産の換価が制限されていること（前記**1**の⑴参照）との関連から考えると、この続行の停止が実効をあげうる例はきわめて少ないといえよう（物の引渡しを目的とする債権を差し押さえた場合の被差押債権の取立てについて、この続行の停止が考えられるが、その「必要があると認める」例はないのではあるまいか。）。

②　徴収の猶予等の要件とその期間

イ　要件と基準　　徴収の猶予又は滞納処分の続行の停止がされるのは、不服申立審理庁が「必要があると認めるとき」である（通則法105条2項・4項）。これは、すべて不服申立審理庁の合理的な判断に委ねられていると解され、しかも、その判断に対する不服申立ては認められない（通則法76条1号）。

どのような場合に「必要があると認める」かの基準は、実際上は、不服申立ての理由から見た決定・裁決の見込みと国税徴収の確保の見込みとの相関関係で判断されることになろう。例えば、不服申立てに係る処分について取消しの見通しがある程度強ければ、国税の確保が多少危ぶまれるときでも、徴収の猶予等の措置がとられることになると思われる。

ロ　期間　　徴収の猶予又は滞納処分の続行の停止をする期間については、法律上は定めがない。したがって、不服申立審理庁が適宜の期間を定めてよいわけであるが、実際上は、不服申立てに対する決定・裁決までの間とされることになろう。

③　手　　続

イ　徴収の猶予又は滞納処分の続行の停止は、不服申立人の申立てにより、又は不服申立審理庁の職権により行われる。この不服申立人の申立ては、上記の要件との関連からみて、いわば不服申立審理庁の職権発動を促す意味での申立てといえよう。

ロ　不服申立審理庁が「必要がある」と認めて徴収の猶予又は滞納処分の続行の停止をする場合の手続は、次のとおりである。

(イ)　不服申立審理庁が国税の徴収の所轄庁である再調査審理庁の場合には、自ら、徴収の猶予をし、又は滞納処分の続行を停止する(通則法105条2項)。

(ロ)　不服申立審理庁が国税庁長官の場合は、自らそれらの措置をすることができないから、徴収の所轄庁に対して、徴収の猶予又は滞納処分の続行の停止を命ずる（通則法105条2項)。この場合には、その旨を不服申立人に通知しなければならない（通則令37条2項)。

なお、国税庁長官が徴収の猶予等の判断をするに当たっては、実務上は、国税の徴収確保の見込み等の関連から、事前に徴収の所轄庁との連絡がされることになろう。また、国税庁長官から徴収の猶予等を命ぜられた徴収の所轄庁は、その命令に応じて、徴収の猶予をし、又は滞納処分の続行の停止をしなければならないと解される。

(ハ)　不服申立審理庁が国税不服審判所長（又はその権限の委任を受けた支部の首席国税審判官（通則令38条1項1号参照））の場合には、①徴収の所轄庁に対して、徴収の猶予又は滞納処分の続行の停止をすることを求めるとともに、②その旨を審査請求人に通知する（通則法105条4項、通則令37条2項）。

徴収の所轄庁は、国税不服審判所長からこの求めがされたときは、この求めに応じて、徴収の猶予をし、又は滞納処分の続行の停止をしなければならない（通則法105条6項）。

なお、国税不服審判所長が徴収の所轄庁に対して徴収の猶予又は滞納処分の続行の停止を求める場合には、事前に徴収の所轄庁の意見を聞かなければならない（通則法105条4項）が、これは、その意見を聞くだけで足り、その意見に拘束されるものではない。

⑵　差押えの猶予（差押えをしないこと又は差押えの解除）

①　国税の場合

国税については、①不服申立人が、担保を提供して、不服申立ての目的となった処分に係る国税につき、差押えをしないこと又は既にされている差押えの解除を求めた場合において、②不服申立審理庁が相当と認めるときは、その差押えをせず、又は差押えの解除がされることになる（通則法105条3項・5項）。

イ　意義　　差押えをしないこと又は差押えの解除は、形式上はそれぞれ別個の措置のようにみえるが、実質的には、「差押えの猶予」という一個の処分と考えたい。すなわち、この差押えの猶予の効果として、新たな差押えが制限され、既にされている差押えの解除がされることになる（この考え方は、239頁⑴の取消しと関連がある。）。

ロ　要件と基準　　差押えの猶予がされるのは、①不服申立人が、担保を提供して、差押えの猶予の申立てをした場合において、②不服申立審理庁が相当と認めるとき、である（通則法105条3項・5項）。

⒤　担保の提供　　担保の種類及び提供の手続は、後述のとおりである（3巻22頁⑵以下参照）。

なお、担保の提供先については、①再調査の請求又は国税庁長官に対する審査請求の場合には、再調査審理庁又は国税庁長官に提供し（通則法105条3項）、②国税不服審判所長に対する審査請求の場合には、その国税の徴収の所轄庁に提供しなければならない（通則法105条5項）。再調査審理庁が徴収の所轄庁と異なる場合の担保の提供先については、徴収の所轄庁とする見解（志場・通則法精解1227頁）もあるが、実務は、再調査審理庁としている（不服審査基本通達105－4）。

(ロ) 相当と認めるとき　不服申立審理庁が「相当と認める」かどうかの基準については、法律上の定めはなく、すべてその合理的な判断に委ねられており、また、その判断に対する不服申立ては許されない（通則法76条1項1号）。

差押えの猶予の実務上の基準としては、担保の提供によって国税の徴収確保が十分かどうかにより判断することになろう。もっとも、その不服申立てが明らかに却下又は棄却される見込みのものについては、差押えの猶予の必要性があるまい。

ハ 期間及び手続　差押えの猶予の期間及び手続については、徴収の猶予等の場合（前記(1)参照）とほぼ同様であるが、①職権による差押えの猶予はないこと、②担保の提供が必要であること、の二点が異なる（通則法105条3項・5項、通則令37条）。

② 地方税の場合

地方税については、不服申立ての目的となった処分に係る地方税の徴収の所轄庁が、①不服申立人が担保を提供して、差押えをしないこと又は既にされている差押えの解除を求めた場合において、②相当と認めるときに、その差押えをせず、又は差押えを解除することができる（地税法19条の7第2項）。これは、国税の場合（前記(2)の①参照）とほぼ同様であるが、徴収の所轄庁が差押えの猶予をする点において異なる。

③ 不服申立ての対象とされる差押えの解除と不服申立ての決定・裁決との関係

差押えの猶予に伴い差押えが解除された場合において、前提となっている不服申立てがその解除された差押処分を目的とするものであるときに、その不服申立ての決定・裁決をどうするかという問題がある。例えば、売買契約締結直前の自分の動産が他人の国税滞納処分のため差し押さえられたため、取消しの再調査の請求をするとともに、自分の不動産を担保として提供し、差し押さえられた動産の差押解除を受けた場合、再調査の請求の対象である差押処分は解除によって存在しなくなったから、再調査の請求は却下する、との意見があり得る。しかし、この場合には、再調査の請求の利益がある――決定時には差押処分は不存在ではあるが、差押え時に遡って取消しを求めるだけの利益がある（行訴法9条参照）――から、本案審理のうえ、取消し又は棄却の決定をすべきである。提供した担保の不動産は、その決定の内容により担保の解除又は処分をすることになる（なお、この場合の担保は、租税の担保ではなく、差押財産の担保であるから、担保提供時における被保全債権の記載に当たっては留意する必要がある。）。

（注）　再調査の請求時に徴収の猶予又は差押えの猶予がなされている場合において、当該再調査の請求についての決定がないまま審査請求へ移行したとき（通則法75条4項）の、猶予の存続の有無については、猶予の必要性の有無は再調査審理庁又は国税不服審判所長が判断すべきところ、審査請求への移行により再調査の請求は取り下げられたものとみなされるから（通則法110条2項3号）、これを消極に解するのが一般的と考えられるが、担保を徴取した猶予の場合で、再調査の請求時点と何ら変化がないのであれば、積極に解するのが相当であろう（そのように解する方が不服申立人及び徴収の所轄庁の双方にとって合理的である。）。

⑶　行審法による執行停止

行審法においても、不服申立ては処分の効力、処分の執行又は手続の続行を妨げない（行審法25条1項、61条）としながら、一定の場合における「執行停止」（処分の効力、処分の執行又は手続の続行の全部又は一部の停止その他の措置。行審法25条2項）の制度を設けている。この執行停止については、国税の場合にはその適用がない（通則法80条1項）が、地方税の場合には、その適用があるものと解される。

なお、行審法による執行停止の概要は、次のとおりである。

イ　処分庁の上級行政庁又は処分庁である審査庁は、必要があると認めるときは、審査請求人の申立てにより、又は職権で、執行停止をすることができる（行審法25条2項、61条）。

ロ　処分庁の上級行政庁又は処分庁のいずれでもない審査庁は、必要があると認めるときは、審査請求人の申立てにより、処分庁の意見を聞いた上、執行停止をすることができるが、処分の効力、処分の執行又は手続の続行の停止以外の措置は、することができない（行審法25条3項）。

ハ　上記イ及びロの不服申立人の申立てがあった場合において、処分、処分の執行又は手続の続行により生ずる重大な損害を避けるために緊急の必要があると認めるときは、審査庁は、執行停止をしなければならない。ただし、①公共の福祉に重大な影響を及ぼすおそれがあるとき、又は②本案について理由がないとみえるときは、この限りでない（行審法25条4項、61条）。なお、審査庁は、上記の重大な損害を生ずるか否かを判断するに当たっては、損害の回復の困難の程度を考慮するものとし、損害の性質及び程度並びに処分の内容及び性質をも勘案するものとされている（行審法25条5項、61条）。

ニ　執行停止のうち、処分の効力の停止は、それ以外の措置によって目的を達することができるときは、することができない（行審法25条6項、61条）。

ホ　執行停止の申立てがあったとき、又は審理員から執行停止をすべき旨の意見書が提出されたときは、審査庁は、すみやかに、執行停止をするかどうかを決定しなければならない（行審法25条7項、61条）。

3　徴収の猶予等の取消し

(1)　国税の場合

国税について、不服申立てに伴う徴収の猶予、滞納処分の続行の停止又は差押えの猶予（差押えをしないこと又は差押えの解除）をしている場合において、特定の事由が生じたときは、一定の手続に従って、それらの緩和措置の取消しをすることができる（通則法105条7項）。差押えの猶予については、それを、①差押えをしないことと、②差押えの解除との二つの緩和措置と考えた場合には、少なくとも後者については取消しの対象となるものを何と考えるか、の問題を生ずる――差押えの解除を取り消しても、差押えが復活すると解することは困難である——から、前述したとおり（236頁イ参照）、両者を一体として差押えの猶予とみるのが妥当であろう。

なお、上記の緩和措置の取消し後においても、不服申立て中の換価が制限されることには変わりがないから、取消しの実益としては、新たな差押えができることがそのほとんどであるといえよう。

①　要件と取消しをする者

緩和措置の取消しができるのは、①次のイの事実に該当する場合であるが、②国税不服審判所長に対する審査請求の場合には、ロに述べるとおり、国税不服審判所長の同意も要件となる（通則法105条7項）。

イ　要件となる事実　　取消しの要件となる事実は、次に掲げるいずれか一に該当する事実である（通則法105条7項で49条1項1号及び3号を準用）。なお、この事実の範囲は、地方税の場合（後記(2)の②参照）に比し、狭きに失するといえよう（立法論としては、例えば、通則法49条1項6号のような「事情の変化」による取消規定を設ける必要があろう。）。

(イ)　繰上請求の客観的要件事実（3巻19頁①参照）の一に該当する事実がある場合において、徴収の猶予等の緩和措置を継続していては国税の徴収を確保できないと認められるとき。この要件は、通則法49条1項1号を準用したものであるが、同号では、Ⓐ繰上請求の客観的要件事実の一に該当する事実がある場合において、Ⓑ猶予国税を猶予期間内に完納することができないと認められるとき、に取消しができる旨を定めている。この後者のⒷはそのままでは準用できない——不服申立てに伴う緩和措置では、その期間内における国税の完納は必ずしも期待されていない——から、その準用の結果は上記のように解するのが妥当であろう。

(ロ)　提供されている担保について、不服申立人が担保の変更等の命令（3巻24頁①参照）に応じないとき。

ロ　要件となる同意　　国税不服審判所長に対する審査請求に伴う緩和措置の取消しについては、国税不服審判所長（又は首席国税審判官（通則令38条1項1号参照））の同意を得た上で、徴収の所轄庁が取り消すことになる（通則法105条7項）。

なお、再調査の請求又は国税庁長官に対する審査請求に伴う緩和措置の取消しについては、再調査審理庁又は国税庁長官が取り消すことになると解される。この場合、再調査審理庁と徴収の所轄庁とが異なるときは、実務上は、両者の間で連絡をとることになろう。また、国税庁長官に対する審査請求の場合、実務上は、国税庁長官が徴収の所轄庁の意見を聴くことになろう。

② 手　続

緩和措置の取消しをする場合には、原則として不服申立人の弁明を聞かなければならないこと、取消しの通知をしなければならないことは、納税の猶予の取消しの場合（第5章2節6款参照）と同様である（通則法105条7項）。

(2) 地方税の場合

地方税に関する徴収の猶予等の取消しについては、地税法は、何も規定していない（通則法105条7項に相当する規定がない。）。差押えの猶予を含め、緩和措置は行審法の執行停止に含まれると解されるところ、同法は、執行停止をした後において、①執行停止が公共の福祉に重大な影響を及ぼすことが明らかになったとき、又は②その他事情が変更したときは、審査庁は、その執行停止を取り消すことができる（行審法26条、61条）と規定しているので、事情変更により、国税の場合（前記(1)参照）に準じて取消しができると解される。

なお、この取消しについては、不服申立人の弁明手続をとる必要はない。

第2節　行政訴訟

第1款　概　　説

1　類　　型

租税徴収に関する訴訟は、いわゆる行政訴訟と民事訴訟（3巻2章参照）とに分かれる。行政訴訟は、①抗告訴訟、②当事者訴訟（当事者間の法律関係を確認し又は形成する処分又は裁決に関する訴訟で法令の規定によりその法律関係の当事者の一方を被告とするもの及び公法上の法律関係に関する確認の訴えその他の公法上の法律関係に関する訴訟をいう。）、③民衆訴訟（国又は公共団体の機関の法規に適合しない行為の是正を求める訴訟で、選挙人たる資格その他自己の法律上の利益にかかわらない資格で提起するものをいう。）、④機関訴訟（国又は公共団体の機関相互間における権限の存否又はその行使に関する紛争についての訴訟をいう。）の4種類に分類されている（行訴法2条から6条まで参照）が、租税徴収に関する行政訴訟は、そのほとんどが抗告訴訟である。

抗告訴訟とは、行政庁の公権力の行使に関する不服の訴訟をいい（行訴法3条1項）、それには、おおむね、Ⓐ取消しの訴え（後記2款参照）、Ⓑ無効等確認の訴え、Ⓒ不作為の違法確認の訴え、Ⓓ義務付けの訴え、Ⓔ差止めの訴えがあるが、その中心となるものは、処分の取消しの訴え等の取消訴訟である（取消訴訟に関する規定の多くが、他の抗告訴訟に準用されている（行訴法38条）。なお、Ⓓ、Ⓔは平成16年に行訴法に新設された訴えである。）。

⑴　無効等確認の訴え

イ　無効等確認の訴えとは、処分若しくは裁決の存否又はその効力の有無の確認を求める訴訟をいい（行訴法3条4項）、その訴えは、その処分又は裁決に続く処分により損害を受けるおそれのある者その他その処分又は裁決の無効等の確認を求めるにつき法律上の利益を有する者で、その処分若しくは裁決の存否又はその効力の有無を前提とする現在の法律関係に関する訴えによって目的を達することができないものに限り、提起することができる（行訴法36条）。

なお、無効確認訴訟の場合には、不服申立ての前置を要せず、また、出訴期間の制限規定の適用もない点において、取消訴訟と著しく異なる。

ロ　この訴訟の原告適格については、「処分又は裁決に続く処分により損害を受けるおそれのある者」もその他の無効確認を求める利益を有する者もともに、「現在の法律関係に関する訴えによって目的を達することができないものに限り」との要件に該当しなければならないとする説（いわゆる一元説）と、「処分又は裁決に続く処分により損害を受けるおそれのある者」については、「現在の法律関係に関する訴えによって目的を達することができないものに限り」との要件は必要でなく、「その他その処分又は裁決の無効等の確認を求めるにつき法律上の利益を有する者」についてだけ「現在の法律関係に関する訴えによって目的を達することができないものに限り」の要件を必要とするとの説（いわゆる二元説）とがある。

判例は、納税者が課税処分を受け、税金を納付していないため滞納処分を受けるおそれがあるときは、課税処分の無効確認を求める訴えを提起することができる（最判昭和51.4.27最民集30巻3号384頁）として、二元説をとっている（二元説をとるものとして、田中二郎・新版行政法（上）全訂2版356頁、杉本良吉・行政事件訴訟法の解説120頁等参照）。

なお、無効確認訴訟の原告適格を制限することは国民の出訴権を不当に制限するものとする批判もあるが、無効の主張を他の訴訟で制限するものではないから、権利救済の途が閉ざされたとするのは当たらないとする意見もある（南博方・注釈行政事件訴訟法333頁）。

(2)　不作為の違法確認の訴え

不作為の違法確認の訴えとは、行政庁が法令に基づく申請に対し、相当の期間内に何らかの処分又は裁決をすべきであるにもかかわらず、これをしないことについての違法の確認を求める訴訟をいい（行訴法3条5項）、処分又は裁決についての申請をした者に限り、提起することができる（行訴法37条）。

(3)　義務付けの訴え

義務付けの訴えとは、①行政庁が一定の処分をすべきであるにもかかわらず、これがされない場合（非申請型）、②行政庁に対し一定の処分又は裁決を求める旨の法令に基づく申請又は審査請求がされ、行政庁が処分又は裁決をすべきであるにもかかわらず、これがされない場合（申請型）に、その処分又は裁決をすべき旨を命ずることを求める抗告訴訟をいい（行訴法3条6項）、①の場合は、一定の処分がされないことにより重大な損害が生ずるおそれがあり、かつ、その損害を避けるため他に適当な方法がないときに限って提起することができ（行訴法37条の2第1項）、また、行政庁が一定の処分をすべき旨を命ずることを求めるにつき法律上の利益を有する者に限り提起できる（行訴法37条の2第2項）。なお、②の義務付け訴訟を提起するときは、不作為の違法確認訴訟、処分又は裁決の取消訴訟又は無効確認訴訟を併合して提起する必要がある（同条3項）。

(4)　差止めの訴え

差止めの訴えとは、行政庁が一定の処分又は裁決をすべきでないにもかかわらず、これがされようとしているときに、その処分又は裁決をしてはならない旨を命ずることを求める訴訟をいい（行訴法3条7項）、一定の処分又は裁決により重大な損害が生ずるおそれがある場合（その損害を避ける他の適当な方法があるときを除く。）に限り、また、その差止めを求めることにつき法律上の利益を有する者に限り提起することができる（行訴法37条の4第1項・3項）。

(5)　仮の義務付け、仮の差止め

義務付けの訴え又は差止めの訴えの提起があった場合において、その訴えに係る処分若しくは裁決がされないこと又はされることにより生ずる償うことのできない損害を避けるため緊急の必要があり、かつ、本案に理由があるとみえるときは、裁判所は、申立てにより、決定をもって、

仮の義務付け、仮の差止めを命ずることができる（行訴法37条の5第1項・2項）。ただし、この仮の決定は、公共の福祉に重大な影響を及ぼすおそれがあるときはすることができない（同条3項）。

2 行政訴訟に関する法律

租税に関する法律に基づく処分に関する訴訟については、租税法に若干の特別規定がおかれているほかは、行訴法の定めるところによる（通則法114条、地税法19条の11）。そして、行訴法に定めがない事項については、民事訴訟の例による（行訴法7条）。なお、租税に関する法律に基づく処分に関する訴訟については、その処分を行った行政庁は、法務大臣の指揮を受けることになる（国の利害に関係のある訴訟についての法務大臣の権限等に関する法律6条1項参照）。

取消訴訟に関する租税法の特別規定としては、①不服申立前置主義(250頁(5)参照)、②証拠申出の順序、③特定の場合における財産の換価制限、④出訴期間の制限（251頁②参照）がある。

(1) 課税訴訟における証拠申出時期の特則

国税の課税処分の取消訴訟においては、訴えを提起した者（納税者側）が、課税処分の基礎とされた事実と異なる自己に有利な必要経費・損金の額等の事実を主張しようとするときは、相手方当事者となった国が課税処分の基礎となった事実を主張した日以後遅滞なく、その異なる事実を具体的に主張し、併せてその事実を証明するための証拠の申出をしなければならない（通則法116条1項本文）。ただし、その者の責めに帰することができない事由により、その主張又は証拠の申出ができなかったことを証明したときは、この限りでない（通則法116条1項ただし書）。

この証拠申出時期の特則は、訴訟手続における証拠申出時期の特別規定であり、これが遅滞したときは、時機に遅れた攻撃・防御の方法として却下することができるとされている（通則法116条2項、民訴法157条1項）。なお、この特別規定は、更正決定等及び納税の告知についての取消しを求める訴えについてだけ適用され、滞納処分の取消訴訟等には適用がない。

なお、地方税についても、上記と同様である（地税法19条の14、民訴法157条1項）。

(2)　訴訟係属中の換価制限

特定の訴訟が提起された場合、すなわち、次に掲げる場合には、その訴訟の係属する間は、財産の換価をすることができない。この場合の訴訟の係属する間には、適法な上訴（控訴・上告）の期間（民訴法285条、313条、331条、332条参照）が含まれることに注意する必要がある（徴収法基通90－10）。

①　第二次納税義務者又は保証人に対する納付通知書による告知、納付催告書による督促又はそれらに係る租税に関する滞納処分につき、訴えの提起があったとき（徴収法90条3項、地税法11条4項・16条の5第4項）。

②　仮登記担保のある財産を差し押さえた場合において、その通知に係る差押えにつき訴えの提起があったとき（徴収法90条3項。地税法にはこの規定がない。）。

③　譲渡担保権者に対するその物的納税責任の告知又はそれに係る租税に関する滞納処分につき、訴えの提起があったとき（徴収法24条3項、地税法14条の18第4項）。

第2款　取消訴訟

1　要　件

取消訴訟には、処分の取消しの訴えと裁決の取消しの訴えとがある（行訴法9条参照）。Ⓐ処分の取消しの訴えとは、行政庁の処分その他公権力の行使に当たる行為（不服申立てに対する行政庁の裁決、決定その他の行為を除く。）の取消しを求める訴えをいい（行訴法3条3項）、Ⓑ裁決の取消しの訴えとは、審査請求その他の不服申立てに対する行政庁の裁決、決定その他の行為の取消しを求める訴えをいう（行訴法3条2項）。

取消訴訟が有効に提起されるためには、①行政庁の違法な処分又は裁決が存在すること、②原告が原告適格を有するすること、③被告とされた者が被告適格を有すること、④一定の形式をそなえた訴状をもってすること（この点については、民事訴訟法に定める一般原則による。民訴法133条参照）、⑤取消訴訟を提起した裁判所が裁判管轄を有すること、⑥不服申立前置が要求されている場合には、不服申立ての前置を経ていること、⑦一定の出訴期間内に提起すること、の諸要件が必要である。

(1) 処分の存在

処分の取消しを求める訴えを提起するためには処分が存在することが必要である。この処分とは、公権力の主体たる国又は公共団体が行う行為のうち、その行為によって、直接国民の権利義務を形成し又はその範囲を確定するもの（「法律上の地位に変動を及ぼすもの」ということもある）をいう。処分が存在するか否かが問題となる場合、国や公共団体（これらの事務を行う行政庁）が行った行為に処分性があるか否かが問題となる。判例をみると、①公売通知は、それ自体としては相手方の権利義務その他法律上の地位に影響を及ぼすものではないから、処分とはいえない（神戸地判昭和46.2.19行裁集22巻1－2号85頁）、②督促は、滞納処分の前提となるべきものであり、督促を受けた納税者は、一定の日までに督促に係る租税を完納しなければ滞納処分を受ける地位に立たされることになるから、処分に当たる（最判平成5.10.8判時1512号20頁）としたものなどがある。なお、裁判所は、処分性を緩やかに解する傾向にある。

(2) 原告適格

処分又は裁決の取消しの訴えは、その取消しを求めるにつき法律上の利益を有する者に限り、提訴することができる（行訴法9条）。原告適格を有する者は、必ずしも処分の相手方に限らないが、自己の法律上の利益に関係のない違法を理由として、取消しを求めることはできない（行訴法10条1項）。

この法律上の利益の有無を判断するに当たっては、当該処分又は裁決の根拠となる法令の規定の文言のみによることなく、当該法令の趣旨及び目的並びに当該処分において考慮されるべき利益の内容及び性質を考慮するとともに、当該法令と目的を共通にする関係法令があるときはその趣旨及び目的をも参酌するものとし、当該利益の内容及び性質を考慮するに当たっては、当該処分又は裁決がその根拠となる法令に違反してされた場合に害されることとなる利益の内容及び性質並びにこれが害される態様及び程度をも勘案することとされている（行訴法9条2項）。

また、処分の取消しの訴えとその処分についての裁決の取消しの訴えとを提起することができる場合には、裁決の取消しの訴えにおいては、処分の違法を理由として取消しを求めることができない（いわゆる原処分主義。行訴法10条2項）。

（注）　原告適格がないとされた事例　　滞納処分の取消訴訟の原告適格がないとされた事例には、次のようなものがある。

① 滞納処分による公売物件につき質権又は抵当権等を有しない一般債権者は、その滞納処分の取消しを求めることはできない（行判大正14.4.28行録36輯278頁）。

② 夫に対する滞納処分として差し押えられた妻の所有物に対して、それが妻の所有に属することを理由に、夫がその差押えの取消しを求めることはできない（大阪高判昭和29.3.20行裁集5巻3号581頁）。

③ 第三債務者は、被差押債権の不存在を理由として、差押処分の取消しを求める利益がない（大阪高判昭和37.6.18行裁集13巻6号1125頁。同旨の多数の判例がある。）。

④ 担保権付財産の差押えに当たって、担保権者に対する通知がその時期を失したとしても、それは担保権者の法益の侵害であるのにとどまるから、滞納者がこれを滞納処分の違法事由として主張することは許されない（東京地判昭和28.8.10行裁集4巻8号1835頁）。

⑤ 被差押債権について取立て及び配当を了した後は、滞納処分の執行は既に終了しているのであるから、当該差押処分の取消しを求める法律上の利益はない（最判平成7.2.10租税徴収関係裁判例集2469頁）。

なお、第二次納税義務者は、主たる納税義務についての課税処分の取消訴訟の原告適格を有するかどうかの問題があり、また、第二次納税義務の取消訴訟において、第二次納税義務者は確定した主たる納税義務の存否及び数額を争うことができるか否かも問題となる（これらの問題については、3巻84頁8参照）。

(3) 被告適格

処分の取消しの訴えは処分をした行政庁の所属する国又は公共団体を、裁決の取消しの訴えは裁決をした行政庁の所属する国又は公共団体を、また、処分又は裁決をした行政庁が国又は公共団体に所属しない場合には当該行政庁をそれぞれ被告としなければならない（行訴法11条1項・2項）。なお、処分又は裁決があった後に当該行政庁の権限が他の行政庁に承継された場合には、その権限を承継した行政庁が所属する国又は公共団体を被告としなければならない。

（注） 通則法43条3項及び44条1項の徴収の引継ぎがあった場合の旧行訴法の被告適格について、①税務署長がした第二次納税義務の納付通知の取消訴訟は、国税局長に対する徴収の引継ぎがあった後でも、税務署長を被告としなければならないとする判決（最判昭和42.3.3第二次義務判集237頁）と、②徴収の引継ぎがあった後は、引継ぎを受けた国税局長を被告とすべきであり、引継ぎをした税務署長は被告適格を有しないとする判決（最判昭和44.6.24第二次義務判集305頁）とがあり、見解が分かれていたが、平成16年の行訴法の改正によりこの問題は解決した。

なお、原告が故意又は重大な過失によらないで被告とすべき者を誤ったときは、裁判所は、原告の申立てにより、決定をもって、被告を変更することを許すことができ（行訴法15条1項）、その場合における出訴期間の遵守については、最初の訴えを提起した時に提起されたものとみなされる（行訴法15条3項）。なお、この決定に対しては不服を申し立てることができないが、申立てを却下する決定に対しては即時抗告をすることができる（行訴法15条5項・6項）。

(4) 裁判管轄

取消訴訟は、被告となる国又は公共団体の普通裁判籍の所在地を管轄する裁判所又は処分もしくは裁決をした行政庁の所在地を管轄する裁判所に提起することができるほか、取消しを求める処分又は裁決に関し事案の処理に当たった下級行政機関の所在地の裁判所にも提起することができる（行訴法12条1項・3項）。また、国を被告とする取消訴訟は、原告の普通裁判籍の所在地を管轄する高等裁判所の所在地を管轄する地方裁判所にも提起することができる（行訴法12条4項）。

(5)　不服申立ての前置

イ　租税に関する法律に基づく処分の取消訴訟は、それが不服申立ての対象とならない処分であるときを除き、審査請求についての裁決を経た後でなければ、提起できないのが原則である（行訴法8条1項、通則法115条1項、地税法19条の12）。ただし、次に掲げる場合の一に該当するときは、不服申立ての前置を要しない（この点については、国税の場合には通則法115条1項ただし書に特別規定があるのに対し、地方税の場合には特別規定がなく、地税法19条の11の規定により行訴法8条2項の規定が適用されるが、両者にはほとんど差異がない。）。

①　審査請求があった日から（国税の場合はその翌日から起算して）3か月を経過しても裁決がないとき。

②　審査請求についての裁決を経ること又は処分、処分の執行若しくは手続の続行により生ずる著しい損害を避けるため緊急の必要があるとき、その他裁決を経ないことにつき正当な理由があるとき（通則法115条1項3号、行訴法8条2項2号・3号）。

ロ　不服申立てについての決定・裁決を経たというためには、それが適法にされたものであることを必要とする。したがって、不服申立てが、不服申立期間経過後にされたものであることその他不適法であるため却下されたときは、不服申立ての前置の要件を充足しない（最判昭和30.1.28最民集9巻1号60頁）。

この点に関連して、①不適法な不服申立てであっても、審査庁がこれを受理して本案審理をした場合には、一応有効な行政庁の判断を経たものであるから不服申立前置の要件を満たしているとみる見解（最判昭和31.3.9最民集10巻3号175頁、田中・租税法348頁）と、②それでは却下した場合との不均衡を生ずることを理由に不服申立前置に欠けるとする見解（最判昭和48.6.21月報19巻10号51頁、雄川一郎・行政争訟法136頁）とが対立している。ここでは、後者の見解に賛成しておきたい。

なお、適法な不服申立てがされていたにもかかわらず、審査庁が誤ってこれを却下した場合には、行政庁としては再度の考慮の機会が与えられていながらそれを適切に行使しなかったのであるから、審査請求を経たものとして扱うのが合理的である（塩野宏・行政法Ⅱ〔第4版〕94頁、最判昭和36.7.21最民集15巻7号1966頁）。

(6) 出訴期間

租税の徴収処分に関する取消訴訟の出訴期間については、一般的な期限のほか、滞納処分に関する特例があることに注意する必要がある。

① 一般的な期限

取消訴訟は、正当な理由があるときを除き、処分又は裁決があったことを知った日から6か月以内に提起しなければならない（行訴法14条1項・3項）。また、処分又は裁決の日から起算して1年を経過したときは、正当な理由があるときを除き、取消訴訟を提起することができない（行訴法14条2項・3項）。

また、「処分があったことを知った日」とは、当事者が処分の存在を現実に知った日をいい、抽象的な知り得べき日を意味するものではないが、裁決書謄本が住所に送達される等、当事者が知りうる状態におかれたときは、反証のない限り、裁決があったことを知ったものと推定される（最判昭和27.11.20最民集6巻10号1038頁、最判昭和27.4.25最民集6巻4号462頁。松沢智・租税争訟法316頁以下参照）。

② 滞納処分に関する出訴期間の特例

取消訴訟のうち、著しい損害を避けるため緊急の必要があるときその他裁決を経ないことについて正当な理由があるとして、不服申立てをすることなく訴えを提起する場合、督促その他特定の滞納処分に欠陥があることを理由とするものは、上記①の一般的な出訴期間にかかわらず、特定の期限までにしなければならない（徴収法171条2項、地税法19条の13）。この特例の適用を受ける処分、その特例の期限、一般的な期限との関係等は、いずれも不服申立期限の特例として述べたところと同様である（226頁(2)参照）。

⑺　取消訴訟に関する教示

行政庁が、取消訴訟を提起することができる処分又は裁決をする場合には、処分又は裁決の相手方に対して、次の事項を書面で教示しなければならない（行訴法46条1項。改正前の行訴法では、訴訟の提起に関する情報の提供の制度は存在していなかったが、処分の相手方に取消訴訟について適切な情報を提供して、権利利益の救済の機会等を十分に確保するため、行政不服審査に係る教示制度と同様の制度が設けられたものである。）。

① 当該処分又は裁決に係る取消訴訟の被告とすべき者

② 当該処分又は裁決に係る取消訴訟の出訴期間

③ 法律にいわゆる不服審査前置の定め（当該処分についての審査請求に対する裁決を経た後でなければ処分の取消しの訴えを提起することができない旨の定め）があるときはその旨（この場合、審査請求があった日から3か月を経過しても裁決がないときなど裁決を経ないでも処分の取消しの訴えを提起することができる場合（行訴法8条2項、通則法115条1項等）についても、併せて教示する必要がある。）

また、審査請求に対する裁決に対してのみ取消訴訟を提起することができる、いわゆる裁決主義の定めがある場合には、行政庁は、当該処分をするときに、当該処分の相手方に対し、法律にその定めがある旨を書面で教示しなければならないこととされている（行訴法46条2項。なお、当事者訴訟の提起が可能な処分等に係る教示につき行訴法46条3項参照）。

2　取消訴訟と租税の徴収

⑴　概　　説

処分の取消しの訴えの提起は、処分の効力、処分の執行又は手続の続行を妨げないのが原則である（行訴法25条1項）。したがって、取消訴訟中であっても租税の徴収ができるのが原則であるが、これには若干の例外がある。すなわち、特定の処分について訴えの提起があった場合に財産の換価が制限されることは前述した（246頁⑵参照）が、そのほか、裁判所の決定により執行停止がされる場合がある（行訴法25条2項）。

⑵ 執行停止

処分の取消しの訴えの提起があった場合において、処分、処分の執行又は手続の続行により生ずる重大な損害を避けるため緊急の必要があるときは、裁判所は、申立てにより、決定をもって執行停止（処分の効力、処分の執行又は手続の続行の全部又は一部の停止）をすることができる（行訴法25条2項）。

裁判所が決定をするには、口頭弁論を経ないですることができるが、あらかじめ当事者の意見を聞かなければならない（行訴法25条6項）。

公共の福祉に重大な影響を及ぼすおそれがあるとき又は本案について理由がないとみえるときは、執行停止をすることができない（行訴法25条4項。なお、27条参照）。また、執行停止をする場合でも、処分の効力の停止は、処分の執行又は手続の続行の停止によって目的を達することができるときは、することができない（行訴法25条2項ただし書）。

（注） 課税処分の取消しを本案とする滞納処分の執行停止　課税処分の取消訴訟を本案として滞納処分の執行停止を求めることができるかどうかについては、積極説（雄川一郎・行政訴訟法201頁、大阪高決昭和43.12.14行裁集19巻12号1917頁等）と消極説（竹下重人・シュトイエル82号22頁、大阪高決昭和43.3.27行裁集19巻3号476頁）とがある。消極説をとるとすれば課税処分の効力の停止を認める必要が生ずることを考えると、積極説に賛成したい（滞納処分の執行停止により目的を達することができるとして課税処分の効力の停止の申立てを認めなかったものとして、神戸地決昭和41.12.26行裁集17巻12号420頁がある。）。

なお、純金延板、美術品等の動産、ゴルフ会員権、株券等一般人が日常生活を営むうえで必要不可欠なものでない財産の公売に対する執行停止の申立てが却下された事例として東京高決昭和61.11.12公刊物未登載がある。

巻末

様式・記載例

1　納税の猶予申請書

この申請書は、納税者が災害又は賦課の遅延等の事由で納税の猶予の申請をする場合に
作成させる。

(注)

1 「申請者」欄は、申請者が法人である場合には、その代表者の住所（又は居所）及び氏名を併せて記載する。

2　申請年月日は、申請書を提出する日を記載する。

3 「納付すべき国税」欄は、納税の猶予を申請するときにおける未納の国税を記載する。延滞税については、本税の金額を納付していないときは、「要」と記載する。

なお、「備考」欄には、当該国税の年分、事業年度、課税期間又は月分を記載し、納税の猶予を受けようとするものに○印を付ける。

4　災害・廃業等により納付困難な場合の納税の猶予を申請する場合には、国税通則法第46条第2項各号に掲げる具体的事実を「猶予該当事実の詳細」欄に記載するとともに、一時に納付することが困難な事情を「一時に納付することができない事情の詳細」欄に記載する。

5　課税が遅延した場合の納税の猶予を申請する場合には、一時に納付することが困難な事情を「一時に納付することができない事情の詳細」欄に記載する。

なお、やむを得ない理由により納税の猶予を受けようとする国税の納期限までに申請書を提出できなかった場合には、そのやむを得ない理由を「猶予該当事実の詳細」欄に記載する。

6　猶予期間の開始日は、通常は申請書を提出する日であるが、申請書を提出する日が納税の猶予を受けようとする国税の納期限以前である場合には、その納期限の翌日が納税の猶予の開始日となり、災害等のやむを得ない理由により申請書を提出できなかった場合は、申請書を提出した日にかかわらず、猶予該当事実が生じた日を猶予期間の開始日とすることができる。

7　納税の猶予を受けるに当たり、担保を提供する場合には「担保」欄

の「□有」欄に、担保を提供する必要がない場合又は担保を提供できない特別な事情がある場合には「担担」欄の「□無」欄に、チェック（☑）を付ける。

8 「担保財産の詳細又は提供できない特別の事情」欄には、提供する担保の種類、数量、価額及び所在等又は担保を提供することができない特別の事情を記載する。

9 納税の猶予を受けようとする金額が100万円以下の場合には、財産収支状況書及び猶予該当事実証明書類を添付する必要があり、納税の猶予を受けようとする金額が100万円超の場合には、収支の明細書、財産目録、担保関係書類及び猶予該当事実証明書類を添付する必要がある。

整理番号	×	×	×	×	×	×	×	×

収受印

納 税 の 猶 予 申 請 書

〇〇　税務署長殿

国税通則法第46条第_2_項第_2_号（第5号の場合、第　　　号類似）の規定により、以下のとおり納税の猶予を申請します。

申請者	住所 所在地	〒×××－×××× 〇〇区〇〇町4－36 電話番号　×××（×××）××××　携帯電話　×××（××××）××××	① 申請年月日	令和 〇 年 〇 月 22 日
	氏名 名称	△　△　△　△　　　印	通信日付印 申請書番号 処理年月日	
	法人番号			

	年度	税目	納期限	本税	加算税	延滞税	利子税	滞納処分費	備考
納付すべき国税	〇	申告所得税	〇・〇・15	円 400,000	円 20,000	法律による金額　円 要	円	法律による金額　円	平成30年修正申告分
			・　・			〃		〃	
			・　・			〃		〃	
			・　・			〃		〃	
	合計			イ 400,000	ロ 20,000	ハ　〃 要	ニ	ホ　〃	

②イ～ホの合計	円 420,000	③現在納付可能資金額	円 20,000	④納税の猶予を受けようとする金額（②－③）	円 400,000＋延滞税

※③欄は、「財産収支状況書」の（A）又は「財産目録」の（D）から転記

猶予該当事実の詳細	妻が骨折し、令和〇年〇月5日から〇月20日まで入院し、多額の医療費を支出したため。
一時に納付することができない事情の詳細	医療費の支出により蓄えもほとんどなくなり、現在の収入で直ちに全額を納付することができないため。

⑤	年 月 日	納付金額	年 月 日	納付金額	年 月 日	納付金額
納	令和〇.〇.26	35,000円	令和〇.〇.26	35,000円	令和〇.〇.26	35,000円
付	令和〇.〇.26	35,000円	令和〇.〇.26	35,000円	令和〇.〇.26	35,000円
計	令和〇.〇.26	35,000円	令和〇.〇.26	35,000円	令和〇.〇.26	35,000円
画	令和〇.〇.26	35,000円	令和〇.〇.26	35,000円	令和〇.〇.26	残額　円

※⑤欄は、「財産収支状況書」の（B）又は「収支の明細書」の（C）及び（D）から転記

猶予期間	令和　〇　年　〇　月　22　日から　令和　〇　年　〇　月26日まで　12　月間

※猶予期間の開始日は、①の申請年月日（ただし、災害等のやむを得ない理由により、申請書を提出できなかった場合は、災害等が生じた日）

担保	□ 有 ☑ 無	担保財産の詳細又は提供できない特別の事情	

税理士署名押印	印 （電話番号　　－　　－　　）
□	税理士法第30条の書面提出有

添付する書類欄	
100万円以下の場合	100万円超の場合
☑ 財産収支状況書 ☑ 猶予該当事実証明書類	□ 収支の明細書 □ 財産目録 □ 担保関係書類 □ 猶予該当事実証明書類

2　納税の猶予期間延長申請書

この申請書は、国税通則法第46条第7項の規定により、納税の猶予の猶予期間の延長を申請する場合に作成させる。

（注）

1 「申請者」欄は、申請者が法人である場合には、その代表者の住所（又は居所）及び氏名を併せて記載する。

2　申請年月日は、申請書を提出する日を記載する。

3 「納税の猶予期間延長申請税額」欄には、納税の猶予を受けた国税のうち、猶予期間の延長を受けようとする（その猶予期限までに納付することができない）国税を記載する。延滞税については、本税の金額を納付していないときは、「要」と記載する。

なお、「備考」欄には、当該国税の年分、事業年度、課税期間又は月分を記載する。

4 「猶予期間内に猶予を受けた金額を納付することができない理由」欄には、納税の猶予期間内に猶予を受けた国税を納付することができない理由を具体的に記載する。

5　延長期間の開始日は、当初の猶予期間の終期の翌日である。

6　猶予期間の延長を受けるに当たり、新たに担保を提供する場合には「担保」欄の「□有」に、新たに担保を提供する必要がない場合には「□無」にチェック（☑）を付ける。

7 「担保財産の詳細又は提供できない特別の事情」欄には、新たに担保として提供する財産の種類、数量、価額及び所在等を記載する。また、担保を提供することができない特別の事情があるときは、その事情を記載する。

8　納税の猶予期間の延長を受けようとする金額が100万円以下の場合には、財産収支状況書を添付する必要があり、納税の猶予を受けようとする金額が100万円超の場合には、収支の明細書、財産目録及び新たに担保を提供する場合の担保関係書類を添付する必要がある。

整理番号	×	×	×	×	×	×	×	×

収受印

納税の猶予期間延長申請書

税務署長殿

国税通則法第46条第7項の規定により、以下のとおり納税の猶予期間の延長を申請します。

申請者	住所 所在地	〒×××－×××× ○○市○○町○丁目○番○号 電話番号　×××（×××）××××　携帯電話　×××（××××）××××	① 申請年月日	令和 ○ 年 ○ ○月 ○○ 日
	氏名 名称	△　△　△　△　　印	通信日付印	
			申請書番号	
	法人番号		処理年月日	

納税の猶予期間延長申請税額	年度	税目	納期限	本税	加算税	延滞税	利子税	滞納処分費	備考
	○	申告所得税	○・○・20	円 50,000	円 20,000	法律による金額 円 要	円	法律による金額 円	平成30年 修正申告分
			・　・			〃	〃	〃	
			・　・			〃	〃	〃	
			・　・			〃	〃	〃	
	合計			イ 50,000	ロ 20,000	ハ 〃 要	ニ 〃	ホ 〃	

②イ～ホの合計	70,000＋延滞税	③現在納付可能資金額	円 0	④納税の猶予を受けようとする金額（②－③）	円 70,000＋延滞税

※③欄は、「財産収支状況書」の（A）又は「財産目録」の（D）から転記

猶予期間内に猶予を受けた金額を納付することができない理由	昨年12月に入金を予定していた売掛金が、相手の都合により入金されず、今年の1月と2月に分割して支払われることになったため。

⑤	年月日	納付金額	年月日	納付金額	年月日	納付金額
納付計画	令和2.1.31	円 35,000	令和	円	令和	円
	令和2.2.28	円 35,000＋延滞税	令和	円	令和	円
	令和	円	令和	円	令和	円
	令和	円	令和	円	令和	円

※⑤欄は、「財産収支状況書」の（B）又は「収支の明細書」の（C）及び（D）から転記

延長期間	令和　2　年　1　月　1　日から　令和　2　年　2　月28日まで　2　月間

※猶予期間の開始日は、現在、納税の猶予を受けている国税の猶予期間の終期の翌日

担保	□ 有 ☑ 無	担保財産の詳細又は提供できない特別の事情	

税理士署名押印	印 （電話番号　　－　　－　　）
□	税理士法第30条の書面提出有

添付する書類欄	
100万円以下の場合	100万円超の場合
☑ 財産収支状況書	□ 収支の明細書 □ 財産目録 □ 担保関係書類

3　納税の猶予取消通知書

この通知書は納税の猶予を取り消した場合に、納税者等に通知するために作成する。

（注）

「取消理由」欄には、納税の猶予を取り消す理由を具体的に記載する。

なお、繰上請求事由があるとき（国税通則法第38条第1項各号のいずれかに該当する事実があるとき）は、弁明を聴取する必要はない。

あなた（貴社）が、この納税の猶予取消について不服があるときは、この通知を受けた日の翌日から起算して３月以内に、○○税務署長に対する再調査の請求と国税不服審判所長に対する審査請求のいずれかを選択することができます。
提出先　○○市○○町11番６号　○○税務署長
　または、○○市○○町１丁目○番○号　○○国税不服審判所　首席国税審判官
　なお、この処分に対する行政訴訟の提起に関する事項については、裏面をご覧ください。

住所（所在地）	
氏名（名称）	

納税の猶予取消通知書

令和○年○月○日

○　○　税務署長 ㊞

平成31年○月○日付で納税の猶予を許可しましたあなた（貴社）の国税については、下記のとおり納税の猶予を取り消しましたから、直ちに納付してください。

国税通則法第49条第３項の規定により通知します。

	年度	税目	納期限	本税	加算税		延滞税	利子税	滞納処分費	備考
納税の猶予取消税額	○	源泉所得税	○・○・○	円 1,231,000	不	円 275,500	法律による金額　円 要	円	法律による金額　円	平30.7～12月分
該当条項	国税通則法第49条第１項第２号					該当				
取消理由	納税の猶予許可通知書に記載された分割納付の納付期限ごとの納付金額をその納付期限までに納付しておらず、納付していないことについての弁明を求めたにもかかわらず、正当な理由なく弁明しないため。									

備考：「滞納処分費」欄に掲げた金額は、この通知書作成の日までのものです。

（連絡先　○○税務署　徴収部門　担当　○野　○夫　電話　×××-××××内線　×××）

4　換価の猶予申請書

この申請書は、国税を一時に納付することにより事業の継続又は生活の維持が困難になるとして換価の猶予の申請をする場合に作成させる。

（注）

1 「申請者」欄は、申請者が法人である場合には、その代表者の住所（又は居所）及び氏名を併せて記載する。

2　申請年月日は、申請書を提出する日を記載する。

3 「納付すべき国税」欄は、換価の猶予を申請するときにおける未納の国税を全て記載する。

なお、「備考」欄には、当該国税の年分、事業年度、課税期間又は月分を記載し、換価の猶予を受けようとするものを○で囲む。

4 「一時に納付することにより事業の継続又は生活の維持が困難となる事情の詳細」欄には、国税を一時に納付することにより事業の継続又は生活の維持が困難となる事情を具体的に記載する。

5　猶予期間の開始日は、通常、申請書を提出する日であるが、申請書を提出する日が換価の猶予を受けようとする国税の納期限以前である場合には、その納期限の翌日が換価の猶予の開始日となる。

6　換価の猶予を受けるに当たり、担保を提供する場合には「担保」欄の「□有」欄に、担保を提供する必要がない場合又は担保を提供できない特別の事情がある場合には「担保」欄の「□無」欄に、チェック（☑）を付ける。

7 「担保財産の詳細又は提供できない特別の事情」欄には、提供する担保の種類、数量、価額及び所在等又は担保を提供することができない特別の事情を記載する。

8　換価の猶予を受けようとする国税の金額が100万円以下の場合は、財産収支状況書を添付する必要があり、換価の猶予を受けようとする国税の金額が100万円超の場合は、収支の明細書、財産目録及び担保関係書類を添付する必要がある。

収受印

整理番号	×	×	×	×	×	×	×	×

換価の猶予申請書

○ ○ 税務署長殿

国税徴収法第151条の2第1項の規定により、以下のとおり換価の猶予を申請します。

申請者	住所 所在地	〒×××－×××× ○○区○○町3－12 電話番号 ×××（×××）×××× 携帯電話 ×××（××××）××××	① 申請年月日	令和 ○ 年 ○ 月 20 日
	氏名 名称	△ △ △ △ 印	通信日付印 申請書番号 処理年月日	
	法人番号			

	年度	税目	納期限	本税	加算税	延滞税	利子税	滞納処分費	備考
納付すべき国税	○	消費税	○・○・31	円 300,000	円	法律による金額 円 要	円	法律による金額 円	令和○年 ○○分
			・ ・			〃		〃	
			・ ・			〃		〃	
			・ ・			〃		〃	
			・ ・			〃		〃	
	合計			イ 300,000	ロ	ハ 〃 要	ニ	ホ 〃	

②イ～ホの合計	円 400,000＋延滞税	③現在納付可能資金額	円 40,000	④換価の猶予を受けようとする金額（②－③）	円 260,000＋延滞税

※③欄は、「財産収支状況書」の（A）又は「財産目録」の（D）から転記

一時に納付することにより事業の継続又は生活の維持が困難となる事情の詳細	○○建設株式会社からの下請けで設備工事を行っているが、単価の引き下げ等により、売上が前年より約30％落ち込んでおり、仕入れ先への支払も遅れがちである。 ○○建設株式会社からの入金を全て国税の納付に充てた場合には、仕入れ先への支払ができなくなり、今後、材料等を仕入れることができなくなって、事業の継続が困難になる。

⑤納付計画	年 月 日	納付金額	年 月 日	納付金額	年 月 日	納付金額
	令和○.○.31	40,000円	令和	円	令和	円
	令和○.○.30	80,000円	令和	円	令和	円
	令和○.○.31	80,000円	令和	円	令和	円
	令和○.○.30	60,000円 ＋延滞税	令和	円	令和	円

※⑤欄は、「財産収支状況書」の（B）又は「収支の明細書」の（C）及び（D）から転記

猶予期間	令和 ○ 年 ○ 月 20 日から 令和 ○ 年 ○ 月 30 日まで 3 月間

※猶予期間の開始日は、①の申請年月日（ただし、納付すべき国税の法定納期限以前にこの申請書を提出する場合は、納付すべき国税の法定納期限の翌日）

担保	□ 有 ☑ 無	担保財産の詳細又は提供できない特別の事情	

税理士署名押印	印 （電話番号 － － ）
□	税理士法第30条の書面提出有

添付する書類欄	
100万円以下の場合	100万円超の場合
☑ 財産収支状況書	□ 収支の明細書 □ 財産目録 □ 担保関係書類

5　換価の猶予通知書

この通知書は、職権による換価の猶予の通知をする場合に作成する。（申請による換価の猶予をする場合には、申請のあった換価の猶予を承認した旨が記載されている様式を使用する。）

（注）

「担保」には、換価を猶予する差押財産又は担保を徴した場合のその担保の内容を具体的に記載する。

換価の猶予通知書

○○第××号
令和×年×月××日

○○市○○4丁目161番地
□□□□　様

○○市長△川△郎 印

下記の滞納金額については、あなた（貴社）の現況にかんがみ、地方税法第15条の5第1項の規定により換価の猶予をすることとしましたので、同法第15条の5の2第3項において準用する同法第15条の2の2第1項の規定により通知します。

換価の猶予をする金額	年度	期	税目	納期限	本税	督促手数料	加算金	延滞金（法律による金額）	滞納処分費（法律による金額）	備考
	×	1	固定資産税 都市計画税	×・6・30	円 56,000	円 100	円	円 要	円	
	×	2	固定資産税 都市計画税	×・9・30	56,000	100		〃		
	×	3	固定資産税 都市計画税	×・12・28	56,000	100		〃		
	×	4	固定資産税 都市計画税	×・2・28	56,000	100		〃		
	合計				224,000	400		〃		

猶予期間	× 年 5 月 1 日から　× 年 11 月 30 日まで　7 月間

納付（納入）計画	年月日	納付（納入）金額	年月日	納付（納入）金額	年月日	納付（納入）金額
	×・5・31	40,000円	×・9・30	20,000円		円
	×・6・30	20,000円	×・10・31	40,000円		円
	×・7・31	40,000円	×・11・30	24,400＋延滞金円		円
	×・8・31	40,000円		円		円

担保	所在　○○市○○4丁目161番地 家屋番号　161番1 種類　店舗・居宅 構造　木造スレート葺2階建 床面積　1階　67.07平方メートル 2階　46.57平方メートル

6　換価の猶予取消通知書

この通知書は、換価の猶予を取り消した場合に作成する。

（注）

1　「取消理由」欄には、換価の猶予を取り消す理由を具体的に記載する。

2　職権による換価の猶予を取り消した場合と申請による換価の猶予を取り消した場合とでは、地方税法の根拠条項が異なることに留意する。

3　換価の猶予の取消しに当たって納税者からの弁明聴取は必要でない。

4　通知に当たっては、換価の猶予の取消しに不服がある場合の不服申立て及び訴訟についての教示文を付記又は同封する。

換価の猶予取消通知書

○○第××号
令和×年×月××日

○○市○○3丁目××番×号
株式会社□□□□　様

○○市長△山△夫　印

令和×年×月××日付け○○第××号により換価の猶予を決定した徴収金について、地方税法第15条の5の3第2項において準用する同法第15条の3第1項の規定に基づき、次の理由により換価の猶予を取り消しましたので、同法第15条の5の3第2項において準用する第15条の3第3項の規定により通知します。

取消しに係る徴収金については、直ちに納付又は納入をしてください。

換価の猶予を取り消した金額	年度	税目	納期限	本税	督促手数料	加算金	延滞金（法律による金額）	滞納処分費（法律による金額）	備考
				円	円	円	円	円	
	×	法人市民税	×・5・31	68,000	100		要		
	×	市民税・県民税 特別徴収（給与）	×・6・10	56,500	100		〃		
	×	市民税・県民税 特別徴収（給与）	×・12・10	74,200	100		〃		
	合計			198,700			〃		

取消理由
分割納付金額をその分割納付期限までに納付しないため。

7　再調査の請求書

この再調査の請求書は、税務署長等がした処分に不服がある者が、税務署長等に対して再調査の請求をする場合に作成させる。

（注）

1 「①令和＿＿年＿＿月＿＿日」欄には、再調査の請求書の提出年月日を記載させる。

2 「②＿＿＿税務署長　殿」の欄には、再調査の請求書を提出する行政機関の長を記載させる。

3 「③住所又は所在地（納税地）」欄には、再調査の請求をしようとする者の住所又は所在地を記載させる。

住所又は所在地と納税地が異なる場合には、上段に住所又は所在地を、下段に納税地を括弧書で記載させる。

4　再調査の請求をしようとする者が個人の場合には、④欄に氏名を記載し、押印した上で、⑤欄に個人番号を記載させる。なお、総代を互選している場合には、⑥欄に総代の住所又は居所及び氏名を記載させ、総代の印を押させるとともに、総代選任書を必ず添付させる。

なお、再調査の請求書の控えには、個人番号を記載しない。

再調査の請求をしようとする方が法人の場合には、④欄に名称を、⑤欄に法人番号を、⑥欄に代表者の住所又は居所及び氏名を記載させ、代表者の印を押させる（④欄に会社印を押す必要はない。）。

再調査の請求書（次葉）の右上にも「再調査の請求人の氏名又は名称」欄があるので、必ず記載させる。

5　代理人が選任されている場合には、「⑦代理人」欄にその者の住所又は居所若しくは所在地及び氏名又は名称を記載させ、代理人の印を押させるとともに、委任状を必ず添付させる。

6　徴収関係の処分について再調査の請求をする場合には、「⑩原処分名等」欄の「税目」欄の9を○で囲み、括弧内に「徴収関係」と記載する。

また、「原処分名」欄の6を○で囲み、括弧内に、例えば、「不動産の差押え」、「債権の差押え」、「納税者○○○に係る第二次納税義務の告知」のように、原処分名を記載させる。

7　再調査の請求において処分の一部の取消しを求める場合又は変更を求める場合は、「⑪再調査の請求の趣旨」欄に、取消しを求める範囲又は変更を求める範囲を具体的に記載させる。

8　「⑫再調査の請求の理由」欄には、原処分の取消し又は変更を求める理由を具体的に、かつ、明確に記載させる。

9　処分の通知書の送達を受けた日（処分の通知書の送達を受けていない場合は、処分があったことを知った日）の翌日から起算して3月を経過した後、又は処分があった日の翌日から起算して1年を経過した後に再調査の請求をする場合には、「⑮不服申立期間経過後に、再調査の請求をすることとなった理由」欄に、不服申立期間後に再調査の請求をすることについての正当な理由を記載させる。

再調査の請求書

（初葉）

② ○○税務署長　殿	①令和 × 年 × 月××日

再調査の請求人	③ 住所又は所在地（納税地）	東京都○○区○○1－1	郵便番号 ×××－××××
	④（フリガナ） 氏名又は名称	（ チョウシュウ　タロウ ） 徴　収　太　郎　印	電話番号 ×××（×××）××××
	⑤ 個人番号又は法人番号	××××××××××××	※ 個人番号の記入に当たっては、左端を空欄にしてください。
	⑥総代又は代表者　住所又は居所		郵便番号 －
	⑥総代又は代表者　（フリガナ） 氏　名	（　　　） 印	電話番号 （　　）
⑦代理人	住所又は居所		郵便番号 －
	（フリガナ） 氏　名	（　　　） 印	電話番号 （　　）

下記の処分について不服があるので、再調査の請求をします。

再調査の請求に係る処分の内容（原処分）	⑧ 原処分庁	（○○）税務署長・（　　）国税局長・その他（　　）		
	⑨ 原処分日等	原処分（下記⑩）の通知書に記載された年月日		平成・令和×年×月××日付
		原処分（下記⑩）の通知書を受けた年月日		平成・令和×年×月××日
	⑩ 原処分名等	税　目	原　処　分　名	対　象　年　分　等
	（「税目」欄及び「原処分名」欄の該当番号をそれぞれ○で囲み、「対象年分等」欄は、「原処分名」ごとに記載した上で「税目」欄において○で囲んだ再調査の請求に係る処分の税目の番号を括弧書で記載してください。）	1 申告所得税 2 復興特別所得税 3 法人税 4 復興特別法人税 5 地方法人税 6 消費税及び地方消費税 7 相続税 8 贈与税 ⑨（徴収関係）	1 更　正	
			2 決　定	
			3 加算税 a 過少申告加算税の賦課決定	
			3 加算税 b 無申告　加算税の賦課決定	
			3 加算税 c 重　加算税の賦課決定	
			4 更正の請求に対する更正すべき理由がない旨の通知	
			5 青色申告の承認の取消し	以後
			⑥ その他（不動産の差押処分）	
		10 源泉所得税 11 復興特別所得税	7 納税の告知	
			8 加算税 a 不納付 加算税の賦課決定	
			8 加算税 b 重　加算税の賦課決定	

※整理欄	通信日付印年月日		整理簿	連絡せん	番号確認 身元確認	確認書類 個人番号カード／通知カード・運転免許証 その他（　　）
	令和　年　月　日	確認印				
	・　・					

※整理欄は、記載しないでください。

（次葉）

再調査の請求人の氏名又は名称	徴　収　太　郎

⑪ 再調査の請求の趣旨	★　原処分の取消し又は変更を求める範囲等について、該当する番号を○で囲んでください。 ①: 全部取消し………初葉記載の原処分の全部の取消しを求める。 2：一部取消し………初葉記載の原処分のうち、次の部分の取消しを求める。 3：変　更……………初葉記載の原処分について、次のとおりの変更を求める。 ★　上記番号2の「一部取消し」又は3の「変更」を求める場合には、その範囲等を記載してください。
⑫ 再調査の請求の理由	★　取消しを求める理由をできるだけ具体的に記載してください。 なお、この用紙に書ききれない場合には、適宜の用紙に記載して添付してください。 原処分庁は、670万円の滞納国税を徴収するために計1,200万円の土地と建物を差し押さえており、これは超過差押えとして違法である。 また、原処分庁が差し押さえた土地建物は、私の名義にはなっているが、私と事業専従者である私の妻が稼いだお金で買ったものであるから、実質的には夫婦の共同財産であって、半分は妻に帰属するのであるから、財産の帰属を誤っている。 したがって、速やかに差押えの全部を取り消すべきである。

⑬　添付書類等（★該当番号を○で囲んでください。）	⑭　原処分があったとき以後に納税地の異動があった場合
1：委任状（代理人の権限を証する書類） 2：総代選任書 3：再調査の請求の趣旨及び理由を計数的に説明する資料 4：その他（　　　　　　　　　　）	1：原処分をした税務署長又は国税局長 ⇒（　　　　）税務署長・（　　　　）国税局長 2：原処分の際の納税地 ⇒

⑮　不服申立期間経過後に再調査の請求をすることとなった理由

※補正欄	補正した日	補正箇所	補正内容

事項別索引

〈は〉

〈ひ〉

〈ふ〉

〈へ〉

〈ほ〉

〈み〉

〈む〉

〈め〉

〈ゆ〉

〈よ〉

〈り〉

〈れ〉

判例年月日索引

【平　成】

◆著者一覧◆

浅　田　久治郎（元高松国税不服審判所長）
深　谷　和　夫（元芝税務署長）
荒　川　雄二郎（元中野税務署長）
牧　野　正　満（元日本橋税務署長）
西　澤　　　博（元芝税務署長）
矢ヶ﨑　一　好（元関東信越国税局徴収部長）
小　山　紀久朗（元王子税務署長）
中　山　裕　嗣（元横浜中税務署長）
深　井　剛　良（元高松国税不服審判所長）
松　本　俊　治（元東京国税局徴収部長）
小　阪　　　満（元立川税務署長）

租税徴収実務講座［改正民法対応版］
第1巻　租税通則手続

令和2年3月23日　第1刷発行

著　者　浅田久治郎　深谷和夫　荒川雄二郎
牧野正満　西澤　博　矢ヶ﨑一好
小山紀久朗　中山裕嗣　深井剛良
松本俊治　小阪　満

発　行　株式会社 ぎょうせい

〒136-8575　東京都江東区新木場1-18-11
電話　編集　03-6892-6508
営業　03-6892-6666
フリーコール　0120-953-431
URL:https://gyosei.jp

〈検印省略〉

印刷・製本　ぎょうせいデジタル㈱
©2020 Printed in Japan
＊乱丁・落丁本はお取り替えいたします。
＊禁無断転載・複製
ISBN978-4-324-10797-3
(3100547-01-001)
〔略号：徴収講座民法対応1〕